U0572970

BLUE BOOK

智库成果出版与传播平台

地方立法蓝皮书

BLUE BOOK OF LOCAL LEGISLATION

中国地方立法报告

（2024）

ANNUAL REPORT ON CHINA'S LOCAL LEGISLATION

(2024)

组织编写／西南政法大学立法研究院
　　　　　教育部省部共建地方立法协同创新中心
主　　编／付子堂　周尚君
执行主编／周祖成　温泽彬
副 主 编／杨惠琪　郭晓雨

社会科学文献出版社
SOCIAL SCIENCES ACADEMIC PRESS（CHINA）

图书在版编目（CIP）数据

中国地方立法报告.2024／付子堂，周尚君主编；
周祖成，温泽彬执行主编；杨惠琪，郭晓雨副主编.
北京：社会科学文献出版社，2025.3. --（地方立法
蓝皮书）. --ISBN 978-7-5228-4844-0

Ⅰ. D927

中国国家版本馆 CIP 数据核字第 2025AE3105 号

地方立法蓝皮书

中国地方立法报告（2024）

主　　编／付子堂　周尚君
执行主编／周祖成　温泽彬
副 主 编／杨惠琪　郭晓雨

出 版 人／冀祥德
组稿编辑／刘骁军
责任编辑／易　卉
责任印制／岳　阳

出　　版／社会科学文献出版社·法治分社（010）59367161
　　　　　地址：北京市北三环中路甲 29 号院华龙大厦　邮编：100029
　　　　　网址：www.ssap.com.cn
发　　行／社会科学文献出版社（010）59367028
印　　装／三河市东方印刷有限公司

规　　格／开 本：787mm×1092mm　1/16
　　　　　印 张：23.75　字 数：356 千字
版　　次／2025 年 3 月第 1 版　2025 年 3 月第 1 次印刷
书　　号／ISBN 978-7-5228-4844-0
定　　价／158.00 元

读者服务电话：4008918866

主要编撰者简介

主编 付子堂

西南政法大学教授，博士生导师。重庆市第六届人大常委会委员、市人大法制委员会主任委员，享受国务院政府特殊津贴专家，第六届"全国十大杰出青年法学家"，国家"万人计划"领军人才，2014年入选"国家百千万人才工程"，获国家"有突出贡献的中青年专家"荣誉称号；中国法学会常务理事、学术委员会委员，教育部高等学校法学学科教学指导委员会副主任委员，中国法理学研究会副会长，中国法学教育研究会副会长，中国人权研究会副会长，全国法律硕士专业学位教育指导委员会委员。在《中国社会科学》《法学研究》《中国法学》《求是》《人民日报》《光明日报》等国家级权威报刊发表学术论文200余篇，主持和主研国家及省部级科研项目30余项，出版法学教材、专著、辞书等60余部。

主编 周尚君

西南政法大学教授，博士生导师。西南政法大学副校长，第十届"全国十大杰出青年法学家"，教育部"长江学者"特聘教授，重庆市学术技术带头人；中国法学会法理学研究会常务理事，中国法学会立法学研究会常务理事，中国社会学会法社会学专业委员会副会长，国家社会科学基金重大项目首席专家，九三学社中央监督委员会委员、九三学社中央法律专门委员会副主任、九三学社重庆市委副主委，重庆市政协常委，重庆市人民政府立法评审专家，重庆市法官惩戒委员会委员。近年出版专著5部，译著2部，主编教材 2 部，在《中国社会科学》《中国法学》《法学研究》《光明日报》等权威报刊发表论文 70 余篇。

执行主编 周祖成

西南政法大学教授，博士生导师。教育部省部共建地方立法协同创新中心执行主任，西南政法大学数字法治政府研究院院长；日本筑波大学社会科学系访问学者，中国法学会立法学研究会常务理事，中国法理学研究会理事，中国行为法学会理事。先后在《法学研究》《人民日报》《政法论坛》《现代法学》《法制与社会发展》等权威报刊发表学术论文 60 余篇。

执行主编 温泽彬

西南政法大学立法研究院（教育部省部共建地方立法协同创新中心）院长（主任），教授、博士生导师、博士后合作导师，巴渝学者特聘教授。兼任全国人大常委会法工委西南政法大学立法联系点日常工作负责人、司法部备案审查委员会专家委员、中国法学会宪法学研究会常务理事、立法学研究会理事，参与多部国家和地方立法起草、立法咨询相关工作。在《中国法学》《法学》《法商研究》《现代法学》等学术期刊发表论文 50 余篇，撰写学术著作、教材 8 部；主持承担国家社科基金项目 4 项。

摘　要

　　本年度"地方立法蓝皮书"由总报告、分报告与各专题报告组成，力求在展现 2023 年中国地方立法整体样态的基础上，发现、分析并回应地方立法实践中的具体问题。总报告通过对 2023 年度地方立法成果数据的统计分析，发现地方立法活动频次仍处于下降态势，但总体上仍维持在较高水平。其中，省级地方立法质量稳步提升，在新兴领域立法和区域协同立法方面持续发力，立法的针对性与适用性不断增强。在设区的市一级，新增立法数量大幅上升，立法活动总频次反超省级，市级地方立法的积极性较上年度显著提高。在社会治理领域，相关地方立法重点突出社会治理的地方特色和创新性做法，积极反馈民生需求，稳步提升立法质量与成效。

　　数字地方立法专题紧扣数字地方法治的前沿实践，对地方数字经济促进规范的立法特色、数据跨境的省级地方立法现状、数字提单制度的重庆实践、超大城市公共数据授权运营的治理架构、地方人大数字化改革方案等新兴问题进行了深入探索与反思。

　　基层治理地方立法专题重点关注立法质效与机制创新问题。在立法质效层面，通过法条分析，对平安建设条例与物业管理条例的地方立法状况进行介绍，指出了相关条例中存在的疑难概念与实施难题；在机制创新层面，运用经验研究方法，对基层立法联系点制度与创制性立法模式进行了理论概括与经验总结，并提出了加强和改进地方立法工作的有效路径。

　　权益保障地方立法专题针对权利保护这一热点议题，重点考察了乡村振

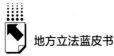

兴地方立法的机械化现象、无障碍环境建设地方立法的发展历程、虐待动物行为规制的必要性问题，并在保护弱势群体权益、优化权利保护体系、规制侵权行为方面作出了有益的学理探索。

关键词： 地方立法　数字立法　基层治理　权益保障

目　录 ▷

Ⅰ　总报告

Ⅱ　分报告

Ⅲ　数字地方立法专题

Ⅳ　基层治理地方立法专题

Ⅴ　权益保障地方立法专题

皮书数据库阅读**使用指南**

总报告

2023年度中国地方立法发展状况

摘　要： 2023年度地方立法活动频次延续了上年度的下降态势，但总体上仍处于较高水平。其中，新增立法、法规修改和法规废止的频次均有所下降，三者下降幅度依次递增。在全部立法活动中，新增立法占比最大，且频次领先优势进一步扩大。市级新增立法大幅度上升，市级总体立法活动频次占比反超省级。立法活动地域性差异小幅回落，立法热点地区、热点事项持续转变。人民代表大会、生态环境保护依然是地方立法活动最为关注的领域。

关键词： 地方立法　立法趋势　立法热点

---

* 执笔人：刘继琛。课题组成员：周祖成，法学博士，教育部省部共建地方立法协同创新中心执行主任，数字法治政府研究院院长，研究方向为法学理论、地方立法；温泽彬，法学博士，西南政法大学立法研究院（教育部省部共建地方立法协同创新中心）院长（主任），研究方向为宪法学、立法学；刘继琛，西南政法大学立法研究院讲师，研究方向为立法学。

一 2023年度地方立法概况

通过对全国各地人大网站以及权威数据库公开的立法信息进行收集，可知除港澳台三地外，我国2023年度省、市两级立法活动频次（含立、改、废）总量达1392次（如图1所示）。[①] 其中，年度新增地方立法800件，修改498件，废止94件（如图2所示）。结合上年度数据，2023年度地方立法三种活动形式的总频次有所下降，总降幅约为14.3%；其中，新增立法频次下降约6.9%，修改频次下降约21.5%，废止频次下降约27.6%。

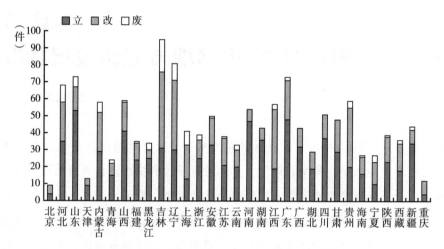

图1 2023年度中国各省份地方立法情况（除港澳台）

在立法层级方面，2023年度省级立法频次为596次，占比约为42.8%；市级立法频次为796次，占比约为57.2%（如图3所示）。相比于往年数

---

① 统计时间截止到2023年12月31日。主要信息来源于各地人大公开信息，并结合北大法宝数据库的检索信息。考虑到现实中一些地方人大网站，乃至大规模数据库也会存在公开不足、信息滞后的问题，本报告的数据分析仅对取样数据负责，并允许课题组统计数据会同实际情况存在一定的误差。此外，本报告在狭义视角下使用"地方立法"一词，仅统计地方性法规数据，报告中提到的"法规"也即地方性法规。特此对可能存在的数据更新误差以及统计疏漏作出解释。

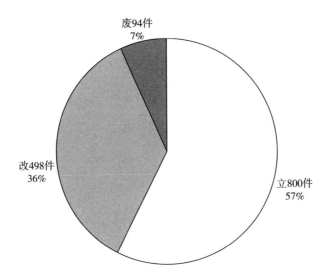

图 2　2023 年度中国地方性法规立改废情况（除港澳台）

据，省级立法数量占比呈现下降态势，由 2021 年的 50%、2022 年的 53% 下降至 2023 年的 42.8%。

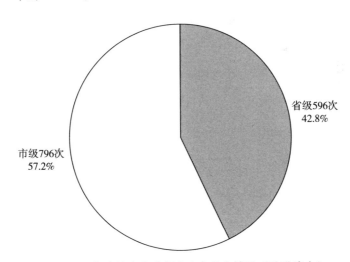

图 3　2023 年度地方立法频次省市分布情况（除港澳台）

在新增立法方面，市级新增立法占比继续扩大（如图 4 所示）。2023 年，省级新增立法为 228 件，占比约为 28.5%（2022 年占比为

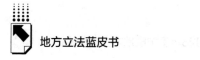

43%）；市级新增立法为 572 件，占比约为 71.5%（2022 年占比为 57%）。

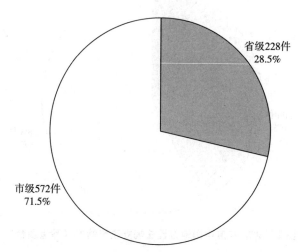

省级228件
28.5%

市级572件
71.5%

图 4　2023 年度地方新增立法省市分布情况（除港澳台）

在法规修改方面，省级法规修改数量占比约为 64.7%（2022 年占比为 67%），市级占比约为 35.3%（2022 年占比为 33%），与上年度基本持平（如图 5 所示）。

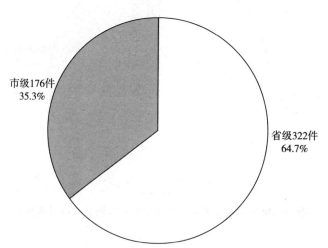

市级176件
35.3%

省级322件
64.7%

图 5　2023 年度地方性法规修改省市分布情况（除港澳台）

在法规废止方面，省级法规废止数量占比约为49%（2022年占比为52%），市级占比约为51%（2022年占比为48%），与上年度基本持平（如图6所示）。

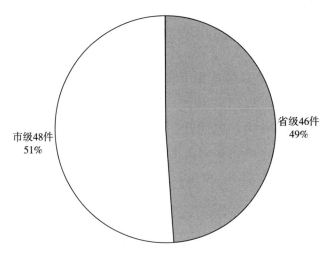

图6 2023年度地方性法规废止省市分布情况（除港澳台）

总体而言，2023年度地方立法数量延续了下降的态势，修法、废止活动频次下降幅度高于新增立法活动频次下降幅度。省级层面法规修改更多，市级层面新增立法占比更大，法规废止在省市两级的占比都较小。

二　2023年度地方立法地域分析

本年度地方立法地域数据分析，依旧采用既往划分标准，依照我国"十一五"规划提出的八大经济地带进行区域划分。具体而言，八大经济地带划分如下：

（1）北部沿海：北京、天津、河北、山东；

（2）大西北地区：甘肃、青海、宁夏、西藏、新疆；

（3）东北地区：辽宁、吉林、黑龙江；

（4）东部沿海：上海、江苏、浙江；

（5）黄河中游：陕西、山西、河南、内蒙古；

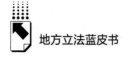

（6）南部沿海：福建、广东、海南；

（7）西南地区：云南、贵州、四川、重庆、广西；

（8）长江中游：湖北、湖南、江西、安徽。

（一）各地区立法活动状况总览

就数据而言，八大区域的地方立法总体上呈现均衡状态（如图 7 所示）。相比于 2022 年度，东北地区（2022 年度占比约为 9%）、黄河中游（2022 年度占比约为 16%）取代了长江中游，各自占比约为 15%，成为地方立法最活跃的地区。东部沿海占比约为 8%，占比最低。相比于 2022 年度，各地区间占比差值缩小，由 2022 年度的 9 个百分点下降到 2023 年度的 7 个百分点。

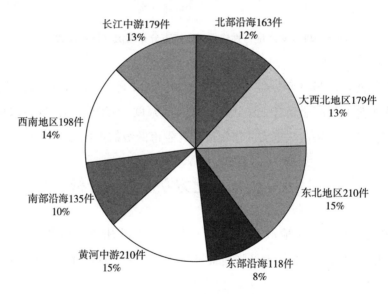

图 7　2023 年度八大经济带立法数量总览

在新增立法方面，黄河中游新增立法数量高于其他地区，东部沿海数量最低（如图 8 所示）。对照上年度数据可知，黄河中游从 2022 年度新增立法第二位（145 件）跃升至 2023 年度新增立法第一位（140 件）。南部沿海和东北地区新增立法数量依旧较少。东部沿海新增立法数量大幅回落，从2022年度的116件回落至2023年度的59件。大西北地区新增立法数量大幅增加，从2022年度的77件升至2023年度的106件。

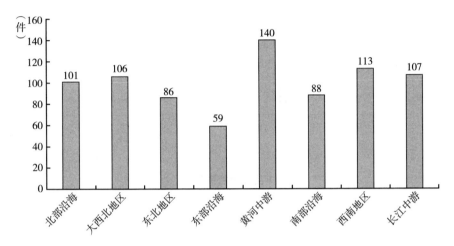

图8 2023年度八大经济带新增立法情况

在法规修改方面，最为活跃的是东北地区，从2022年度的59件升至2023年的91件，居2023年度第一位（如图9所示）。2023年度新增立法最多的黄河中游修法62件，居于平均水平。与2022年度相比，除西南地区和东北地区外，其他地区修法数量均呈现下降态势。长江中游修法数量降幅最大，从2022年度的140件降至2023年度的68件。

在法规废止方面，东北地区数量最多，共废止33件，其他地区在16件或16件以下（如图10所示）。与2022年度相比，除东北地区和北部沿海外，2023年度各地区废止法规数量均呈大幅下降态势。长江中游降幅最大，为24件；东部沿海降幅最小，为1件。

（二）各地区年度立法活动样态

1. 北部沿海

2023年度，北部沿海地方立法活动频次排序为第四位，较上年度上升

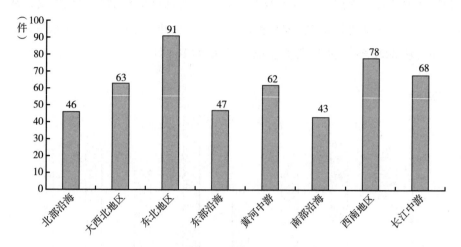

图9　2023年度八大经济带法规修改情况

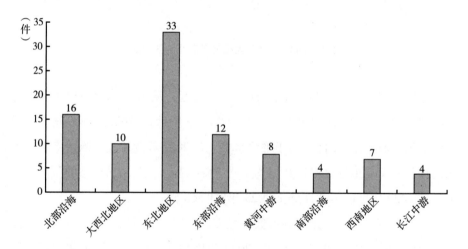

图10　2023年度八大经济带法规废止情况

两位。其中，全年新增立法101件，法规修改46件，法规废止16件；省级立法共68件，市级立法共95件（如图11所示）。总体立法活动频次方面和新增立法方面的情况为：山东>河北>天津>北京。法规修改方面的情况为：河北>山东>北京>天津。法规废止方面的情况为：河北>山东>北京＝天津。

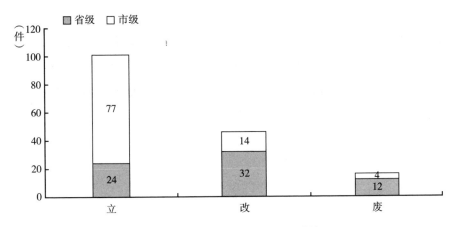

图11 2023年度北部沿海立法活动情况

2. 大西北地区

2023年度，大西北地区地方立法活动频次排序与长江中游并列第三位，较上年度上升两位。其中，全年新增立法 106 件，法规修改 63 件，法规废止 10 件；省级立法共 82 件，市级立法共 97 件（如图 12 所示）。总体立法活动频次方面的情况为：甘肃>新疆>西藏>宁夏>青海。新增立法方面的情况为：新疆>甘肃>西藏>青海>宁夏。法规修改方面的情况为：甘肃>西藏>宁夏>新疆>青海。法规废止方面的情况为：宁夏>青海＝西藏＝新疆>甘肃。

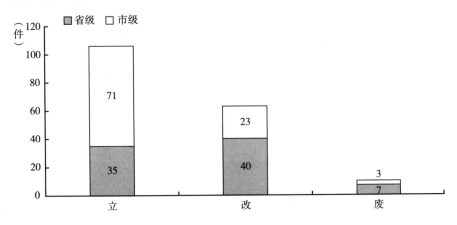

图12 2023年度大西北地区立法活动情况

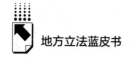

3. 东北地区

2023 年度，东北地区地方立法活动排序与黄河中游并列第一位，较上年度上升七位。其中，全年新增立法 86 件，法规修改 91 件，法规废止 33 件；省级立法共 69 件，市级立法共 141 件（如图 13 所示）。总体立法活动频次方面、新增立法方面、法规修改方面和法规废止方面的情况均为：吉林>辽宁>黑龙江。

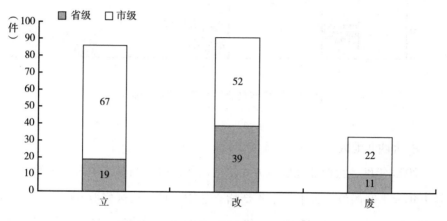

图 13 2023 年度东北地区立法活动情况

4. 东部沿海

2023 年度，东部沿海地方立法频次排序为第六位，较上年度下降四位。其中，全年新增立法 59 件，法规修改 47 件，法规废止 12 件。该地区省级立法共 75 件，市级立法共 43 件（如图 14 所示）。总体立法活动频次方面的情况为：上海>浙江>江苏。新增立法方面的情况为：浙江>江苏>上海。法规修改方面的情况为：上海>江苏>浙江。法规废止方面的情况为：上海>浙江>江苏。

5. 黄河中游

2023 年度，黄河中游立法活动频次与东北地区并列第一位，较上年度上升一位。其中，新增立法 140 件，法规修改 62 件，法规废止 8 件。其中省级立法共 84 件，市级立法共 126 件（如图 15 所示）。其中，总体立法活动频次情况为：山西>内蒙古>河南>陕西。新增立法情况为：河南>山西>内蒙古>陕西。法规修改情况为：内蒙古>山西>陕西>河南。法规废止情况为：内蒙古>山西=陕西>河南。

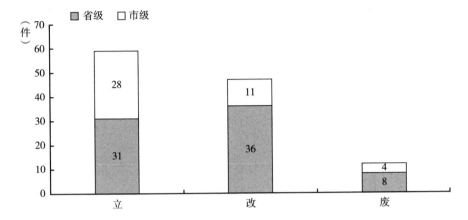

图14　2023年度东部沿海立法活动情况

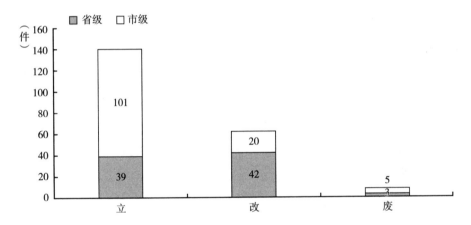

图15　2023年度黄河中游立法活动情况

6. 南部沿海

2023年度，南部沿海地方立法活动频次排序为第五位，较上年度上升两位。全年立法共135件，其中，新增立法88件，法规修改43件，法规废止4件。省级立法共59件，市级立法共76件（如图16所示）。总体立法活动频次、新增立法频次情况为：广东>福建>海南。法规修改、法规废止情况均为：广东>福建=海南。

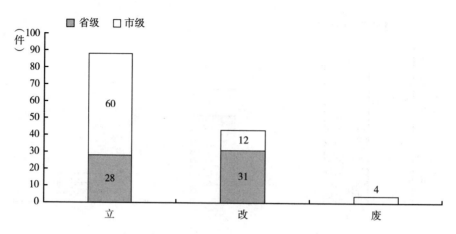

图16　2023 年度南部沿海立法活动情况

7. 西南地区

2023 年度，西南地区地方立法活动频次排序为第二位，较上年度上升一位。其中，全年新增立法 113 件，法规修改 78 件，法规废止 7 件。其中省级立法共 93 件，市级立法共 105 件（如图 17 所示）。总体立法活动频次情况为：贵州>四川>广西>云南>重庆。新增立法情况为：四川>广西>贵州>云南>重庆。法规修改情况为：贵州>四川>广西>云南>重庆。法规废止情况为：贵州>云南＝四川＝重庆＝广西。

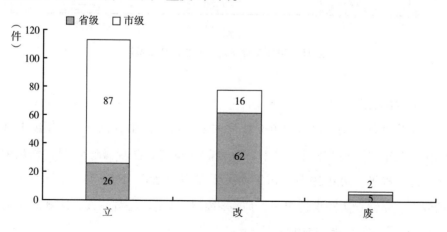

图17　2023 年度西南地区立法活动情况

8. 长江中游

2023 年度，长江中游地方立法活动频次排序为第三位，与大西北地区并列，较上年度下降两位。其中，全年新增立法 107 件，法规修改 68 件，法规废止 4 件。省级立法共 66 件，市级立法共 113 件（如图 18 所示）。其中，总体立法活动频次情况为：江西>安徽>湖南>湖北。新增立法情况为：湖南>安徽>江西＝湖北。法规修改情况为：江西>安徽>湖北>湖南。法规废止情况为：江西>安徽>湖南＝湖北。

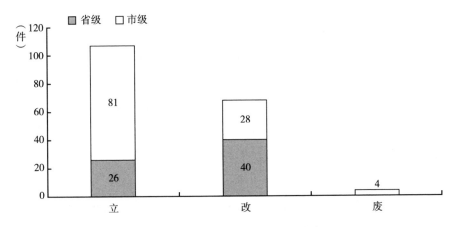

图 18　2023 年度长江中游立法活动情况

三　2023 年度地方立法类型分析

（一）立法活动类型分布总览

为方便研究者进行年度数据比较，关于地方立法成果的类型分析依旧选用往年的分类方式，也即，依据地方立法成果具体调整内容及调整重点的不同，将其基本划分为六大类型。

（1）国家机关类。具体包括人大制度、行政机构、行政执法、行政事务等内容。

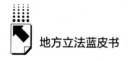

（2）社会事务类。具体包括公民权益、公共安全、司法服务、社会事务、社会团体、基层政治、劳动安全、社会保障等内容。

（3）文化教育类。具体包括教育、科学、文化、卫生、体育等内容。

（4）财政经济类。具体包括市场、交通、农业农村、旅游、企业、邮政电信、统计、中介组织等内容。

（5）城乡建设类。具体包括建设规划、市政绿化、风景名胜等内容。

（6）资源环境类。具体包括资源、能源、环保、灾害防治等内容。

从地方立法成果的类型分布来看，2023 年度地方立法活动继续呈现多元集中的特征（如图 19 所示）。2023 年度立法活动中，财政经济类和资源环境类立法活动依然居于高位，占据了立法活动总数的约 43.6%。资源环境类立法活动频次居于第一位，立法活动总数与 2022 年度基本持平，排序由 2022 年度的第三位升至第一位。财政经济类立法活动总数有所下降，排序由第一位降至第二位。与上年度相比，社会事务类立法活动总数降幅较大，总频次由 337 次降至 238 次；城乡建设类由 247 次降至 192 次；文化教育类基本保持不变；国家机关类小幅下降，由 181 次降至 167 次。总体而言，在立法总量回落的情况下，立法类型分布保持了总体稳定的态势。

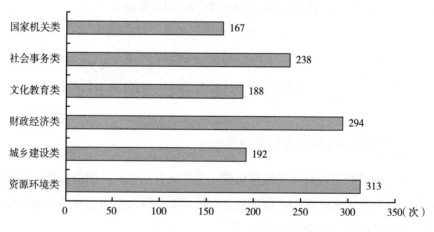

图 19　2023 年度地方立法活动类型分布情况

在新增立法方面，相较于 2022 年度各类型数量较为均衡的局面，2023 年度资源环境类地方立法的占比进一步扩大，由 2022 年度的约 20% 升至 2023 年的约 24%（如图 20 所示）。财政经济类和文化教育类地方立法的占比同样有小幅上升。国家机关类立法活动频次与 2022 年度基本持平。社会事务类和城乡建设类立法活动占比有明显降低。

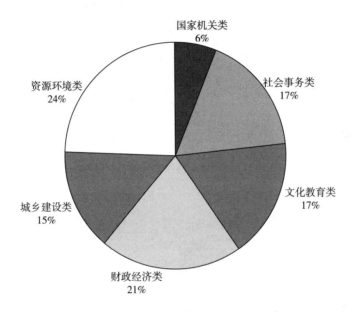

图 20　2023 年度地方新增立法类型分布情况

在法规修改方面，各类型立法活动的分布情况与上年度基本相同。其中最为明显的变化是，国家机关类法规修改数量占比延续了 2021 年度至 2022 年度的上升态势，由 2022 年度的约 14% 升至约 20%，与资源环境类、财政经济类占比基本相同（如图 21 所示）。城乡建设类法规修改占比基本不变，社会事务类、文化教育类法规修改占比有所下降。

在法规废止方面，各事项类型分布基本保持了上年度的相对聚集状态。资源环境类法规废止占比翻一番，但仍仅占约 7%。财政经济类、社会事务类和国家机关类依然是占比最多的三个类型。城乡建设和文化教育类占比小幅下降。

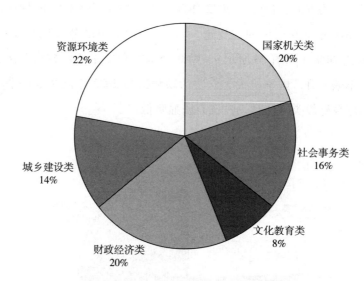

图 21　2023 年度地方性法规修改类型分布情况

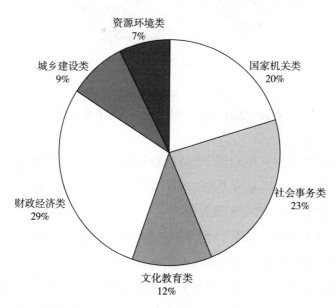

图 22　2023 年度地方性法规废止类型分布情况

（二）各区域立法活动的类型分布

1. 国家机关类

与 2022 年度相比，2023 年度国家机关类立法活动总频次略有减少，且依旧处于最后一位。与 2022 年度类似，国家机关类立、改、废活动中，法规修改占比最大；在省级和市级对比中，省级国家机关类立法活动频次更高，是市级频次的近 3 倍。从地域来看，国家机关类新增立法最多的是大西北地区，法规修改最多的是黄河中游，法规废止最多的是北部沿海（如图23 所示）。与 2022 年度相比，东北地区和黄河中游国家机关类法规修改数量大幅上升，分别上升 18 件和 13 件；长江中游法规修改数量大幅回落，由18 件降至 9 件。

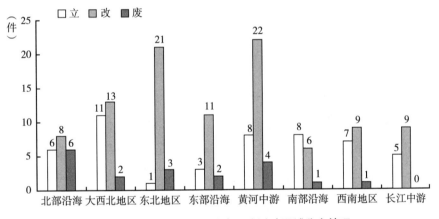

图 23　2023 年度国家机关类立法活动区域分布情况

2. 社会事务类

社会事务类在 2023 年度立法活动频次排序中居第三位，立法活动频次较 2022 年度有较大幅度回落。在本类别内部，新增立法数量依旧占据了较大份额。新增立法方面，黄河中游新增立法数量较 2022 年度有所下降，但仍是 2023 年度社会事务类新增立法数量最多的地区之一。东部沿海、长江中游社会事务类新增立法降幅较大。法规修改方面，长江中游法规修改数量大幅降低，西南地区法规修改数量居 2023 年度各地区第一位。法规废止方面，东部沿海法规废止数量大幅上升，居 2023 年度各地区第一位（如图 24 所示）。

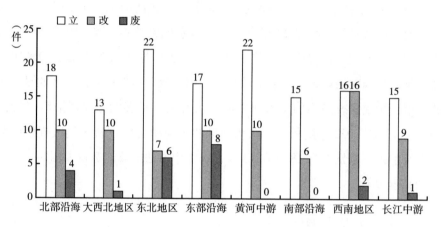

图 24　2023 年度社会事务类立法活动区域分布情况

3. 文化教育类

文化教育类事项在 2023 年度立法活动频次排序中居第五位。本类型立法活动以新增立法为主，法规修改和废止占比较低。新增立法方面，各地区新增立法数量相差不大（如图 25 所示）。大西北地区新增 23 项文化教育类立法，新增立法数量居各地区首位。与 2022 年度相比，大西北地区、东北地区、南部沿海文化教育类新增立法数量提升幅度较大，分别上升 18 件、9 件和 8 件。法规修改方面，2023 年度各地区法规修改数量相差不大，最多者为南部沿海（7 件），最低者为东部沿海（3 件）。与 2022 年度相比，大西北地区、东部沿海、黄河中游和长江中游法规修改数量均有不同幅度下降，其中长江中游降幅最大，为 10 件。

4. 财政经济类

财政经济类事项在 2023 年度立法活动频次排序中居第二位，较 2022 年度下降一位。与 2022 年度相比，财政经济类新增立法数量占比稍有扩大，法规废止数量有所减少（如图 26 所示）。在地域分布方面，长江中游依旧

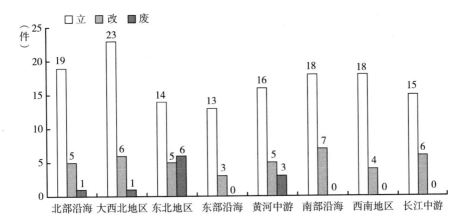

图25　2023年度文化教育类立法活动区域分布情况

是财政经济类立法活动最活跃的地区。南部沿海、东部沿海、大西北地区各项立法活动均有所减少。东北地区财政经济类新增立法数量减少的同时，法规修改频次明显增多。在法规废止方面，黄河中游与长江中游法规废止数量大幅降低。东北地区法规废止数量提升，居2023年度财政经济类法规废止数量第一位。

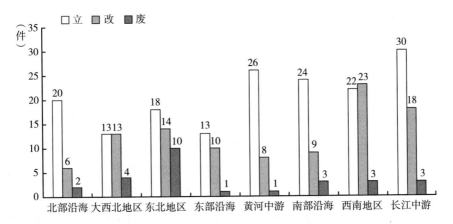

图26　2023年度财政经济类立法活动区域分布情况

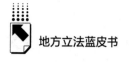
5. 城乡建设类

2023 年度，城乡建设类地方立法活动频次排序为第四，较 2022 年度排序不变。该事项的立法活动以新增立法数量居多（如图 27 所示）。相比于 2022 年度西南地区在城乡建设类立法活动频次大幅多于其他地区的情况，2023 年度各地区就城乡建设类事项进行地方立法活动的频次差别不大。其中，东北地区法规修改数量大幅上升，由 2022 年度的 9 件上升至 23 件。黄河中游的法规修改数量大幅下降，由 2022 年度的 18 件降至 1 件。在法规废止方面，各地区法规废止数量较少，东北地区法规废止 5 件，数量排序居第一位。

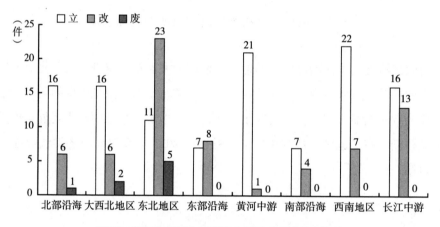

图 27　2023 年度城乡建设类立法活动区域分布情况

6. 资源环境类

资源环境类事项在本年度立法活动频次排序中居第一位，较上年度上升两位。相比于 2022 年度该领域立法"立修并重"的局面，2023 年度资源环境类立法活动中新增立法数量明显多于法规修改数量（如图 28 所示）。在地域分布方面，黄河中游凭借新增立法的迅速增长（由 2022 年度的 33 件增至 2023 年度的 47 件）成为资源环境类立法活动频次最高的地区。各地区法规修改数量差距相对较小，东北地区（21 件）、西南地区（19 件）和黄河中游（16 件）位居法规修改频次排序前三位。法规废止数量依旧较少，东北地区法规废止 3 件，北部沿海法规废止 2 件，东部沿海、西南地区法规废止各 1 件。

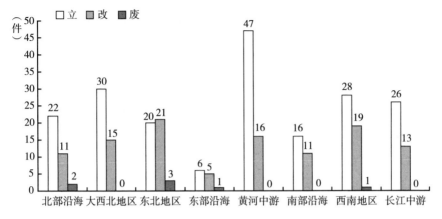

图28　2023年度资源环境类立法活动区域分布情况

四　2023年度地方立法特点

（一）立法活动频次下降，总体仍处于较高水平

继2019~2021年度地方立法活动频次连续三年逐年上升、2022年度频次首降16%后，2023年度地方立法活动频次连续第二年降低，降幅约为14.3%。从立法行为结构来看，新增立法频次下降60次，法规修改频次下降137次，法规废止频次下降36次；法规修改频次下降数量约占下降总量的59%，依然是活动频次下降最主要的立法形式。从立法层级角度，省级立法活动频次下降269次，市级立法活动频次上升36次，经历了2021年度至2022年度立法活动频次的大幅下降，2023年度市级立法活动频次重回上升趋势。尽管本年度立法活动频次有所下降，但仍处于一个较高水平。各省份全年平均开展省级立法活动约19次，其中新增立法平均约7件、法规修改平均约10件、法规废止平均约1件。总体来看，地方立法活动频次处于稳定的数量区间。较高的立法活动频次表明，当前阶段地方治理仍面临一定数量的、需以立法方式解决的新问题。

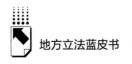

（二）新增立法占比过半，法规修改废止数量降幅较大

与 2022 年度地方立法活动"立修并重"的格局不同，2023 年度地方立法中新增立法占比明显上升，约占 57%。新增立法与法规修改占比的差距由 2022 年的 14 个百分点上升至 2023 年的 21 个百分点。在 2023 年度，法规修改频次下降的幅度（约 22%）远高于新增立法下降的幅度（约 7%）。法规废止的下降幅度最大，约为 27%。法规废止在总体立法活动中的占比与上年度基本相同。

（三）市级立法活动占比更大，省级立法活动频次有所下降

2023 年度省市两个层级的立法活动频次有一定差别。市级立法活动约占总频次的 57%，领先省级立法活动频次约 14 个百分点。相比于 2022 年度省级立法活动频次占比稍领先市级 6 个百分点，2023 年度市级立法活动占比大幅上升。其主要原因在于，2023 年度市级新增立法数量大幅增加，同时省级新增立法数量降低，且省市两级法规修改和法规废止降幅差别不大。这一现象的原因，可能是 2023 年《中华人民共和国立法法》修改，增加规定设区的市可以对"基层治理"事项制定地方性法规和地方政府规章，同时赋予 4 个不设区的市地方立法权。

（四）立法活动地域性数量差异缩小，热点地区持续转变

与 2022 年度相比，2023 年度各地区间立法活动频次占比差异较小。各地区立法活动频次占比的极差，由 2021 年度的 8 个百分点、2022 年度的 9 个百分点回落至 2023 年度的 7 个百分点。同时，立法活动数据对应的热点地区处于持续的转变之中。东北地区、黄河中游取代长江中游，成为 2023 年度地方立法活动频次最高的地区。在新增立法上，黄河中游取代西南地区成为新增立法频次最高的地区。在法规修改、法规废止上，频次最高的地区由 2022 年度的长江中游变为 2023 年度的东北地区。

（五）立法成果类型分布延续多元集中模式，资源环境类事项成为最大热点

2023年度立法活动数据在成果类型分布上依旧延续了前两年的多元集中模式。各类型立法活动频次的最大差值由2022年度的166件降至2023年度的146件。资源环境类、财政经济类和社会事务类仍然是立法活动频次最多的三种类型。资源环境类立法活动超越社会事务类和财政经济类立法活动，居于所有类型立法活动频次排序的第一位。所有类型的立法活动频次均有减少。社会事务类立法活动频次降幅最大，减少99件，降幅约为29.3%。粗略统计，在全国1392次地方立法活动中，出现较多的立法内容包括：生态环境保护、人民代表大会、流域保护、交通运输、营商环境、产业促进、文化遗产、文明行为、城市管理、基础设施、房地产、供水、红色资源、自由贸易港、人才教育、土地、渔业畜牧业、乡村振兴、消防、乡村环境治理、市场管理、养老、奖励表彰、国有资产、开发区示范区，等等（如图29所示）。

图29　2023年度地方立法词频图

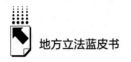

参考文献

付子堂主编《中国地方立法报告（2023）》，社会科学文献出版社，2023。

公丕祥主编《中国法治社会发展报告（2023）》，社会科学文献出版社，2023。

闫然：《地方立法统计分析报告：2023 年度》，《地方立法研究》2024 年第 1 期。

分 报 告

B.2
2023年度省级地方立法状况

谢林杉 *

摘 要： 省级立法是落实国家立法、指导设区的市立法的重要活动。分析 2023 年度省级立法数据可以发现，本年度立法活动主要集中在法规修改，其次是新增立法，最后是法规废止，各类立法活动的频次数量较上年度均有下降。财政经济类、国家机关类、社会事务类仍为本年度最受省级立法关注的领域。省级立法在本年度呈现如下特点：立法活跃度下降，立法质量持续上升；统筹推进地方立法工作，健全完善地方立法体制机制；立足新兴领域，注重发挥立法对科技的引领作用；地方立法工作进一步细化，区域协同立法同步推进。

关键词： 省级立法 法治保障 协同立法

---

* 谢林杉，西南政法大学立法研究院研究助理，研究方向为法社会学。

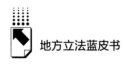

一 2023年度省级地方立法概况

2023年度，除港澳台外，31个省（自治区、直辖市）的立法活动频次总量为596件。其中，年度新增立法228件，法规修改322件，法规废止46件。与上年度数据相比，2023年度无论是立法活动频次总量还是各项立法活动频次数量都呈下降态势，立法活动频次总量减少269件，其新增立法减少143件、法规修改减少104件、法规废止减少22件（见图1）[①]。

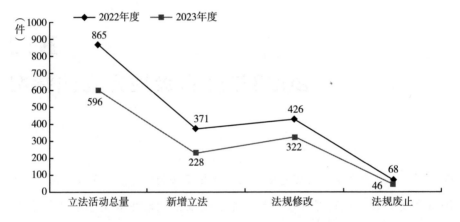

图1 2022、2023年度省级立法总数及立改废情况

在样本数据的基础上，对各省（区、市）的立法活动数据进行分析，可以进一步揭示各省份的立法积极性和立法具体表现。从立法活动总数来看，年度总数为596件，上海市最多，为41件；湖北省最少，为8件（见图2）。各省（区、市）年度平均立法活动频次约为19件，仅有12个省（区、市）达到平均数。与上年度相比，各省（区、市）立法活动频次平均数下降约9件。立法活动频次总数、平均数的下降反映出各立法主体对立法活动的审慎，立法活动逐步向高质量转变。

---

① 参见付子堂主编《中国地方立法报告（2023）》，社会科学文献出版社，2023。

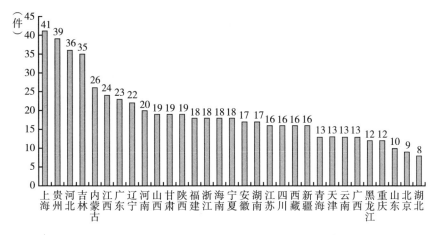

图2 2023年度各省（区、市）省级立法总数情况

就新增立法活动而言，2023年度新增立法228件，各省（区、市）平均制定地方性法规7.3件，比上年度下降4.7件。河南（15件）、上海（13件）、内蒙古（12件）、海南（11件）、新疆（11件）属于新增立法数量较多的省（区、市），辽宁（3件）、西藏（4件）、贵州（4件）、重庆（4件）、云南（4件）、北京（4件）的新增立法数量较少（见图3）。

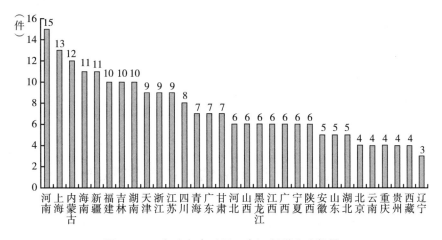

图3 2023年度各省（区、市）新增立法数量

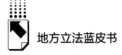
从法规修改活动来看，本年度的法规修改数量为322件，各省（区、市）平均修改地方性法规10.3件，较上一年度减少约4件。贵州（31件）、河北（20件）、上海（20件）、辽宁（19件）、江西（18件）、吉林（16件）、广东（16件）位居前列，新疆（3件）、湖北（3件）、山东（3件）的法规修改数量较少（见图4）。

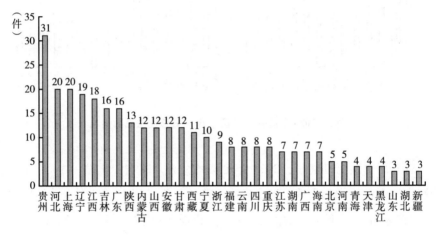

图4 2023年度各省（区、市）法规修改数量

在法规废止活动方面，本年度的法规废止数量为46件，各省（区、市）平均废止地方性法规约1.5件，较上年度减少约0.7件。河北（10件）的法规废止数量最多。吉林（9件）、上海（8件）也排在前列。北京、天津、福建、辽宁、浙江、安徽、江苏、河南、湖南、江西、广东、广西、湖北、四川、重庆、甘肃、海南、陕西等18个省（区、市）在本年度没有开展法规废止活动（见图5）。

二 2023年度省级地方立法类型分析

为了便于开展数据统计分析，关于省级地方立法成果的类型分析与总报告保持一致，根据立法事项的主题划分为国家机关类、社会事务类、文化教育类、财政经济类、城乡建设类、资源环境类六大类别。课题组对该

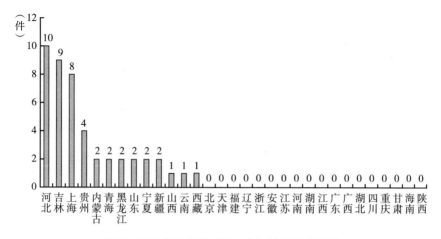

图5 2023年度各省（区、市）法规废止数量

年度省级地方立法的立、改、废情况按照前述类型进行分类统计，发现该年度各省（区、市）的立法活动在不同事项类型方面存在共通性和差异性。

（一）立法活动类型分布情况总览

根据省级地方立法成果的类型统计分析，该年度省级立法活动主要集中在财政经济、国家机关、社会事务、资源环境等方面，文化教育、城乡建设方面的立法活动则相对较少（见图6）。与上年度相同，财政经济类事项依然是省级立法最关注的热点，本年度财政经济类事项的立法数量达145件，占年度立法总数的24.3%。与上年度相比，国家机关类立法数量持续增长，由上年度的第三位上升至本年度的第二位。社会事务类立法数量有所下降，同比下降37.4%。资源环境类、文化教育类、城乡建设类立法活动数量较上年度均有所下降，城乡建设类立法活动与上年度一样，仍然为本年度排名最后的立法事项类型。总的来看，本年度的省级立法在事项类型上保持了对财政经济类的持续关注，也结合社会发展实际需要，对其他类别的关注度作出动态调整。

从新增立法来看，本年度省级新增立法多集中在财政经济类、文化教育

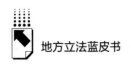

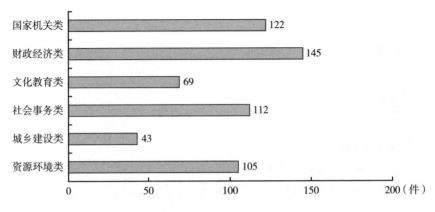

图6　2023年度省级立法活动类型分布

类。财政经济类与上年度相同，仍为本年度省级新增立法的首要关注点。文化教育类在新增立法中居第二位，是本年度省级新增立法的重要关注点。城乡建设类的立法数量则持续下降，仍为本年度省级立法项目中占比最小的领域。本年度省级地方性法规修改涉及的领域也相对集中，国家机关类、财政经济类、社会事务类、资源环境类的法规修改活动较为频繁。但是，本年度国家机关类省级地方性法规的修改数量较去年有下降趋势，文化教育类、城乡建设类的法规修改数量明显减少。

就法规废止活动而言，本年度省级地方性法规废止集中在社会事务类，数据占比为32.6%。国家机关类和财政经济类项目数量占比分列第二、三位。城乡建设类项目依然是废止数量最少的。值得一提的是，文化教育类项目在本年度的废止数量降幅明显，成为本年度废止数量第二少的类型。

（二）各省（区、市）立法活动类型分布

1.国家机关类

本年度省级国家机关类立法数量在所有类型中排名第二，虽然在绝对数量上有所降低，但在本年度的立法活动占比上有所提升。内蒙古（14件）、吉林（9件）、浙江（8件）、河北（6件）对该项目类型关注较多，宁夏、

江苏并未涉及这一类型，也是两个没有开展国家机关类项目立法活动的省份（见图7）。从具体的立法活动来看，各省（区、市）围绕国家机关类项目主要展开了新增立法活动，新增立法高达80件，占比65.6%；法规废止活动开展最少，仅涉及12件地方性法规，占比9.8%。就地方性法规的内容进行分析，可以发现本年度各省（区、市）关于国家机关类项目的立法活动主要围绕三个方面：一是制定完善人民代表大会议事规则；二是修改完善地方人大组织制度；三是健全完善立法、监督、代表等各项工作制度。

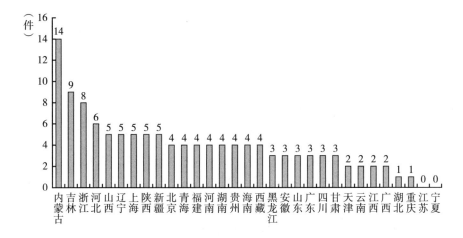

图7　2023年度各省（区、市）国家机关类立法总数

在制定完善人民代表大会议事规则方面，各省（区、市）根据新修订的全国人民代表大会议事规则和全国人大常委会议事规则，结合本地区发展实际，总结人大工作经验，回应社会发展需求，积极推进本区域人大议事规则的制定和修改。内蒙古、黑龙江、吉林、辽宁、浙江、云南、四川、海南、西藏和新疆10个省（区）及时修订了本级人民代表大会议事规则。这些修订内容包括会议的筹备和举行、议案的提出和审议、选举和辞职罢免、询问和质询、特定问题调查、发言和表决等方面。通过这些具体规定，各地有效保障了人民代表大会依法行使职权，显著提升了议事的质量和效率。内蒙古、山西、福建、黑龙江、吉林、辽宁、云南、河南、广东、重庆、甘肃

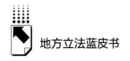

和西藏 12 个省（区、市）也对本级人大常委会议事规则进行了修订和完善。这些修改健全了人大常委会议事程序，规范了职权行使，推动全过程人民民主在人大工作中的全面落实。

在修改完善地方人大组织制度方面，各省（区、市）对标新修改的地方组织法，围绕人大常委会组成人员守则及选举、基层人大组织建设等方面开展立法活动。北京修改《北京市人民代表大会常务委员会组成人员守则》（2023 年修订）、河北修改《河北省人民代表大会常务委员会人事任免办法》，对本地省（市）人大常委会组成人员名额及选举等问题作出进一步规定。本年度基层人大组织建设立法活动的热度有所降低，仅湖南和贵州对相关问题进行了立法。湖南省制定了《湖南省县级人民代表大会常务委员会街道工作委员会工作条例》，明确了街道工作委员会的职能和工作流程，加强了对基层人大工作的指导和监督。贵州省制定了《贵州省街道人大工作条例》，规范了街道人大工作的程序和职责，提升了基层人大工作的规范化和制度化水平。通过这些立法活动，基层人大组织建设得到了进一步强化，有助于落实地方组织法的要求，推进全过程人民民主的实现。

健全完善立法、监督、代表等各项工作制度也是本年度各省（区、市）的立法工作亮点，以推进各项工作的科学性和民主性。立法方面，北京修改《北京市制定地方性法规条例》、天津修改《天津市地方性法规制定条例》、上海修改《上海市地方性法规条例》、湖南制定《湖南省人民代表大会常务委员会关于废止、修改部分地方性法规的决定》。进一步完善了立法程序，强调了立法的透明度和公正性，确保立法过程的科学性和规范性。在监督领域，各省（区、市）根据区域发展实际，制定了针对性的立法。河北省修改了《河北省人民代表大会常务委员会关于监督司法机关工作的规定》，加强了对司法机关的监督，确保司法公正。福建省制定了《福建省预算审查监督条例》，明确了预算审查的程序和标准，确保财政资金的合理使用。广西、江西和安徽等地也对预算审查和行政执法监督进行了立法，提升了人大监督的有效性和权威性。安徽、陕西、新疆等地修订各地区行政执法监督条例，增强了执法过程的公开性、公正性和透明性。在代表工作方面，内蒙古修改《内蒙古自治区人民代表大会代表议案处理办法》《内蒙古自治区人民代表大会代表建议、批评和意见处理办法》、浙江修改《浙江省人民代表大会代表建议、批评和意见办理的规定》、西藏修改《西藏自治区人民代表大会代表建议、批评和意见办理工作条例》、新疆修改《新疆维吾尔自治区人民代表大会代表建议、批评和意见办理规则》)。

2. 社会事务类

本年度省（区、市）社会事务领域的立法数量在所有事项中排名第三，占比为19%，与上年度相比略有下降。上海（11件）、河北（9件）、江苏（9件）、贵州（7件）属于在该领域开展立法活动较多的省份。青海（1件）、天津（1件）、云南（1件）、江西（1件）等省份在本年度并未重点关注社会事务类立法（见图8）。各省（区、市）紧扣新时代人民对美好生活的需要特别是对法治的需要，围绕人民关心的社会事务积极开展立法，切实在立法工作中维护和实现人民权益。本年度的省级立法在社会事务领域主要围绕社会保障、公民权益保护、公共安全、社会治理等方面。

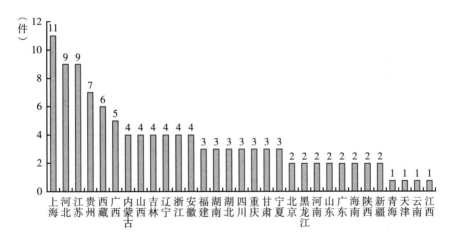

图8　2023年度各省（区、市）社会事务类立法总数

一是在社会保障方面，集中表现在就业促进、社会保险基金监管、法律援助、劳动保障等方面。在就业促进方面，内蒙古修订了《内蒙古自治区

就业促进条例》，重点关注提升就业服务质量、优化就业环境，促进高质量和充分就业，以推动经济发展与就业增长的协调，实现社会和谐稳定和共同富裕的目标。上海市制定了《上海市就业促进条例》，该条例提出了一系列促进就业的政策措施，包括加强就业培训、完善就业服务网络和支持创业创新，进一步优化就业结构，推动上海经济与就业的良性互动。在社会保险基金监管方面，湖南出台了《湖南省社会保险基金监管条例》，此条例旨在加强对社会保险基金的监管力度，确保基金的安全和保值增值，防止基金被挪用或侵占。条例还规定了监管机构的职责和监管措施，以保障参保人员的合法权益，确保社会保险制度的稳定运行。在法律援助方面，江西和甘肃分别修改了《江西省法律援助条例》和《甘肃省法律援助条例》，这些修改旨在扩大法律援助的覆盖面和提高服务质量，为经济困难和其他符合法定条件的公民提供必要的法律服务。新的条例还对法律援助的申请程序、援助范围和援助质量进行了详细规定，确保法律援助工作规范、有序进行。在劳动保障方面，海南修订了《海南省劳动保障监察若干规定》，通过强化劳动保障监察制度效能，确保劳动者的合法权益得到保护。福建、辽宁、浙江、广东、四川、西藏等地也相继修改了本行政区域内实施《中华人民共和国工会法》的相关办法，进一步完善工会组织的职能，发挥工会在社会主义现代化建设事业中的作用。

二是在公民权益保护方面，相关立法主要关注特殊群体的权益，涵盖养老服务、反家庭暴力、妇女权益保护、未成年人保护和特殊群体权益保护等多个方面。在养老服务方面，海南省制定了《海南省养老服务条例》，该条例旨在规范养老服务工作，完善养老服务体系，促进养老服务的高质量发展。条例规定了政府、社区和家庭在养老服务中的责任，并提出了一系列措施以提升养老服务的质量和扩大覆盖面。在反家庭暴力方面，青海省出台了《青海省反家庭暴力条例》，明确了预防和处置家庭暴力的相关规定，包括家庭暴力的定义、预防措施、受害人的保护和救助程序等，确保家庭暴力受害者能够及时获得法律和社会的保护。在妇女权益保护方面，四川省修订了《四川省〈中华人民共和国妇女权益保障法〉实施办法》，该修订版进一步细化了妇女权益保障的具体措施，确保妇女在政治、经济、文化、社会和家庭生活中的平等权利，促进男女平等和妇女全面发展。在未成年人保护方面，北京、山西、安徽、山东等地修改了各自的未成年人保护条例，进一步强化对未成年人的保护措施，预防和制止对未成年人的各种侵害行为。安徽省制定了《安徽省实施〈中华人民共和国预防未成年人犯罪法〉办法》，广东省则出台了《广东省预防未成年人犯罪条例》，通过法律手段预防未成年人犯罪，保护未成年人的身心健康。在特殊群体权益保护方面，河北省修订了《河北省实施〈中华人民共和国归侨侨眷权益保护法〉办法》和《河北省实施〈中华人民共和国残疾人保障法〉办法》，湖南省修订了《湖南省实施〈中华人民共和国残疾人保障法〉办法》，河南省则制定了《河南省军人地位和权益保障条例》。这些法律法规旨在保护归侨侨眷、残疾人和军人的合法权益，确保他们在社会生活中的平等地位和参与权利。此外，山西和贵州修订了消费者权益保护条例，以进一步保障消费者的合法权益，提升消费环境的安全性和公正性。

三是在公共安全方面，本年度省级立法重点关注边疆安全、交通安全、粮食安全、安全生产、网络信息安全和消防安全等方面。在边疆安全方面，内蒙古自治区制定了《内蒙古自治区筑牢祖国北疆安全稳定屏障促进条例》，该条例旨在通过强化边疆地区的安全管理和社会治理，确保边疆稳固、社会安定和人民安宁，促进边疆地区的经济发展和民族团结。在交通安全方面，广西、贵州和西藏对各自区域内的道路安全条例进行了修正，进一步规范道路交通管理，预防和减少交通事故，保障行人和车辆的安全。在粮食安全方面，贵州修订了《贵州省粮食安全保障条例》，加强对粮食生产、储存、运输和销售的管理，确保粮食安全。在安全生产方面，陕西省修订了《陕西省安全生产条例》，明确了企业和政府在安全生产中的责任和义务，强化安全生产监管，预防生产安全事故，保障工人的生命安全。在网络信息安全方面，西藏自治区制定了《西藏自治区网络信息安全管理条例》，该条例规定了网络信息安全的管理措施和技术手段，旨在保护网络空间的安全，防范和打击网络犯罪，保障公民的个人信息安全。在消防安全方面，福建和

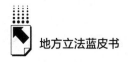

上海分别修订了本地区的消防条例，广西则修订了《广西壮族自治区实施〈中华人民共和国消防法〉办法》，这些修订旨在加强消防安全管理，提升消防应急能力，预防和减少火灾事故，保护人民生命财产安全。

四是在社会治理方面，立法围绕治理主体、治理方式和具体事项进行了详细规定。在警务辅助人员管理方面，辽宁省制定了《辽宁省警务辅助人员管理条例》，陕西省出台了《陕西省警务辅助人员条例》，这两部条例旨在规范警务辅助人员的管理，明确其职责和工作范围，提升警务辅助工作的效率和质量。在水域治安管理方面，重庆市制定了《重庆市水域治安管理条例》，该条例旨在加强水域治安管理，维护水域安全，防止和打击涉水违法犯罪活动，保障水域环境和资源的可持续利用。在人民调解方面，西藏自治区制定了《西藏自治区人民调解条例》，该条例规定了人民调解的组织形式、调解程序和调解员的职责，旨在通过人民调解化解矛盾纠纷，维护社会和谐稳定。新疆维吾尔自治区则出台了《新疆维吾尔自治区流动人口服务管理条例》，规范和完善流动人口的服务管理，保障流动人口的合法权益，促进社会稳定。此外，各省（区、市）还对社会治理中的突出事项进行了规范。例如，河北和河南对社区矫正进行了进一步规定，黑龙江和辽宁修订了各自的宗教事务条例，福建制定了《福建省发挥村规民约基层治理作用的若干规定》，西藏修订了《西藏自治区登山条例》。这些立法举措不仅提升了社会治理的法治化水平，还针对各地的实际情况和需求，提供了更加具体和有效的治理措施。

3. 文化教育类

本年度省（区、市）文化教育领域的立法数量在所有事项中位列第五，与上年持平，占比 11.6%，同比下降 42.4%。宁夏（6 件）、河北（5 件）、天津（5 件）、吉林（5 件）是在文化教育领域开展立法活动较多的省份。北京、青海、广西、西藏在本年度未在此领域进行立法（见图 9）。省级立法在该领域主要围绕知识产权保护和促进、教育发展、历史文化资源保护、公共卫生、食品安全与母婴保健、全民健身等问题开展。

在知识产权保护和促进方面，河北省制定了《河北省知识产权保护和

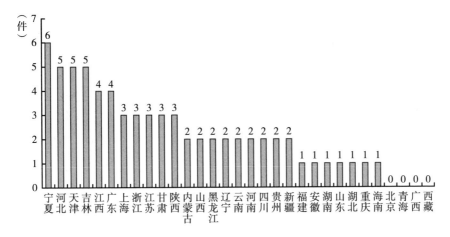

图 9　2023 年度各省（区、市）文化教育类立法总数

促进条例》，以加强知识产权保护力度，促进创新驱动发展。内蒙古自治区出台了《内蒙古自治区专利促进与保护条例》，旨在保护专利权人的合法权益，激发创新活力。吉林省对《吉林省促进科技成果转化条例》进行了修订，进一步完善科技成果转化机制，推动科技进步。浙江省和江苏省分别修订了《浙江省科学技术进步条例》和《江苏省科学技术进步条例》，以促进科学技术的快速发展，提升区域科技竞争力。重庆市修改了《重庆市专利促进与保护条例》，宁夏回族自治区修订了《宁夏回族自治区科学技术进步条例》，陕西省同时修订了《陕西省专利条例》和《陕西省科学技术进步条例》，各地均通过立法加强对知识产权的保护，推动创新成果的有效转化，为专利保护和科技进步提供了更为完善的法律保障。

围绕教育发展的需求，黑龙江省制定了《黑龙江省教育督导条例》，旨在加强教育督导工作，保障教育质量。海南省出台了《海南自由贸易港陵水黎安教育创新试验区条例》，为教育创新提供法律支持，促进教育改革。天津市在教育领域颁布了多项立法，包括《天津市全民阅读促进条例》、《天津市法制宣传教育条例》和《天津市家庭教育促进条例》，这些条例分别针对全民阅读推广、法制教育普及和家庭教育指导，全面提升教育水平。河北省修改了《河北省学校安全条例》，强化学校安全管理，保障学生和教

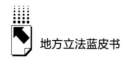

职工的安全。

在历史文化资源保护方面，陕西省制定了《陕西省历史文化名城名镇保护条例》，保护和传承丰富的历史文化遗产。甘肃省颁布了《甘肃省全民健身条例》，推动全民健身活动的开展，提升居民健康水平。河南省出台了《河南省革命文物保护条例》，重点保护革命文物，弘扬红色文化。上海市制定了《上海市历史风貌区和优秀历史建筑保护条例》，保护城市的历史风貌区和优秀历史建筑，促进文化遗产的可持续利用。吉林省制定了《吉林省红色资源保护传承条例》，保护和传承红色资源，教育和引导广大群众特别是青少年了解革命历史，继承革命精神。云南省颁布了《云南省地方志工作条例》，规范和推动地方志工作的开展，保存地方历史文化记忆。

在公共卫生领域，河北省和福建省均制定了献血条例，规范献血行为，保障血液安全。辽宁省和云南省出台了中医药条例，加强中医药保护和传承，推动中医药事业的发展。江西省对中医药条例进行了修订，完善中医药服务体系，提升中医药服务水平。上海市制定了《上海市爱国卫生与健康促进条例》，推动爱国卫生运动，提升居民健康素养和生活质量。河南省则出台了《河南省基本医疗卫生条例》，为居民提供更加优质的基本医疗卫生服务，保障人民健康。

在食品安全与母婴保健方面，山东、四川和天津均制定了食品安全条例，加强食品安全监管，保障食品质量安全。广东省和贵州省则对本省食品安全条例进行了修订，进一步完善食品安全管理体系，确保食品安全。浙江省出台了《浙江省食品安全数字化追溯规定》，通过数字化手段加强食品安全追溯管理，便利生产经营者履行法定追溯义务，落实其主体责任，保障公众健康和生命安全。广东省还修订了《广东省母婴保健管理条例》，强化母婴保健服务，保障母婴健康。安徽省修订了《安徽省实施〈中华人民共和国母婴保健法〉办法》，为母婴保健提供更加完善的法律支持。

在全民健身方面，江西省制定了《江西省全民健身条例》，推动全民健身活动的开展，提升居民的身体素质和健康水平。甘肃省则对《甘肃省全民健身条例》进行了修订，进一步完善全民健身的法律保障，促进全民健身事业的发展。

4.财政经济类

财政经济类事项是本年度省级立法重点关注的领域，立法总数高达145件，占比24.3%，排在第一位。与上年度相比，立法活动频次在数量和占比上都有所下降，数量同比下降34.9%。其中贵州（17件）、上海（11件）、河南（10件）、江西（10件）是在该领域开展立法活动比较多的省份，北京（2件）、黑龙江（2件）、浙江（2件）、山东（2件）、广西（2件）、湖北（2件）、西藏（2件）、天津（1件）对该领域的关注较少，云南、陕西在此领域没有立法活动（见图10）。从各省（市、区）立法活动的内容来看，该领域的地方性法规主要涉及经济高质量发展、营商环境优化、交通、旅游、邮政电信、统计以及农业等方面。

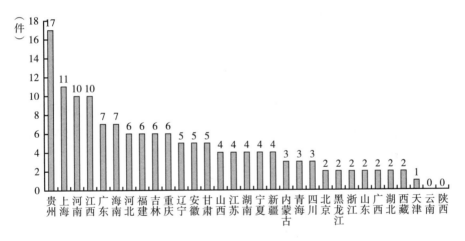

图10　2023年度各省（区、市）财政经济类立法总数

在经济高质量发展方面，多省（区、市）立法主体科学处理法治与改革的关系，注重发挥法治对经济开放发展的保障促进作用。首先，不少省份立足本地经济特点与经济短板，注重在法治轨道上破解发展难题，强化法治对经济活动的规范、优化与保障。上海修订《上海市推进国际贸易中心建设条例》，海南针对自由贸易港治理进行优化，围绕"三无"船舶、市场主

体、企业国有资产、失信惩戒、中央商务区、土地管理等方面进行立法。内蒙古针对其畜牧业发展，制定了肉业、奶业以及建设国家重要农畜产品基地促进条例，立足本地经济特点，实现法治护航。福建制定《福建省海洋经济促进条例》，湖南制定《湖南省促进油茶产业发展若干规定》，广东制定《横琴粤澳深度合作区发展促进条例》。安徽大力扶持新能源汽车产业，制定《安徽省新能源汽车产业集群发展条例》，强化新能源汽车产业链上下协同联动，优化产业空间布局，促进新能源汽车产业集群建设，推动新能源汽车产业高质量发展。江苏制定《江苏省人民代表大会常务委员会关于促进车联网和智能网联汽车发展的决定》，提升智能交通水平，培育经济发展新动能。其次是关于加强经济工作监督的规定，北京、青海、河南立法加强国有资产监督，山西、福建、山东、重庆、宁夏、新疆等地省级立法主体制定修改了各自关于加强经济工作监督的决定。北京、浙江、重庆、宁夏等地制定修改了审计监督条例。

在营商环境优化方面，上海、河北、辽宁、安徽等地制定修改本地区优化营商环境条例，甘肃人大常委会公布优化民营企业发展环境、促进民营企业经济发展壮大的决定，对市场主体培育和保护、政务环境、创新环境、市场环境、法治环境、人文环境等进行完善优化，推动经济社会高质量跨越式发展。

在交通方面，河北、山西、吉林、辽宁、安徽等地修改道路运输条例，河北修订渔业船舶管理条例，重庆修改航道管理条例，青海制定《青海省治理货物运输车辆超限超载条例》。

在旅游方面，四川修订了《四川省旅游条例》，进一步规范和推动旅游产业的发展。新条例不仅对旅游资源的保护和开发提出了新的要求，还对旅游服务质量、旅游从业人员管理以及旅游市场秩序进行了详细规定，旨在提升游客的旅游体验，促进旅游产业的可持续发展。

在邮政电信方面，辽宁和重庆分别修订了《辽宁省邮政条例》和《重庆市邮政条例》，江西修订了《江西省电信条例》。这些修订的条例针对邮政服务和电信服务的普及与质量提出了新的标准，明确了服务提供商的责任与义务，规范了市场行为，保障了用户权益。在邮政服务方面，条例强调了对偏远地区和特殊群体的服务覆盖，而在电信领域，条例则更加注重网络安全、信息保护和服务质量提升。

在统计方面，福建和海南两地修改了统计条例。新条例在原有基础上增加了对统计数据质量的严格要求，强化了统计工作监督机制，确保统计数据的真实性和准确性。条例还规定了统计工作的透明度和信息公开，旨在提高公众对统计数据的信任度，促进政府决策的科学性和有效性。

在农业方面，各省（区、市）的立法活动注重从多个方面促进农业发展和保障农民权益。江西和山西在农产品质量安全方面进行了修订，确保农产品的安全性和质量，提高农产品在市场上的竞争力。黑龙江则制定了农产品气候品质评价促进条例，强调农产品在不同气候条件下的品质评价，从而提升农产品的附加值和市场认可度。辽宁、上海、江西和甘肃在农作物和林木种子方面的立法，旨在加强对种子的管理和保护，保障农业生产的基础，提升种植业的整体水平。青海制定《青海省实施〈中华人民共和国农村土地承包法〉办法》，进一步明确了农村土地承包的法律框架，保障农民的土地权益，促进农村土地的合理流转和高效利用。上海和江苏在家庭农场促进条例方面进行了立法和修订，旨在扶持和规范家庭农场的发展，提升家庭农场的生产能力和经营管理水平，推动农业现代化和农村经济发展。

5. 城乡建设类

本年度省级立法对城乡建设关注不多，立法总量仅有 43 件，占比 7.2%，同比下降 32.8%。排名与上年度持平，均排在末位。各省（区、市）在该领域立法的平均数量约为 1.4 件。上海（6 件）、吉林（5 件）数量较多，内蒙古、山西、浙江、江苏、云南、河南、山东、重庆、甘肃、海南、西藏、新疆等地则没有关注该领域事项（见图 11）。该类别的立法活动集中关注乡村振兴和城市建设两个方面。

一是在乡村振兴方面。各省（区、市）全面实施乡村振兴战略，发挥法治在促进农村全面升级、农村全面进步、农民发展中的保障作用。青海制定《青海省乡村振兴促进条例》，宁夏制定《宁夏回族自治区乡村振兴促进

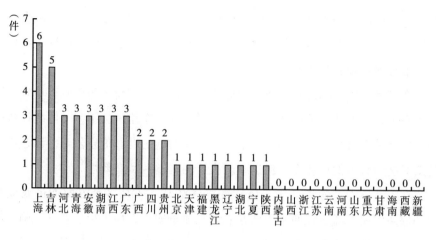

图11　2023年度各省（区、市）城乡建设类立法总数

条例》，陕西制定《陕西省乡村振兴促进条例》。贵州修订《贵州省城乡规划条例》，明确加强城乡规划管理，协调城乡空间布局，改善人居环境，促进城乡经济社会全面协调可持续发展。安徽修订《安徽省农村能源建设与管理条例》，明确加强农村能源建设与管理，合理开发、利用、节约农村能源，保护和改善生态环境，提高人民生活质量。

二是在城市建设方面。北京、湖北两地制定建筑绿色发展条例，贯彻绿色发展理念，节约资源能源，优化建筑用能结构。河北、吉林修订城市市容和环境卫生条例，河北还修订《河北省建筑条例》。青海、福建、辽宁、广东、上海、安徽、广西等地修改本地物业管理条例，规范物业管理活动，维护业主和物业服务企业的合法权益。上海制定《上海市无障碍环境建设条例》，践行人民城市重要理念，加快无障碍环境建设，增进民生福祉，提高人民生活品质，促进全体社会成员平等、充分、便捷地参与和融入社会生活，共享经济社会发展成果，不断开创人民城市建设的新局面。江西制定《江西省促进革命老区振兴发展条例》。四川制定《四川省大熊猫公园管理条例》《四川省人民代表大会常务委员会关于加强大熊猫国家公园协同保护管理的决定》，加强大熊猫国家公园的建设和管理，将大熊猫国家公园建成生物多样性保护示范区、生态价值实现先行区、生态教育展示样板区，实现人与自然和谐共生。此外，在土地管理方面，上海修订《上海市实施〈中华人民共和国土地管理法〉办法》，广西制定《广西壮族自治区土地管理条例》。

6. 资源环境类

资源环境类事项是本年度各省（区、市）立法活动中较受关注的领域，立法总数达 105 件，占比 17.6%。资源环境类事项立法数量有所减少，同比下降 16.7%，排名仍与上年度相同，排在第四位，但是占比有所上升，同比上升 3 个百分点。各省（区、市）在该领域立法的平均数量约为 3.4 件。云南（8 件）、陕西（8 件）、河北（7 件）、贵州（7 件）为本年度资源环境类立法中数量排名靠前的省份，北京、江苏、湖北没有涉及该领域（见图 12）。本年度省级立法在该领域集中关注生态环境保护、污染防治等方面。

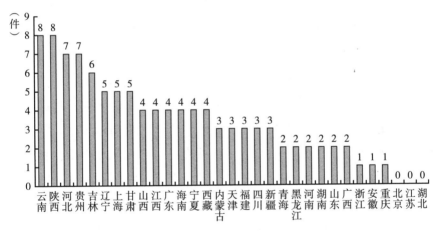

图 12　2023 年度各省（区、市）环境资源类立法总数

一是在生态环境保护方面，部分省份出台综合地方性法规，加强生态环境治理体系建设。内蒙古制定《内蒙古自治区建设我国北方重要生态安全屏障促进条例》，上海制定《上海市健全浦东新区生态环境保护制度若干规定》，河南制定《河南省露天矿山综合治理和生态修复条例》，江西修订《江西省生态文明建设促进条例》，山东制定《山东省黄河三角洲生态保护

条例》，广东制定《广东省生态环境教育条例》，甘肃制定《甘肃省黄河流域生态保护和高质量发展条例》，西藏制定《西藏自治区人民代表大会常务委员会关于全面贯彻实施青藏高原生态保护法的决定》。部分省份结合自身特点，对特定区域的环境保护进行立法。云南制定《云南省泸沽湖保护条例》，江西制定《江西省鄱阳湖流域总磷污染防治条例》，四川制定《四川省泸沽湖保护条例》。云南作为环境资源大省，修订了关于抚仙湖、阳宗海、滇池、程海、杞麓湖的保护条例。

二是在污染防治方面，各省（区、市）积极落实上位法要求，对固体废物污染防治、土壤污染防治、大气污染防治、水污染防治等工作进行立法规范。在固体废物污染防治方面，内蒙古制定《内蒙古自治区农用薄膜污染防治条例》、河南制定《河南省禁止和限制不可降解一次性塑料制品规定》，对塑料污染进行进一步规定，为了有效防治塑料污染，加强塑料使用监督管理，推进塑料使用和回收、再利用，促进经济绿色高质量发展。山西制定《山西省城乡垃圾管理条例》。在土壤污染防治方面，上海制定《上海市土壤污染防治条例》，浙江制定《浙江省土壤污染防治条例》，四川修订《四川省土壤污染防治条例》，对土壤污染防治予以关注，有效推动土壤资源永续利用，促进经济社会可持续发展。在大气污染防治方面，湖南制定《湖南省重污染天气防治若干规定》，宁夏制定《宁夏回族自治区机动车和非道路移动机械排放污染防治条例》，陕西修订《陕西省大气污染防治条例》，贵州修订《贵州省大气污染防治条例》，为保护和改善大气环境提供法治方案。个别省份也在污染防治方面开展体现区域特色的立法活动，安徽制定《安徽省长江船舶污染防治条例》，青海制定《青海省包虫病防治条例》。在水污染防治方面，新疆制定《新疆维吾尔自治区实施〈中华人民共和国水污染防治法〉办法》，陕西修订《陕西省汉江丹江流域水污染防治条例》，贵州修订《贵州省红枫湖百花湖水资源环境保护条例》，促进水污染防治，保护水生态，保障饮用水安全，维护公众健康，推进生态文明建设，促进经济社会可持续发展。此外，部分省份对水资源管理进行了相关规定。河北修订《河北省水文管理条例》，天津制定《天津市城镇排水和再生水利用管理条例》，福建、上海、江西、重庆修订了本地区的水资源管理条例与规定，吉林、山东制定了农村供水条例。

三　2023年度省级地方立法特点总结

通过梳理分析数据，可以发现本年度省级立法活动呈现以下特点。

（一）立法活跃度有所下降，立法质量持续上升

本年度省级立法活动总量较上年度有所下降，降幅为 31.1%。从数据上看立法数量大幅减少，立法活跃度有所降低，然而从立法动机、文本质量来看，本年度的省级立法活动更加注重追求良法善治。各省（区、市）在立法实践中坚持问题导向，增强立法针对性，紧盯问题立项，从大处着眼、小处着手，发挥立法在解决突出问题中的作用，增强立法的时效性。特别是关于生态环境保护方面的区域突出问题，山西制定《山西省湿地保护条例》，吉林制定《吉林省陆生野生动物保护条例》，甘肃制定《甘肃省黄河流域生态保护和高质量发展条例》，各地根据其区域特点因地制宜立法，提升立法质量，构建严格制度，规定严格要求，积极完善生态环境保护的监管措施，切实用法治守护好绿水青山。

（二）统筹推进地方立法工作，健全完善地方立法体制机制

各省（区、市）深入推进科学立法、民主立法、依法立法。坚持在法治下推进改革和在改革中完善法治相统一，引导、推动、规范、保障国家重大改革。坚持科学立法，深入分析新情况新问题，尊重经济社会发展客观规律，增强法律制度的针对性与适用性。例如，为了贯彻落实党的二十大精神，加快转变超大特大城市发展方式，广东制定《横琴粤澳深度合作区发展促进条例》，上海修订《上海市推进国际贸易中心建设条例》。坚持民主立法，加强立法调查研究工作，扩大社会公众参与立法的覆盖面和代表性，更好发挥基层立法联系点接地气、察民情、听民意、聚民智的"直通车"

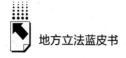

作用。坚持依法立法，把宪法的规定、原则和精神体现到各项法律法规中，认真贯彻落实新修改的立法法，确保立法符合宪法精神和上位法规定。统筹立改废释纂，加快清理不适应经济社会发展要求、不符合上位法规定的法规规章，注重法律法规之间的衔接协调，更好发挥不同层级法律规范的重要作用。为了更好地履行各省（区、市）人民代表大会及其常务委员会的职责，增强经济工作监督实效，山西、福建、山东、重庆、宁夏、新疆等地根据《全国人民代表大会常务委员会关于加强经济工作监督的决定》精神，结合本省（区、市）实际，作出加强经济工作监督的决定。

（三）立足新兴领域，注重发挥立法对科技的引领作用

本年度各省（区、市）在上一年度新兴领域立法的基础上，进一步促进科技成果转化，发挥立法对科技的引领作用。河北制定《河北省知识产权保护和促进条例》，内蒙古制定《内蒙古自治区专利促进与保护条例》，陕西修订《陕西省专利条例》，重庆修订《重庆市专利促进与保护条例》，进一步做好知识产权保护和促进工作，有效推动知识产权保护促进法治化规范化。部分地区在科技成果转化与科学技术进步促进领域的立法活动也较为活跃，吉林修订《吉林省促进科技成果转化条例》，浙江修订《浙江省科学技术进步条例》，江苏修订《江苏省科学技术进步条例》，宁夏修订《宁夏回族自治区科学技术进步条例》，陕西修订《陕西省科学技术进步条例》，全面促进科学技术进步，提高科技自立自强能力，促进科技成果向现实生产力转化，推动科技创新支撑和引领经济社会高质量发展，为高水平创新型省份和科技强省建设提供指引。

（四）地方立法工作细化，区域协同立法工作同步推进

有立法权的地方人民政府要结合本地经济社会发展需要和人民群众需求，推进立法精细化建设，发挥地方立法的实施性、补充性、探索性作用。要进一步完善立法工作制度，灵活运用"小切口""小快灵"式立法，不断提高地方立法工作质量和效率。要严格遵守地方立法权限和程序，避免越权

立法、重复立法、盲目立法。例如，甘肃、新疆两地制定公共图书馆条例，安徽、广东两地对母婴保健方面进行规定，山西制定《山西省城乡垃圾管理条例》。地方立法深入人民生活，以法治为人民生活护航。区域协同立法工作机制进一步完善，在认真总结区域协同立法创新实践经验的基础上，同步提升区域协同立法水平。部分省（区、市）积极回应区域经济发展需要，在各个方面推进协同创新立法。在协同立法实践中，京津冀地区较为活跃。例如，在京津冀地区，北京、天津、河北协同开展立法，三地人民代表大会常务委员会作出关于推进京津冀协同创新共同体建设的决定，进一步推进京津冀协同创新共同体建设，以科技创新引领京津冀区域高质量发展，推动京津冀协同发展走深走实。

参考文献

付子堂主编《中国地方立法报告（2023）》，社会科学文献出版社，2023。
李林、田禾主编《中国地方法治发展报告（2023）》，社会科学文献出版社，2023。
莫纪宏、田禾主编《中国法治发展报告（2024）》，社会科学文献出版社，2024。
闫然：《地方立法统计分析报告：2023 年度》，《地方立法研究》2024 年第 1 期。

B.3
2023年度设区的市地方立法状况

蔡 敏*

摘 要: 通过整理分析2023年度设区的市地方立法数据,全面展示并分析市级地方立法的六大类型、热点问题以及发展趋势,可以看出2023年度地级市用足用好地方立法权限,积极开展立法活动,开启了地方立法新航程。整体来看,市级地方立法活动总频次有所提升,新增立法数量增加,法规修改和法规废止数量较上年度均有所下降。立修并重依旧是本年度市级地方立法活动的基本格局,新增立法数量优势进一步扩大。重点领域、新兴领域立法不断提速,并且注重"小切口""小快灵"立法,区域协同立法探索也更加丰富。

关键词: 设区的市 地方立法 立法类型 协同立法

一 2023年度设区的市地方立法概况

通过对全国各地人大网站、政府官方网站以及权威数据库公开的立法信息数据进行收集、筛选,汇总了2023年度我国设区的市地方立法基本数据(如图1所示)。从时间方面来看,样本覆盖时间为2023年1月1日至2023年12月31日;从立法主体来看,囊括了我国享有地方立法权的设区的市、自治州共323个,包括289个设区的市、30个自治州以及4个不设区的地级市。从立法数量来看,山东省设区的市立法频次最高,达到63

---

* 蔡敏,西南政法大学立法研究院研究助理,研究方向为法学理论。

件。海南省设区的市和宁夏回族自治区设区的市立法频次最低，均仅有 9件，各省份设区的市地方立法数量差异较大。据统计，2023 年度设区的市立法活动频次总量达到了 796 次。其中，年度新增立法 572 件，法规修改 176 件，法规废止 48 件（如图 2 所示）。结合上年度数据发现，2023 年度设区的市立法活动频次总量呈现上升的态势，频次总量增幅约为 4.7%。新增立法数量高于上年度，增幅约为 16.9%，而法规修改和法规废止两个方面数量均低于上年度，其中法规废止的降幅最大，达到了 22.5%（如图 3 所示）。另外，与 2022 年度相比，新增立法数量占比提高了约 9 个百分点，法规修改数量占比下降了约 6 个百分点，新增立法数量进一步与法规修改数量拉开差距，法规废止占比下降了约 3 个百分点。[①] 设区的市法规立改废占比的变化，在一定程度上反映了设区的市立法经过前几年的打包修改和清理，在丰富立法形式、提高立法质量和效率、完善法律规范体系等方面取得明显成效。

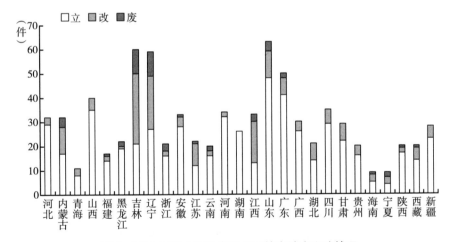

图 1　2023 年度中国各省份设区的市地方立法情况

[①]　2022 年度设区的市新增立法数量在总量的占比为 64%，法规修改占比为 28%，法规废止占比为 8%。参见付子堂主编《中国地方立法报告（2023）》，社会科学文献出版社，2023。

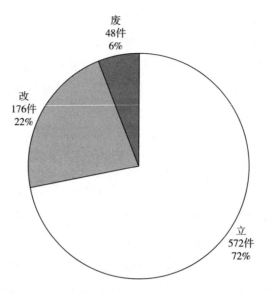

图2　2023年度中国设区的市地方立法立改废情况

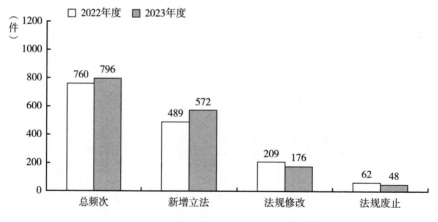

图3　2022、2023年度设区的市地方立法数量对比

二　2023年度设区的市地方立法类型分析

为方便研究者进行年度和地区间数据比较分析，设区的市地方立法活动的类型分析沿用往年和总报告的分类方式，根据立法事项的类型划分为国家机关类、社会事务类、文化教育类、财政经济类、城乡建设类、资源环境类六大类。课题组分别对设区的市立法的立、改、废情况按照前述六大类型进行分类统计，整理并分析 2023 年度各设区的市的立法活动在不同类型事项上的发展态势和区域差异。

（一）设区的市立法活动类型分布总览

对设区的市立法活动的类型进行统计分析可以发现，2023 年度市级立法活动主要集中在资源环境类、城乡建设类、财政经济类等方面，国家机关类立法活动数量相对较少（如图 4、图 5 所示）。与上年度相同的是，资源环境类事项依然是设区的市立法活动所关注的热点。本年度资源环境类立法数量达 208 件，较上年度增加 16 件，位于设区的市立法六大类别第一，占比高达 26%。与上年度不同的是，文化教育类立法数量大幅增长，较上年度增加 44 件，占年度立法总数的 15%。财政经济类立法数量依旧在稳步增长，和城乡建设类立法数量相同，由上年度的第四位升至本年度的并列第二位，成为本年度设区的市立法活动新的重要关注点。国家机关类立法数量虽然较上年度有所增长，但依旧处于本年度立法事项最后一位。城乡建设类、社会事务类立法数量较上年度均有所下降，特别是社会事务类由上年度的第三位降至本年度的第四位，降幅为 20.2%。整体来看，本年度设区的市立法总量有所上升，资源环境类立法活动依旧活跃，同时也结合当前社会发展实际需要，对其他类别立法活动的关注度作出实时调整。

从新增立法来看，2023 年度设区的市新增立法多集中在资源环境类、财政经济类、城乡建设类。资源环境类立法频次最高，财政经济类和城乡建设类占比差异较小，这三类的总数接近本年度市级新增立法总数的2/3。与上年度不同的是，资源环境类超过城乡建设类，成为本年度市级新增立法活动的重点领域。财政经济类和文化教育类立法数量较上年度均有较大增长。社会事务类和城乡建设类立法数量则出现下降态势。国家机关类依旧是市级立法项目中占比最小的领域，占比仅为 3%（如图 6 所示）。

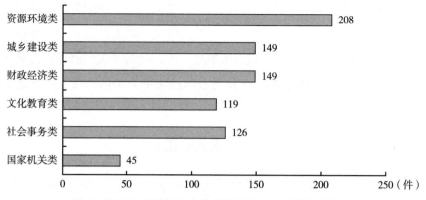

图 4　2023 年度设区的市各类型地方立法活动数量情况

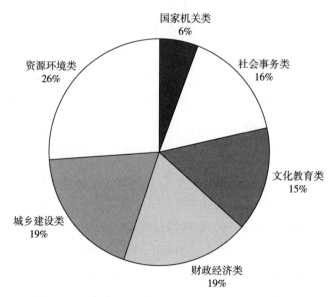

图 5　2023 年度设区的市地方立法活动类型分布情况

从法规修改来看，设区的市地方性法规修改活动的情况有别于新增立法活动，整体呈现数量下降态势。资源环境类法规修改活动以 28% 的占比明显领先于其他类型的法规修改活动，位居第一。同时，城乡建设类和财政经济类的法规修改活动也相当活跃，这两类总占比超过本年度市级法规修改活动总频次的 2/5。另外，国家机关类和社会事务类的法规修改数量占比持

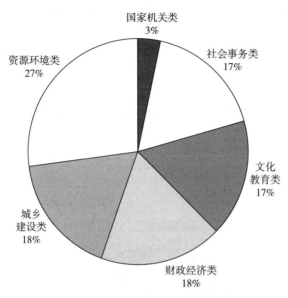

图6 2023年度设区的市新增立法类型分布情况

平。文化教育类成为本年度市级法规修改项目中占比最小的领域,占比仅为9%。与上年度不同,国家机关类法规修改数量增幅较大,占比也有所提高(如图7所示)。

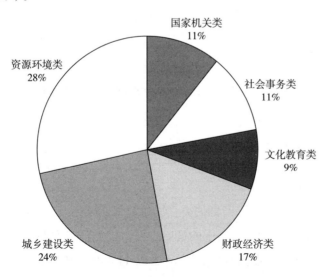

图7 2023年度设区的市法规修改类型分布情况

从法规废止来看，设区的市法规废止活动数据与新增立法和法规修改活动数据差异较大。财政经济类事项成为本年度市级法规废止活动的首选项目，导致其在法规废止活动中占比最大，达到 35%，与其他类型事项拉开较大差距。针对文化教育类事项的法规废止活动也相当活跃，占比达到 17%，位居第二。这两类总占比超过本年度市级法规废止活动总频次的1/2。国家机关类和社会事务类的法规废止活动占比持平。城乡建设类和资源环境类事项数量占比分别居第五位、第六位。资源环境类事项依然是法规废止数量最少的类型（如图 8 所示）。

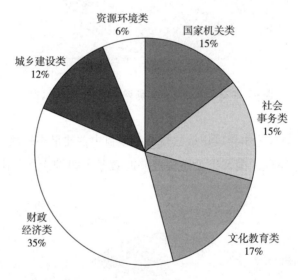

图 8　2023 年度设区的市法规废止类型分布情况

（二）各类型立法活动的主要内容

1. 国家机关类

2023 年度设区的市国家机关类立法数量仅 45 件，占本年度市级地方立法总数的 6%，处于六大类型中的最后一位。该类项目在新增立法活动中占比最小，排在末位。在法规修改活动中以 11% 的占比超过了文化教育类，排在第五位。在法规废止上更是超过了城乡建设类和资源环境类，占比达到

15%，位居第三。具体而言，国家机关类事项的立法活动，主要围绕人民代表大会及其常委会和基层人大的工作规则、政务服务、地方立法和行政执法等方面。值得关注的是，2023 年 9 月，海南省人大常委会作出《关于儋州市开始制定地方性法规时间的决定》，明确儋州市人大及其常委会自 2023 年 10 月 1 日起开始制定地方性法规。① 随着儋州被赋予地方立法权，全国所有设区的市都已享有立法权。

一是修改完善人民代表大会及其常委会议事规则、基层人大和人大代表的工作制度。围绕该内容的立法活动在国家机关类事项中频次最高。一方面是人大及其常委会的工作条例。为全面贯彻落实党的二十大精神和中央人大工作会议精神，对标新修改的全国人大组织法和议事规则，2023 年度呼和浩特市、福州市、长春市等 11 个市修改通过了本地区的人大议事规则。同时，2022 年 6 月，全国人大常委会修改了全国人大常委会议事规则。为了与上位法保持衔接，长春市、南昌市、汕头市、昌都市、拉萨市、日喀则市于 2023 年完成了本地人大常委会议事规则的修改工作，为人大代表依法履职提供了坚实的制度保障。另一方面是围绕基层人大和人大代表的工作条例。呼和浩特市制定《呼和浩特市街道办事处工作条例》，从机构职责、公共服务及保障措施等方面加强街道办事处建设，对完善议事协调规则，推进基层治理体系和治理能力现代化作出明确规定。吉林市、长春市分别修改通过《吉林市人民代表大会专门委员会工作条例》《长春市人民代表大会专门委员会工作规则》《长春市人民代表大会常务委员会主任会议工作规则》，以全面规范和保障市人大专门委员会、委员会主任会议履行职责为主线，从组织机构、工作职责、议事规则等方面作出具体规定。为充分发扬民主，严格把握干部选任工作标准程序，长春市、成都市分别制定修改《长春市人民代表大会常务委员会人事任免办法》《成都市人民代表大会常务委员会任免国家机关工作人员条例》。

二是围绕政务服务、绩效管理和其他行政管理事项。建设全国一体化政

---

① 闫然：《地方立法统计分析报告：2023 年度》，《地方立法研究》2024 年第 1 期，第 129 页。

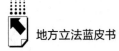

务服务平台是提升政务服务效能的关键，2023 年 8 月，国务院办公厅发布《国务院办公厅关于依托全国一体化政务服务平台建立政务服务效能提升常态化工作机制的意见》。各地积极作为，围绕提升智能便捷服务能力，邢台市、新乡市、哈密市分别制定出台《邢台市政务服务条例》《新乡市政务服务条例》《哈密市经营主体政务服务条例》。在中央财政的推动下，各地积极探索推进绩效管理改革实践，钦州市、玉林市分别制定出台《钦州市绩效管理条例》《玉林市绩效管理条例》。为探索央地合作新模式，2023 年 5 月，辽宁省人大常委会审议通过《大连太平湾合作创新区条例》，开创了政企合作新型园区的先河。为优化创新发展生态，打造区域科技创新高地，南昌市、广州市分别制定出台《南昌高新技术产业开发区条例》《广州市增城经济技术开发区条例》。

三是围绕地方立法、行政执法、监督的立法活动。在修改地方立法条例方面，2023 年 3 月 15 日，第十四届全国人民代表大会第一次会议通过了《关于修改〈中华人民共和国立法法〉的决定》，对包括地方立法在内的我国立法体制机制作出了修改完善。为了与上位法保持衔接，维护法制统一，长治市制定修改《长治市地方立法条例》，也是山西省立法"两审三通过"从制度层面走向实施层面的一次生动实践。在健全行政执法体制机制方面，党的二十大报告强调，要"完善基层综合执法体制机制"，包头市、青岛市分别制定出台《包头市城市管理行政执法条例》《青岛市城市管理综合行政执法条例》。其中，《包头市城市管理行政执法条例》是全自治区城市管理行政执法的首部专业法规，不仅能更加有效地保护市民权益，而且在一定程度上保护城管队员的合法权益。在监督管理方面，济南市制定《济南市行政审批与监督管理协同联动规定》，建立健全审批、监督、执法高效衔接机制。为发挥矿业资源优势，实现矿资源合理开发利用和生态环境保护协调发展，新疆维吾尔自治区第十四届人民代表大会常务委员会审议通过《克孜勒苏柯尔克孜自治州人民代表大会常务委员会关于加强矿业权监督管理的决定》。

2. 社会事务类

2023 年度设区的市社会事务类立法数量为 126 件，占本年度市级地方立法活动总频次的 16%，居六大类型中的第四位，较上年度下降了 5 个百分点，排名下降一位。该类项目在新增立法和法规修改活动方面的数量差异仍然较大，但又有所缩小。在新增立法活动中占比为 17%，在法规修改活动中占比仅为 11%。在法规废止上，超过了资源环境类、城乡建设类，与国家机关类数量持平。山东（14 件）、广西（11 件）、黑龙江（9 件）、吉林（8 件）、辽宁（8 件）等属于本年度在该领域开展立法活动较多的省份。宁夏是本年度唯一没有开展市级社会事务类立法活动的省份。具体而言，社会事务类立法活动，主要围绕社会公共服务、公民权益保护、公共安全保障、基层社会治理等方面。2023 年 3 月，新修改的《立法法》在设区的市地方立法权限中新增一项"基层治理"，为做好相关领域地方立法工作提供了根本遵循。

一是在社会公共服务方面，集中表现为促进文明行为、志愿服务、供水气电热、网格化管理服务等。地方文明行为促进条例紧扣"促进"主题，坚持法治与德治相结合、倡导与规范相结合、奖励与惩戒相结合的原则，为提升公民文明素质和社会文明程度创造良好条件。大庆市、怀化市、东莞市、怒江傈僳族自治州等 28 个设区的市先后出台了文明行为促进条例。其中，黑龙江（3 件）、广东（3 件）、四川（3 件）属于本年度在该领域开展立法活动较多的省份。在志愿服务领域，廊坊市、白城市、沈阳市等分别出台了《廊坊市志愿服务促进条例》《白城市志愿服务条例》《沈阳市志愿服务条例》。水气电热是城市运行的生命线，对于城市的正常运转和居民的生产生活至关重要。绥化市、驻马店市、新余市、德州市、烟台市、兰州市、榆林市分别制定修改了《绥化市城市供水用水管理条例》《驻马店市城市供水条例》《新余市城乡供水一体化管理条例》《德州市供热条例》《烟台市城市供水条例》《兰州市供水条例》《榆林市城镇生活饮用水二次供水管理条例》。为方便基层管理，为群众解决实事，在网格化管理服务方面，黑河市、宁波市、永州市、常德市、聊城市、清远市、拉萨市分别制定出台

《黑河市网格化管理服务条例》《宁波市城乡网格化服务管理条例》《永州市网格化服务管理规定》《常德市平安建设网格化服务管理条例》《聊城市城乡网格化服务管理条例》《清远市城乡基层网格化服务管理条例》《拉萨市网格化服务管理条例》。

二是在公民权益保护方面，主要对未成年人、老人、精神病患者和职工的合法权益保护予以关注和规定。在未成年人权益保护方面。2023 年 9 月 20 日，国务院审议通过了《未成年人网络保护条例》，是全国首部涉及网络领域未成年人保护的专门法规。包头市修订《包头市未成年人保护条例》、唐山市制定《唐山市预防未成年人犯罪条例》、崇左市制定《崇左市农村留守儿童关爱保护条例》。2023 年 5 月，中共中央办公厅、国务院办公厅印发《关于推进基本养老服务体系建设的意见》，该意见首次发布《国家基本养老服务清单》，明确了现阶段各级政府必须予以保障的基本养老服务项目范围和底线标准。各地积极响应，哈尔滨市、蚌埠市、合肥市分别制定修改《哈尔滨市居家养老服务设施条例》《蚌埠市居家养老服务条例》《合肥市居家养老服务条例》，因地制宜推进本地养老服务体系的建设与完善。在精神病患者权益保护方面，曲靖市制定的《曲靖市严重精神障碍患者救助保障条例》是云南省首部精神卫生领域的地方性法规。在职工合法权益保护方面，抚顺市修订《抚顺市职工劳动权益保障条例》，增加了新就业形态劳动者权益保障方面的内容。广州市制定的《广州市青年创新创业促进条例》是全国首部青年创新创业地方性法规。

三是公共安全保障方面，围绕电梯安全、消防安全、交通安全、公共场所安全等方面展开立法活动。在电梯安全领域，晋中市、晋城市、长春市等 7 个市制定修改本地区的电梯安全管理条例，为电梯的安全运营提供法治保障。在消防安全领域，面对南京"2·23"重大火灾事故教训，针对高层建筑、住宅小区、出租房等人员密集场所开展消防安全治理工作，平顶山市、驻马店市、郑州市、广州市、西宁市分别制定修改《平顶山市居民住宅区消防安全管理条例》《驻马店市居民住宅区消防安全管理规定》《郑州市消防条例》《广州市消防规定》《西宁市消防条例》。宁波市、东莞市分别制定

《宁波市出租房安全管理条例》《东莞市出租屋治安与消防安全管理条例》，对出租房消防、租赁、治安等安全管理及监督活动作了更加明确的规定。在交通安全领域，东营市制定的《东营市海上交通安全条例》，是《中华人民共和国海上交通安全法》修订后全国首部有关海上交通安全的地方性法规，对规范东营市海上交通安全管理、促进海洋经济高质量发展发挥了重要作用。威海市、潍坊市分别制定修改《威海市海上交通安全条例》《潍坊市道路交通安全条例》。在校园安全和公共场所安全方面，焦作市制定《焦作市中小学校幼儿园安全条例》、太原市制定《太原市学校安全条例》、广州市制定《广州市公共休闲场地安全管理规定》。值得注意的是，株洲市制定的《株洲市公共安全视频图像信息系统管理条例》是全国第一部管理公共安全摄像头的地方性法规。常德市制定《常德市平安建设网格化服务管理条例》，采用"小快灵"立法模式，对平安建设网格化服务管理工作实行事项清单制度。

四是基层社会治理方面，主要集中在社会信用建设、电动自行车管理、养犬管理、燃放烟花爆竹等方面。在社会信用建设领域，张掖市、唐山市、沈阳市分别制定出台《张掖市社会信用体系建设促进条例》《唐山市社会信用建设促进条例》《沈阳市社会信用条例》，充分发挥地方立法对社会信用体系建设的引领、规范和保障作用。为解决电动自行车日常使用过程中存在的各种问题，保障道路交通安全有序，预防和减少交通、火灾事故，晋中市、大同市、宁波市等10个市制定修改本地方的电动自行车管理条例。在养犬管理领域，渭南市、商洛市、鄂尔多斯市等7个市制定出台本地方的养犬管理条例，从宣传教育、排查登记、执法查处等多方面倡导和促进文明养犬。在燃放烟花爆竹方面，盘锦市、贺州市制定出台《盘锦市烟花爆竹燃放管理规定》《贺州市销售燃放烟花爆竹管理条例》，以进一步加强销售、燃放烟花爆竹安全管理，保障公共安全和广大市民的人身、财产安全。

3. 文化教育类

2023年度设区的市文化教育类立法数量为119件，占本年度市级地方立法活动总频次的15%，位居第五。立法数量大幅增加，较上年度提高5个百分点。该类项目的新增立法和法规废止占比持平，与法规修改数量相差较大。在新增立法和法规废止中占比17%，在法规修改中占比9%。在新增立法和法规修改上均超过国家机关类，排名第五。在法规废止上处于财政经济类之后，排名第二。具体而言，文化教育类立法活动主要围绕教育科学、公共卫生、历史文化保护等方面。2023年10月24日，十四届全国人大常委会第六次会议表决通过《中华人民共和国爱国主义教育法》，这是我国历史上第一部关于爱国主义教育的法律，为弘扬和传承中华优秀传统文化提供有力支撑。

一是有关教育科学的内容。在教育发展方面，台州市、伊犁哈萨克自治州分别制定出台《台州市职业教育校企合作促进条例》《伊犁哈萨克自治州职业教育校企合作促进条例》，以解决当前职业教育面临的人才培养与企业实际需求脱节的问题。青岛市制定《青岛市教育督导条例》，明确教育督导范围，坚持督政与督学并重，保证教育督导切实发挥作用。在科技创新方面，包头市、合肥市分别制定修改《包头市科学技术普及条例》《合肥市科学技术普及条例》。丽水市制定《丽水市促进人才科技融合发展条例》，该条例是全国首部以立法形式保障和促进人才科技融合发展的地方性法规。南通市、抚州市分别制定出台《南通市科技创新促进条例》《抚州市促进科技创新若干规定》。在人才培养方面，中山市、汕尾市分别制定出台《中山市人才发展促进条例》《汕尾市人才发展促进条例》，旨在更好地育才、引才、用才、留才。

二是有关公共卫生的内容。在文化教育类立法活动中，爱国卫生条例的数量依然居高不下。海东市、四平市、池州市等9个市制定修改本地方的爱国卫生条例，从立法层面推动爱国卫生运动从环境卫生治理向全面社会健康管理转变，解决好关系人民健康的全局性、长期性问题。廊坊市制定的《廊坊市公共卫生服务促进条例》，是全国地级市第一部在公共卫生发展方面制定的地方性法规，明确了各级政府在公共卫生服务建设中的主体责任。哈尔滨市、朝阳市、金昌市、文山壮族苗族自治州、昌吉回族自治州分别制定出台《哈尔滨市农村环境卫生条例》《朝阳市乡村清洁条例》《金昌市乡村清洁条例》《文山壮族苗族自治州乡村清洁条例》《昌吉回族自治州城乡容貌和环境卫生治理条例》，以健全城乡人居环境长效管护机制，助力乡村振兴战略的实施。忻州市、广州市、沈阳市、毕节市分别制定修改《忻州市社区医疗服务促进条例》《广州市社会急救医疗管理条例》《沈阳市院前医疗急救管理条例》《毕节市院前医疗急救条例》，对于进一步完善社会公众急救和院前医疗急救体系建设，推动医疗服务和急救事业高质量发展，更好保障公众生命安全和身体健康十分重要。

三是关于历史文化保护的内容。主要对历史文化名城、非物质文化遗产、红色资源保护等方面予以规定。邯郸市、保定市、承德市等10个市制定修改本地方的历史文化名城保护条例，从保护对象认定、保护措施实施、传承利用路径探索等方面为开展古城保护利用提供了制度保障。各市充分认识到古镇古寨和传统村落等在历史文化保护方面的重要价值，嘉兴市、襄阳市、贵港市、宿迁市、邵阳市、玉树藏族自治州等分别制定出台《嘉兴市西塘古镇保护条例》《襄阳市古山寨保护条例》《贵港市古码头保护利用条例》《宿迁市大运河文化遗产保护条例》《邵阳市传统村落保护规定》《玉树藏族自治州传统村落保护条例》。为进一步加强非物质文化遗产的传承与保护工作，衡水市、百色市、咸阳市、迪庆藏族自治州制定出台本地方的非物质文化遗产保护条例。为保护自己独特的非物质文化遗产，平遥市制定《平遥推光漆器髹饰技艺保护条例》、莆田市制定《莆田市莆仙戏保护传承条例》、天水市制定《天水市武山旋鼓舞保护传承条例》。习近平总书记强调，"要用心用情用力保护好、管理好、运用好红色资源"[①]。临汾市、佳木斯市、锦州市等8个市制定出台本地方的红色资源保护与传承条例，从红色资源名录制度、分类保护制度、红色资源保护责任人制度等方面，健全红色资源保护工作机制。

4. 财政经济类

2023年度设区的市财政经济类立法数量为149件，占本年度市级地方

---

① 中共中央宣传部、中央国家安全委员会办公室：《总体国家安全观学习纲要》，学习出版社、人民出版社，2022，第96页。

立法活动频次总数的 19%，和城乡建设类立法活动数量持平，并列第二。该类项目在新增立法和法规修改上占比基本持平，但与法规废止差异较大。在新增立法中占比 18%，在法规修改中占比 17%；在法规废止中占比 35%，位居第一。具体而言，财政经济类立法活动主要围绕优化营商环境、经济高质量发展、旅游交通等方面。

一是在优化营商环境方面。2023 年 7 月，中共中央、国务院印发《关于促进民营经济发展壮大的意见》，肯定了民营经济的重要地位和作用，针对民营企业的痛点难点提出了一系列政策举措。各地也陆续出台支持民营经济发展的法规文件，营口市、鞍山市、衢州市等分别制定修改《营口市促进民营经济发展条例》《鞍山市促进中小企业发展条例》《衢州市优化涉企服务若干规定》。石家庄市、长春市、沈阳市等 27 个市先后制定出台本地方的优化营商环境条例，有利于保护市场主体合法权益，维护公平竞争的市场环境。鹤壁市、武汉市分别制定修改《鹤壁市民营企业权益保护条例》《武汉市企业和企业经营者权益保护条例》，明确建立政府主导的协调保护机制，从市场准入、知识产权保护等方面对民营企业、企业经营者权益进行保护。大连市制定出台的《大连市外商投资促进条例》，是东北地区首部支持外商投资的地方性法规，在运用新兴信息技术开展外商投资促进工作、加强国际交流与合作等方面具有重要作用。

二是在经济高质量发展方面。经济技术开发区、高新技术开发区、示范区等在引领科技创新发展、支撑地方经济增长等方面具有集聚、辐射和带动作用。保定市、周口市、大连市、南昌市、广州市分别制定修改《保定国家高新技术产业开发区条例》《河南周口国家农业高新技术产业示范区发展促进条例》《大连太平湾合作创新区条例》《南昌高新技术产业开发区条例》《广州市增城经济技术开发区条例》。保定市制定《保定市促进先进制造业发展若干规定》，这是全国地级市中首部促进先进制造业发展的地方性法规，提出保定市积极融入京津冀协同发展和雄安新区建设国家战略的发展导向，特别是规定了实施先进制造业集群梯次培训计划。娄底市制定了《娄底市促进先进材料产业发展若干规定》，从产业布局、技术创新、要素保障等方面，为促进先进材料产业高质量发展，打造中部地区"材料谷"提供有力法治保障。2023年2月，中共中央、国务院印发《数字中国建设整体布局规划》，不仅为数字中国未来高质量发展指明了方向，更为我国经济、政治、文化、社会、生态等全方位数字化转型升级提供了指引。近年来，多地通过地方立法的方式探索数字经济促进体制的制度完善。石家庄市制定了《石家庄市数字经济促进条例》，对数字基础设施建设、数字产业化、产业数字化、数字化治理、数据要素有效利用等方面作出了明确规定。太原市制定了《太原市大数据发展促进条例》，特别规定了在本市政务部门和公益事业单位、公共服务企业推行首席数据官制度。阳泉市制定《阳泉市智能网联汽车管理办法》，这是全国首部设区的市智能网联汽车管理地方性法规，明确全域开放、测试互认事项，推动汽车产业和数字经济发展深度融合。

三是在旅游交通方面。关于旅游的立法活动方面，长春市、淮北市分别制定出台了《长春市旅游促进条例》《淮北市旅游促进条例》，从规划建设、产业促进、服务保障等方面，为促进本地旅游业高质量发展提供有力的法治支撑。汕尾市制定了《汕尾市文化旅游发展促进条例》，这是全国第二部、广东省首部聚焦文化旅游发展的地方性法规，着重突出促进文化和旅游深度融合的立法重点。关于交通的立法活动涉及城市轨道交通、公路交通、河道管理等，以及围绕停车场、出租车、船舶等进行法规的制定和修改。如哈尔滨市、济南市、佛山市等5个市制定修改了本地方的城市轨道交通管理条例。唐山市、邵阳市、安顺市分别制定修改了《唐山市地方公路条例》《邵阳市乡村公路管理养护规定》《安顺市农村公路条例》。宁德市、芜湖市、常州市、商丘市分别制定出台了《宁德市城市内河管理条例》《芜湖市河道管理条例》《常州市河道保护管理条例》《商丘市中心城区河道保护管理条例》。值得注意的是，汕头市制定了《汕头市河长制条例》，特别规定建立河长巡查日志制度。长春市、南阳市、青岛市等11个市制定修改了本地方的停车场管理条例。南昌市、威海市、兰州市等4个市制定修改了本地方的出租汽车管理条例。牡丹江市制定的《镜泊湖水域船舶管理条例》，是全国首部风景名胜区水域船舶管理的专门性立法，对于维护镜泊湖水域交通运输

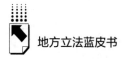
秩序，保护镜泊湖水域生态环境具有重要意义。葫芦岛市制定的《葫芦岛市渔港和海洋渔业船舶管理条例》，为发挥渔港功能，保障渔业船舶和从业人员人身、财产安全，以及推动渔业的可持续发展提供有效的法规制度供给。

5. 城乡建设类

2023 年度设区的市城乡建设类立法数量为 149 件，占本年度市级地方立法活动频次总数的 19%，与财政经济类立法数量持平，并列第二。较上年度下降 5 个百分点。该类项目新增立法、法规修改和法规废止均差异较大。在新增立法中占比 18%，在法规修改中占比 24%，在法规废止中占比 12%。在法规修改上处于资源环境类之后，排名第二。具体而言，城乡建设类立法活动主要围绕城市建设、城乡规划、市容卫生绿化三个方面展开。

一是在城市建设方面。在城乡建设类立法活动中关于海绵城市建设管理条例的数量最多。2022 年 4 月，住房和城乡建设部办公厅印发《关于进一步明确海绵城市建设工作有关要求的通知》，提出二十条海绵城市建设的具体要求，进一步明确海绵城市建设的内涵和主要目标，为各地进一步推进海绵城市建设指明了方向。晋城市、南平市、松原市等 30 个市制定出台有关海绵城市建设管理的地方性法规，带动了海绵城市建设理念的全面推广。2023 年 7 月，住房和城乡建设部印发《关于扎实有序推进城市更新工作的通知》，全国的城市更新正在进入一个全新阶段。玉溪市、石家庄市、郑州市分别制定出台了《玉溪市城市更新条例》《石家庄市城市更新条例》《郑州市城市更新条例》，为加快转变城市发展方式、优化城市空间布局、完善城市功能等提供了坚实的法治保障。城市基础设施是城市正常运行和健康发展的物质基础，吉林市、沈阳市、鞍山市、兰州市制定修改了本地方的市政设施管理条例。九江市制定了《九江市城市居住区配套设施管理条例》、吉林市修订《吉林市人民防空工程设施管理条例》、合肥市制定了《合肥市地下综合管廊条例》、贺州市制定《贺州市城市地下管线管理条例》，对于改善民生福祉、增强应急能力以及完善城市综合功能等方面具有至关重要的作用。为严厉打击各类违建行为，吕梁市、青岛市、贺州市、贵阳市制定修改本地方的违法建设防控和查处条例。呼和浩特市、朔州市、大连市等 20 个市制定修改有关物业管理的地方性法规，对于提升物业管理服务水平、满足人民群众不断增长的美好居住生活需要具有重要意义。

二是在城乡规划方面。为协调城乡发展、合理利用土地资源、保护生态环境，乌鲁木齐市修订《乌鲁木齐市城乡规划管理条例》，对城乡规划的制定、修改、实施、监督检查等方面作出相应规定。为持续改善乡村人居环境，呼伦贝尔市、淮安市分别制定出台《呼伦贝尔市乡村人居环境建设管理条例》《淮安市乡村人居环境改善促进条例》，白山市、信阳市、海口市、湘西土家族苗族自治州制定出台本地方的城乡人居环境治理条例。值得注意的是，七台河市制定《七台河市美丽乡村建设条例》，对农村人居环境中的生活垃圾处理、生活污水处理、农村厕所改造以及闲置宅基地和住房的盘活利用等问题作出制度性规定。汕尾市制定《汕尾市乡村振兴示范带条例》，在发挥乡村振兴示范带综合效益、突出农文旅融合、加强镇村环境整治等方面具有重要意义。

三是在市容卫生绿化方面。一方面，有关市容环境卫生的立法活动，如邢台市、西宁市、鞍山市等 8 个市制定修改本地方的市容环境卫生管理条例，从责任区划分、市容管理、市容卫生管理等方面，为提高城市管理水平提供了重要的法治支撑。另一方面，有关市政绿化的立法活动，如唐山市、七台河市、辽源市等 13 个市制定修改本地方的城市绿化管理条例。值得注意的是，吉林市修订《吉林市城市园林绿化条例》、宜宾市制定《宜宾市城镇绿化条例》、德宏傣族景颇族自治州制定《德宏傣族景颇族自治州乡村绿化条例》、甘南藏族自治州制定《甘南藏族自治州合作城区面山绿化条例》，对因地制宜地规范各地方绿化工作、进一步推动地级市绿化事业健康发展具有重要作用。

6. 资源环境类

2023 年度设区的市资源环境类立法数量为 208 件，占本年度市级地方立法活动频次总数的 26%，位居六大类型中的第一名。该类项目在新增立法和法规修改上的占比基本持平，但与法规废止差异较大。在新增立法中占比 27%，在法规修改中占比 28%，在法规废止中占比 6%。在法规废止中频

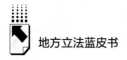

次最低，排名第六。具体而言，资源环境类立法活动主要围绕垃圾管理、污染防治、生态环境保护三个方面。

一是有关垃圾管理的内容。从一些地方的实践来看，垃圾分类、垃圾管理一直是我国地方立法活动的热点。宿州市、丽江市、张家界市等 26 个市围绕垃圾管理事项开展立法活动。城镇垃圾分类是环境保护和资源节约的重要内容，也是社会文明程度的重要标志。西宁市、铜陵市、漯河市分别制定修改《西宁市生活垃圾分类管理条例》《铜陵市生活垃圾分类管理条例》《漯河市城市生活垃圾分类管理条例》。针对农村生活垃圾分类管理，梅州市、咸宁市分别修改《梅州市农村生活垃圾管理条例》《咸宁市农村生活垃圾治理条例》。针对建筑垃圾管理，贺州市、荆门市、资阳市、新乡市制定修改本地方的城市建筑垃圾管理条例，对建筑垃圾排放、运输、消纳、利用等各环节、各流程的全面、系统监管作出明确规定。针对厨余垃圾管理，毕节市、三亚市、沧州市、滁州市制定修改本地方的餐厨垃圾管理条例，通过规定餐厨垃圾转运联单制度，着力构建一套闭环的餐厨垃圾流向监管措施，确保餐厨垃圾去向明、可追溯。

二是有关污染防治的内容。各地积极落实上位法的规定，对大气污染、土壤污染、水体污染、固体废物污染等方面进行规范。在污染防治类立法活动中大气污染防治条例的数量最多。无锡市、锦州市、泰安市等 11 个市围绕大气污染防治事项开展立法活动。其中，福州市、盘锦市、泰州市分别制定修改《福州市大气污染防治办法》《盘锦市大气污染防治条例》《泰安市大气污染防治条例》；六盘水市、鞍山市、长沙市分别制定修改《六盘水市机动车和非道路移动机械排气污染防治条例》《鞍山市扬尘污染防治条例》《长沙市餐饮业油烟污染防治若干规定》。针对水体污染防治，营口市、广州市、石家庄市分别制定修改《营口市饮用水水源保护区污染防治条例》《广州市饮用水水源污染防治规定》《石家庄市岗南黄壁庄水库饮用水水源污染防治条例》，主要对饮用水水源保护区的划定、监督管理措施、协同治理等方面进行了详细规定。针对土壤污染防治，我国以农用地和重点行业企业用地为重点，开展土壤污染源头防控行动。乌海市、漳州市分别制定出台

《乌海市工业用地土壤污染防治条例》《漳州市农用地土壤污染防治办法》。针对固体废物污染，聊城市、海南藏族自治州分别制定修改《聊城市危险废物污染环境防治条例》《海南藏族自治州不可降解塑料制品管理条例》。

三是有关生态环境保护的内容。2023 年 7 月，习近平总书记出席全国生态环境保护大会，为进一步加强生态环境保护、推进生态文明建设提供了方向指引和根本遵循。① 部分省份出台综合性生态环境保护地方性法规，西宁市、荆门市、海北藏族自治州分别制定出台《西宁市生态环境保护条例》《荆门市生态环境保护条例》《海北藏族自治州生态环境保护与修复条例》。一方面，针对自然生态系统保护，主要围绕水资源、湿地资源、矿山资源等方面进行规范。朔州市、大同市分别制定出台《朔州市桑干河流域生态修复与保护条例》《大同市桑干河流域生态修复与保护条例》，辽源市、长春市、四平市分别制定出台《辽源市辽河流域协同保护条例》《长春市辽河流域协同保护条例》《四平市辽河流域协同保护条例》，焦作市、新乡市、濮阳市、鹤壁市、安阳市分别就卫河保护制定了条例，就跨区域协作、水生态保护、水灾害防治等方面作出具体规定。中卫市、大同市、佳木斯市分别制定出台《中卫市湿地保护条例》《大同市湿地保护条例》《佳木斯市嘟噜河湿地保护条例》，从湿地规划与管理、保护和利用以及监督管理等方面，加强湿地资源保护。朝阳市、桂林市、海西蒙古族藏族自治州分别制定出台《朝阳市矿山生态修复条例》《桂林市禁止乱挖滥采砂石土矿产资源规定》《海西蒙古族藏族自治州木里矿区生态环境保护条例》，有利于夯实生态安全基础，推动绿色矿业发展，逐步恢复区域生态系统服务功能和环境质量。另一方面，针对生物多样性保护，本溪市、福州市分别制定修改《本溪市野生鱼类保护条例》《福州市古树名木保护管理办法》，宜昌市、荆州市、荆门市、恩施土家族苗族自治州制定出台的《关于加强生物多样性协同保护的决定》，明确通过区域协同立法加强生物多样性协同保护，是全国首例生物多样性保护领域探索跨区域协同立法。

---

① 习近平：《以美丽中国建设全面推进人与自然和谐共生的现代化》，《求是》2024 年第 1 期。

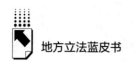

三 2023年度设区的市地方立法特点总结

通过对 2023 年度设区的市地方立法活动的频次、地域、类型等方面的梳理分析，可以发现本年度市级立法活动呈现以下五个方面的特点。

（一）地方立法活跃度有所提升

相较于上年度，2023 年度设区的市地方立法活动总频次有所提升，整体增加 36 次。从立法行为构成来看，新增立法频次增加 83 次，法规修改频次下降 33 次，法规废止频次下降 14 次。就市级地方立法活动频次数据而言，本年度各地区保有较高立法积极性，呈现覆盖广、数量多、节奏快、要求高等新特点。通过对比近两年市级地方立法数量增幅情况，可以发现本年度市级地方立法活动总频次增幅为 4.7%。新增立法增幅为 17%，法规修改降幅为 15.8%，法规废止降幅为 22.6%。由此可以看出，2023 年度设区的市法规废止活动频次下降幅度最大，但法规废止活动仅占地方立法活动总频次的 6%，因此该类数据的下降并未改变市级地方立法数量整体回升的态势。

（二）新增立法优势进一步扩大

通过对 2023 年度设区的市地方立法活动中新增立法、法规修改、法规废止数据进行梳理分析，能够发现本年度市级地方立法活动依旧维持着立修并重的基本格局。新增立法和法规修改两类立法活动频次占本年度立法活动总频次的 94%，比上年度增加了约 2 个百分点。法规废止占比依旧保持在一个相对较低的区间，甚至较上年度下降约 2.2 个百分点。同时，也可看出地级市新增立法占比和法规修改占比的差距进一步拉大。2022 年度新增立法活动占比为 64%，法规修改活动占比为 28%。而 2023 年度新增立法活动占比为 72%，法规修改活动占比为 22%。由此可见，本年度设区的市立法活动中新增立法较法规修改占比优势进一步扩大。产生这种差异的原因主要是，通过建立健全法律体系自我更新完善机制，废止了不再适应的法律法规，并对不一致、不协调的规定进行了修改，法规清理工作已取得良好效果。并且2023年度新修订的《立法法》将之前赋予设区的市的立法权范围扩大，各设区的市积极进行制度建设，进一步完善了法律规范体系。

（三）重点领域、新兴领域立法不断提速

一方面，2023年《爱国主义教育法》以法之力唱响新时代爱国主义主旋律，海东市、四平市、池州市等9个市制定修改了本地区的爱国卫生条例，引导社会各界积极参与爱国卫生运动，凝聚强大合力。爱国主义精神和坚定文化自信是分不开的，而文化遗产是无可替代的优秀中华文化资源。衡水市、百色市、咸阳市等5个市制定出台了本地区的非物质文化遗产保护法规，临汾市、佳木斯市、锦州市等9个市制定出台了本地区的红色资源保护与传承条例。另一方面，为加快推进数字经济、大数据、智能网联等领域的发展步伐，石家庄市制定了《石家庄市数字经济促进条例》，把推动新一代电子信息产业高质量发展放在重要位置。太原市制定了《太原市大数据发展促进条例》，全面提升数据在数字化转型变革中的核心驱动作用。阳泉市制定了《阳泉市智能网联汽车管理办法》，对于加快数字基建、形成新质生产力具有重要意义。

（四）注重"小切口""小快灵"立法

习近平总书记强调，"要研究丰富立法形式，可以搞一些'大块头'，也要搞一些'小快灵'，增强立法的针对性、适用性、可操作性"。[①] 各市积极推进"小切口"立法探索实践，聚焦本地区群众普遍关注的热点问题，精准立法、务实有效、便于执行，具有"小快灵"的特点。在社会事务类立法活动中，哈尔滨市、蚌埠市、合肥市等8个市制定修改了本地区的养老服务条例，建设以专项政策和标准为支撑的养老服务制度体系。在文化教育

---

① 中共中央宣传部、中央全面依法治国委员会办公室：《习近平法治思想学习纲要》，人民出版社、学习出版社，2021，第82页。

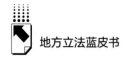
类立法活动中，哈尔滨市、朝阳市、金昌市等 5 个市制定出台了本地区的乡村清洁条例，以推动乡村振兴，建设宜居宜业和美乡村。在财政经济类立法活动中，宿州市制定了《宿州市夹沟香稻米保护条例》、信阳市制定了《信阳市信阳毛尖茶保护条例》、巴音郭楞蒙古自治州修订了《巴音郭楞蒙古自治州库尔勒香梨产业高质量发展促进条例》，重点针对这些具有地方特色的品牌提供法治保障。

（五）区域协同立法探索更加丰富

区域协同立法是解决跨区域治理难题、推动区域高质量一体化发展的重要举措。2023 年 3 月，第十四届全国人民代表大会第一次会议审议通过关于修改《立法法》的决定，明确赋予"区域协同立法"法律地位和效力。京津冀、长三角、川渝等区域为把握区域协调发展内在规律提供了有益借鉴和启示。本年度设区的市主要围绕资源环境类事项积极开展协同立法。关于流域协同立法，辽源市、长春市、四平市协同制定辽河流域协同保护条例，株洲市、萍乡市协同制定了萍水河—渌水流域协同保护条例，通过规划协同、信息共享、执法联动，构建起流域共抓大保护的新格局。针对生物保护协同立法，宜昌市、荆州市、荆门市、恩施土家族苗族自治州协同制定了《关于加强生物多样性协同保护的决定》，通过区域协同立法，为更深层次、更广领域、更高水平的生物多样性协同保护提供指引。针对湿地保护协同立法，佳木斯市、鹤岗市协同制定了嘟噜河湿地保护条例，通过区域协同立法，为维护湿地生态功能、保护珍稀野生动植物及栖息环境提供重要制度支撑。

参考文献

《中共中央、国务院关于全面推进美丽中国建设的意见》，人民出版社，2024。

付子堂主编《中国地方立法报告（2023）》，社会科学文献出版社，2023。

闫然：《地方立法统计分析报告：2023 年度》，《地方立法研究》2024 年第 1 期。

2023年度社会治理地方立法状况*

余海洋**

摘　要： 近年来，社会治理法治化迈入新阶段。2023年度，各地社会治理立法在行政改革、民生法治、治理体系三个方面重点发力，进一步规范了区域协同、政务服务、综合行政执法三项治理机制，着重完善了基层治理、社会安全、权益保护、价值观念四项立法事务，系统协调了社会治理与经济发展、城市治理、生态治理、法治宣传等领域之间的关系，立法创新亮点纷呈，彰显了地方立法的治理效能和保障力度。今后，应当再接再厉，健全社会治理协同机制，引导多元社会主体参与治理，提升数字治理能力，推动社会治理地方立法更加完善。

关键词： 地方立法　社会治理　基层治理　公共服务

社会治理是社会建设的重大任务，是国家治理的重要内容。党的十八大以来，以习近平同志为核心的党中央着眼于人民安居乐业、社会安定有序、国家长治久安，着力打造共建共治共享的社会治理新格局，社会治理社会化、法治化、智能化、专业化水平大幅提升。近年来，各地在加快社会治理法治化建设、提升法治化水平方面，进行了一系列社会治理立法，并取得了良好成效。2023年，社会治理地方立法在治理机制、治理事务、治理系统三个方向上纵深推进，重点突出社会治理的地方特色和创新性做

---

* 本报告为2024年重庆市研究生科研创新项目"数字行政执法运行模式与法律监督机制研究"（CYB240172）的阶段性成果。

** 余海洋，西南政法大学全面依法治国研究院研究助理，研究方向为法社会学。

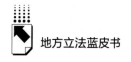

法，积极反馈民生需求，持续开展系统治理，稳步提升了立法质量和成效。

一 治理机制法规：行政改革持续发力

社会治理机制，是指有效治理社会事务的工作系统、方式、方法及其作用过程。社会治理机制需要以社会治理法规来设立和保障运行。2023年，治理机制法规主要分布在国家机关类地方立法中，同时在社会事务类、财政经济类、城乡建设类、资源环境类、文化教育类地方立法中有零星分布。综合来看，本年度治理机制法规主要涵盖三类机制：区域协同机制、政务服务便捷化机制、综合行政执法机制。

（一）社会治理区域协同不断强化

社会治理是一项系统工程，不仅需要地方政府各部门间的分工协调，更需要地方政府间的跨区域协作。北京市、天津市、河北省人大常委会出台了《关于推进京津冀协同创新共同体建设的决定》（简称《决定》），致力于实现区域优势互补、合作共赢，提升区域协同创新能力。在政务服务提升方面，《决定》指出，要通过统一政务服务标准，加快实现资质互认、区域通办，提升京津冀政务服务协同水平，服务京津冀协同创新共同体建设。在社会矛盾纠纷化解方面，《决定》提出建立健全跨区域矛盾纠纷多元化解机制，通过矛盾纠纷多元化解机制的跨区域协同，服务京津冀营商环境一体化建设。

针对区域协同治理问题，湖南省人大常委会在《湖南省人民代表大会常务委员会关于以法治护航高质量发展保障和促进加快实现"三高四新"美好蓝图的决定》中提出，要以法治护航区域协调发展。在江河湖跨流域协同治理中，进一步强化湖南省"一江一湖四水"人大协同立法，提升流域协同立法质效。在超大城市群治理问题上，以法治护航长株潭一体化建设，推动长株潭城市群在生态绿心保护、区域规划等问题上实现高效协同。

就边境地区高质量协同发展而言，内蒙古自治区人大常委会于 2023 年 9 月实施了《内蒙古自治区全方位建设模范自治区促进条例》，11 月又通过了《内蒙古自治区促进边境地区高质量发展条例》。两部条例对自治区经济、政治、文化、社会、生态文明等方面的建设提出了详细要求，明确了各个领域高质量发展的统筹机构、责任机关，为全方位建设模范自治区、促进自治区区域协调发展提供了规范指引。

（二）政务服务水平持续提升

服务型政府是社会治理体系建设的核心，政府政务服务水平的提升对社会治理体系效能的发挥起着关键作用。2023 年以来，为推进政务服务标准化、规范化、便利化，提升政务服务效能，多个地级市出台了政务服务条例。例如，《漳州市政务服务条例》着眼于优化政务服务组织的协同性，明确了政府、政务服务中心管理机构与政务服务机构的具体职责，厘清了政务服务中心管理机构与各进驻单位的职责边界，为政务服务组织的高效运行提供了立法指引。《邢台市政务服务条例》则是以政务服务便利化为核心，对政务服务事项、政务服务平台、行政许可便利作出了专章规定。"政务服务平台建设"是《邢台市政务服务条例》的一大亮点，该条例详细规定了政务服务中心场地设施的具体要求、各进驻单位首席代表的具体责任、综合办事窗口的工作模式、政务数据的协同规则、线上平台与实体平台的协同机制等内容，充分体现了"便利化"这一立法导向。此外，《新乡市政务服务条例》对政务服务办理流程作出了优化，提出"就近办理"原则，规定了适用政务服务委托受理、授权办理与帮办代办的具体情形，为群众享受便捷化行政服务提供了规范保障。

政务服务效能的提升离不开数字技术的支持。2022 年 6 月，国务院发布《关于加强数字政府建设的指导意见》（简称《意见》），明确要"将数字技术广泛应用于政府管理服务……构建数字化、智能化的政府运行新形态"。为落实《意见》要求，适应数字技术发展，提升数字化治理效能，广东省人大常委会于 2023 年 11 月 23 日通过《广东省政务服务数字化条例》。

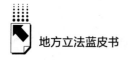

针对政务服务中数据孤岛所造成的数据分散、重复采集等问题，该条例明确提出，由省政务服务管理机构统筹规划数字平台建设，负责全省政务数据共享的统筹与协调工作，努力将"数据多跑路、群众少跑腿"的政务服务理念落实、落细。同时，针对数字技术造成的数字政务服务不均等问题，《广东省政务服务数字化条例》加大了对数字弱势群体的保护力度，将"为弱势群体提供无障碍便利化服务"作为政务服务数据管理机构的一项义务予以明确，以更好地服务于残疾人、老年人等数字弱势群体。此外，《广东省政务服务数字化条例》还提出政务服务线上线下"无差别办理"，防止政务服务数字化给数字弱势群体带来更多不便，确保在政务服务数字化建设过程中依然能圆满地实现政府服务均等化。

政务服务规范化建设亦是各地提升政务服务效能的重点。就具体条例制定而言，辽宁省人大常委会修改了《辽宁省行政审批中介服务管理条例》，进一步规范中介服务事项与中介服务机构资质资格，为辽宁省加快形成便捷高效的行政审批中介服务市场提供了支持。山东省济南市实施了《济南市行政审批与监督管理协同联动规定》，该法规的实施理顺了济南市行政审批服务部门与监督管理部门的权责关系与职能分工，促进了济南市行政审批工作与监督管理工作紧密衔接，为政务服务规范化建设提供有效支持。呼和浩特市完成了《呼和浩特市街道办事处工作条例》的修订，修订后的条例较修订前增加了 31 条，重点聚焦公共服务与基层治理等议题，尽可能地将资源、服务和管理下放到街道，推动政务服务资源合理配置。

（三）综合行政执法改革纵深推进

在推进市域社会治理现代化的过程中，行政执法在规范社会行为、保障社会秩序方面发挥着重要的监督约束作用。市域社会治理效能的提升离不开行政执法的持续优化。在执法体制机制改革方面，行政执法体制机制更加完善、高效。修订后的《上海市城市管理综合行政执法条例》将行政执法公告送达的期限由 60 日缩短至 30 日，进一步优化执法时限。此外，《包头市城市管理行政执法条例》也进行了优化调整，对包头市城市管理部门的执法权限以及调查、取证、决定、执行程序作出更为具体的规定，进一步规范了行政执法程序。

综合行政执法改革是理顺行政执法职能、合理配置行政执法资源、避免行政执法多头重复问题的有效举措。以海南省为例，《海南省综合行政执法条例（试行）》于 2023 年 11 月 24 日通过，贯彻了党中央、国务院深化行政执法体制改革的决策部署，回应了海南省自贸港治理能力提升的迫切需求，是海南省探索跨领域、跨部门综合执法的一项重大成果。在加强执法协助配合上，《海南省综合行政执法条例（试行）》建立了综合行政执法部门与其他行政部门的协调与衔接机制，确保违法线索共享互通、监管标准协同一致、执法结果互联互认；实施行政执法"综合查一次"制度，细化违法线索的互通标准与移送程序，避免多部门、多层级重复执法；创新"派驻执法"模式，授予综合行政执法部门向相关业务主管部门与乡镇、街道派驻执法队伍的权限，加强对基层执法工作的指导与监管，推动执法力量和资源不断下沉；加强行政执法与刑事司法有效衔接，强化执法与司法协同，避免行政执法资源的浪费。除海南省之外，青岛市在充分积累综合行政执法经验、不断探索行政执法创新模式的基础上，制定了《青岛市城市管理综合行政执法条例》。2006 年，青岛市制定了《青岛市城市管理相对集中行政处罚权条例》，以集中攻坚的方式解决青岛市城市治理中的难点堵点问题，有效治理了市容乱象，提升了城市品质。随着城市管理综合行政执法多轮改革的推进，《青岛市城市管理相对集中行政处罚权条例》出现了与上位法不一致、与基层执法工作实际不匹配等问题，已不能适应城市执法工作的实际需要。基于此，2023 年通过的《青岛市城市管理综合行政执法条例》立足于城市执法的新情况、新问题，统筹规范城市管理综合行政执法工作，确保行政执法规范统一协调、行政执法协作有序推进、行政执法监督有力有效。此外，《青岛市城市管理综合行政执法条例》还详细列明了城市管理综合行政执法的"十大职权范围"，在规范层面积极应对行政执法的不作为现象，避免行政执法真空领域的出现。

行政执法监督工作体系的全面完善，对加快法治政府建设、提升社会治

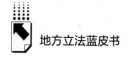

理法治化水平具有重要意义。为加强行政执法监督工作体系建设，新疆维吾尔自治区、陕西省相继通过了行政执法监督条例，安徽省对《安徽省行政执法监督条例》作出修改。各地行政执法监督条例亮点纷呈，以陕西省为例，《陕西省行政执法监督条例》构建了系统化的行政执法监督体制，规定县级以上人民政府为行政执法监督的责任主体，其具体工作由县级以上人民政府司法行政部门承担，各执法单位的行政执法监督工作由本单位法制机构或者其他指定机构承担，乡镇、街道的行政执法监督工作则由司法所协助县级司法行政部门进行。此外，在行政执法监督的范围和内容上，《陕西省行政执法监督条例》将执法监督贯穿行政许可、处罚、强制、征收、给付、检查、确认、奖励、裁决等行政执法活动的全过程，覆盖行政执法的责任制度、裁量权基准、公示制度、全过程记录制度、重大执法决定法制审核制度等各项内容，确保行政执法监督全方位、全流程覆盖，切实提高行政执法监督质量。

二　治理事务法规：民生法治全面加强

"坚持以人民为中心"是提高社会治理社会化、法治化、智能化、专业化必须遵循的基本原则。要将以人民为中心的发展思想落到实处，就要确保社会治理始终为了民生、发展民生、保障民生，满足人民群众对民生法治的新需求与新期待。社会治理事务法规始终坚持以"满足人民需要""依靠人民力量""实现人民共享"为目标，始终把人民作为立法的出发点和落脚点，具有高度的"人民性"。正是由于其内在的"人民性"，与民生息息相关，治理事务法规是社会治理地方立法的主体部分。2023年社会治理事务法规集中分布在社会事务类地方立法中，内容主要表现在四个方面：推进基层治理、保障社会安全、保护社会权益、弘扬社会主义核心价值观。

（一）基层治理统筹推进

1. 优化公共法律服务

公共法律服务是集调解、公证、仲裁、法律援助、司法鉴定等法律服务资源为一体的系统化服务网络。2023年，各地加快公共法律服务资源的整合，重点规范公共法律服务各流程，推进公共法律服务法治化。

黑龙江省率先出台全国首部地方调解条例《黑龙江省调解条例》，推进黑龙江调解工作从制度创新走向规范创新。该条例根据多年来黑龙江省调解工作实际，对调解组织、调解流程、调解员条件以及调解的保障与监督机制进行了全方位规范。在立法特色上，《黑龙江省调解条例》鼓励人民调解工作室以特有名称命名，发挥人民调解工作室的品牌效应，让人民群众看得见、记得住、信得过；规范行业性、专业性调解组织，由设区的市级司法行政部门监督管理行业性、专业性调解组织的有偿服务收费标准，并及时向社会公开，确保人民群众的权益得到保障；公开行政调解权责清单，并在政府网站上公开发布，明确行政机关参与调解工作的职权范围；高效利用司法调解资源，加强诉调对接平台建设，合理配置诉调资源。

上海市结合自身公共法律服务的实际需求，制定《上海市推进国际商事仲裁中心建设条例》，以加强涉外公共法律服务的法治化建设。该条例要求加强商事仲裁机构和人员队伍建设，运用好大数据、人工智能等新兴信息技术，加强智慧仲裁，推动仲裁机制创新。为更好发挥人民调解员在基层治理中的作用，高效化解矛盾纠纷，西藏自治区出台了《西藏自治区人民调解条例》，以激发人民调解员更大的能动性，助力调解工作体系建设，提升人民调解组织的治理能力。

此外，在法规修改方面，多个省、自治区和直辖市进一步完善了公共法律服务相关的法规。例如，江西省和甘肃省修改了本省的法律援助条例，安徽省和贵州省也分别对本省多元化解纠纷促进条例、矛盾纠纷多元化解条例作出修改，重庆市与宁夏回族自治区修订了司法鉴定条例。经过多地公共法律服务法规的精细修改和适时调整，地方公共法律服务体系更加完善。

2.提升公共服务质量

2023年《立法法》的修改赋予了设区的市更大的地方立法权，将"基层治理"事项纳入设区的市地方立法范围。一年来，多个设区的市结合自身基层治理实际，推进"基层治理"事项立法。在"基层治理"地方立法

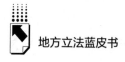

中，提升城市公共服务质量是各设区的市关注的重点之一。

针对城市车辆管理、停放问题，一些设区的市于 2023 年制定了相关法规，比如《晋中市电动自行车管理条例》《湖州市车辆停放管理条例》《青岛市停车场条例》，着力解决城市中电动自行车规范管理问题与车辆停放难题。对于城市用水问题，多个设区的市结合本市用水状况，制定相关法规，强化用水管理。《绥化市城市供水用水管理条例》《驻马店市城市供水条例》《东营市节水控水管理办法》《济宁市节约用水条例》《兰州市供水条例》等法规的制定，为相关城市规范城市供水、用水、节水提供了法规支持。此外，吉林白城、山东临沂、山东滨州、山东德州、湖北黄石针对本市公共服务具体问题也制定了相关法规，立法内容涉及门前责任区管理、服务便民热线、社会心理服务、城市供热、住宅加装电梯等突出问题，有效提升了各市公共服务质量。

3. 规范社区治理与网格治理

社区是城市公共服务和城市治理的基本单元，社区治理是社会治理体系的基础部分。在"基层治理"地方立法中，规范社区治理是各设区的市关注的又一重点。

浙江省温州市面对"镇改市"过程中出现的"社区由谁来管理"问题，率先探索"市管社区"的社区治理模式，制定了《龙港市社区治理条例》，并于 2023 年 9 月 25 日起施行。这部条例意义重大，是全国唯一一部"市管社区"的地方性法规。由于龙港市不设乡镇，社区事务无法交由乡镇管理，需要采取"市管社区"模式，由市一级直接管理社区事务。《龙港市社区治理条例》规定，在龙港市社区治理活动中，行政管理职责上提一级，由龙港市政府及其有关部门行使社区管理职权；与此同时，服务性、事务性事项"下放"社区，通过委托、购买社会服务等方式，交由社区自治组织、其他社会组织来承担。在"市管社区"模式的探索过程中，这部法规为强化社区自治能力、推动社区实现共建共治共享提供了有力的法治保障。

在社区治理工作优化方面，各地普遍采取网格化服务这一举措来优化社区治理。近些年来，尽管网格治理显著地提升了社区治理效能，但是一些问题也相继涌现。网格员权利义务不明确、职责过度承载、条件待遇不高等成为阻碍网格治理效能提升的"绊脚石"。对此,黑龙江黑河、浙江宁波、湖南永州、山东聊城、西藏拉萨、广东清远在 2023 年出台了关于网格化服务的专门地方性法规,完善网格员的工作任务清单,提升网格员待遇,探索网格员专业化、职业化发展的全新路径。在社区治理服务提升方面,河北廊坊、吉林白城、辽宁沈阳、广东广州出台了志愿服务条例,为社区治理引入志愿力量提供了法治助力。

(二)社会安全保障全面发力

有效化解社会治安风险是市域社会治理的重点任务,需要地方立法予以支持。社会安全保障地方立法的根本任务是保障人民群众的生命财产安全,维护社会安全秩序,为人民群众安居乐业、社会安定有序保驾护航。一年来,各地针对社会安全的突出问题领域,积极立法,有针对性地防范化解社会安全风险。

1. 深入推进平安建设立法

2023 年,浙江省、山西省、甘肃省先后出台了平安建设条例,为社会的稳定与发展保驾护航。《浙江省平安建设条例》对平安建设的组织机制、风险防控对象与重点防治内容作出了规定,强调平安建设对于社会治理体系建设的重大意义,探索平安建设组织与基层自治组织的协同合作机制,引导村(居)民参与基层平安建设,完善群防群治的组织机制,鼓励和支持基层自治组织依法将平安建设相关内容和要求纳入村规民约和居民公约。此外,《浙江省平安建设条例》还提出了"数字平安建设",打造一体化数字平安系统,利用数字技术监测、预警、防控、处置社会风险与突发安全事件,高效服务平安建设的决策和管理,提升社会安全建设的智能化水平。山西省、甘肃省则针对本省平安建设工作的重难点,系统规划平安建设模式和方案,制定出体现自身平安建设工作特色的平安建设条例。从条例关注重点上看,《山西省平安建设条例》对校园平安建设、网络安全建设、矛盾纠纷化解作出了详细规定;《甘肃省平安建设条例》涵盖安全生产、通信安全、

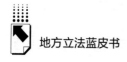

生活物资供应安全、生态空间安全、公共卫生安全等内容，有效支持了本地区平安建设工作。

2. 进行多层次多领域的社会安全立法

在省级层面，社会安全地方立法主要集中在消防安全和道路交通安全两项内容上。就消防安全而言，为了与2021年新修订的《消防法》保持一致，强化消防安全管理，江苏省、上海市、福建省、广西壮族自治区对省级消防条例或实施《中华人民共和国消防法》办法作出修改，新修改的消防法规增加了建筑或场所的出租人和承租人消防安全管理责任、消防控制室管理制度、单位专职消防队的组建等内容，进一步落实了消防安全责任。同时，作为社会安全事件多发的另一重点领域，道路交通安全在2023年亦受到了省级地方立法的重点关注。2021年《道路交通安全法》作出修改后，各地陆续开展道路交通安全条例的修订工作。一年来，江苏省、贵州省、西藏自治区、广西壮族自治区对道路交通安全条例作出修改，新修改的道路交通安全条例在保障公共交通安全、完善道路通行条件和通行规定的同时，也积极对网约车、快递和外卖配送车辆、代驾车辆、新能源汽车、自动驾驶汽车等新生事物作出规定。这些新规适应了道路交通新情况，明确了新情境下交通安全责任的划分，为行车安全提供了更加健全的法规保障。除消防安全和道路交通安全立法外，其他省、自治区、直辖市也结合自身实际，在2023年进一步完善社会安全地方立法。例如，辽宁省针对娱乐、餐饮场所治安事件多发的现象，修改了《辽宁省娱乐饮食服务场所治安管理条例》；云南省针对燃气安全，制定了《云南省燃气管理条例》，细化燃气的管理与使用规范；陕西省针对安全生产责任落实问题，修订了《陕西省安全生产条例》，明确陕西省各级地方政府对安全生产的领导责任，重点强化安全生产的基层监管；重庆市针对本市水域治安的实际状况，修改了《重庆市水域治安管理条例》，将水域企事业单位、水域相关场所责任单位、游艇管理者等主体纳入水域治安管理活动中，完善了水域治安管理体系。

在设区的市级层面，社会安全地方立法呈现多样化、有针对性的立法特征。青海西宁，河南郑州、平顶山、驻马店，广东广州完善了消防安全相关立法；山西晋城、晋中，吉林长春，浙江绍兴，安徽马鞍山，江苏盐城，河南南阳制定了电梯安全管理条例；浙江宁波、河南焦作、广东广州聚焦社会安全事件发生的重点场所，分别对出租房安全、中小学校幼儿园安全、公共休闲场地安全作出规定；湖南郴州、广东惠州对野外用火作出管理规定；辽宁盘锦、广西贺州对烟花爆竹的销售与燃放作出规定。另外，还有多个设区的市制定或修改了道路安全、城市防洪排涝、气象安全应对等相关的市级地方性法规，为市域社会安全治理提供了有力的法规保障。

（三）社会权益保护稳步提升

加强社会权益保护，对于从源头上化解社会矛盾、提升社会治理效能具有重要作用。合法权益的受损、社会不平等与不公正现象的存在通常是引起社会矛盾纠纷的重要原因。对于这些问题，地方立法不仅能以规范的形式平衡各方利益，而且能通过建立完备的社会权益保护法规系统，促进社会公正机制的形成，从源头上减少社会矛盾纠纷。2023年，各地的社会权益保护地方立法卓有成效。

一是未成年人保护的加强。北京、山西、安徽、山东修改了未成年人保护条例，积极贯彻"最有利于未成年人原则"。以北京市为例，《北京市未成年人保护条例》（简称《条例》）从家庭、学校、社会、网络、政府、司法等角度出发，以关心关爱未成年人为宗旨，全方位护航未成年人成长，立法亮点纷呈。一方面，《条例》重点关注未成年人保护的新领域，填补网络空间中未成年人保护的立法空白。《条例》要求在线网络教育产品不得向未成年人推送游戏链接、广告等与教育无关的内容，落实网络游戏产品分级分类，限制未未成年人直播打赏行为，在网络空间中加强了对未成年人的保护。另一方面，《条例》通过赋予义务的方式加大了对未成年人的保护力度。在政府义务方面，《条例》设立了12345未成年人保护热线，配备专门人员帮助、服务和保护未成年人，压实政府责任；在社会义务方面，《条例》规定了相关主体的"及时报告"义务，即负有责任的相关主体发现未成年人疑似受害，应当及时采取保护措施，如若情况严重，还应当向有关部门及时

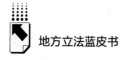

报告。

二是养老服务的深入推进。近年来，我国老龄化进程明显加快。人口老龄化大幅提升了社会对养老服务数量和质量的需求，对现有养老服务产业造成一定的冲击。为了应对养老服务供给不足问题，加大老年人权益保护力度，多地针对养老服务问题积极立法，推进养老服务事业稳步发展。例如，《海南省养老服务条例》加大对养老服务产业的扶持力度，建立财政支持养老服务发展的相关机制，健全养老服务人才的保障机制，鼓励外资依法投资养老服务产业，推进养老服务智慧平台的建设和应用。《烟台市养老服务条例》则系统谋划，构建"包底线"的基本养老、"提质量"的养老机构养老与"强覆盖"的居家养老相结合的养老服务体系，力图实现养老服务从"人找服务"到"服务找人"的转变。此外，黑龙江哈尔滨、安徽蚌埠、云南普洱、海南海口、新疆哈密也出台了养老服务相关条例，对养老服务的促进、服务设施建设以及居家养老服务的完善等作出规定。

三是社会权益保护的其他方面。消费者、劳动者以及残疾人合法权益的保护也是 2023 年地方立法关注的重点。山西省、贵州省修改了本省的消费者权益保护条例，进一步加强市场监督，畅通消费者维权路径；福建省、辽宁省、浙江省、湖南省、广东省、湖北省、四川省修改了本省实施《中华人民共和国工会法》办法，加强工会自身的组织建设，提升工会维护职工合法权益和服务职工的能力；河北省、湖南省修订了本省实施《中华人民共和国残疾人保障法》办法，对残疾人在康复、教育、就业方面的特殊权益和优惠政策进行了细化和补充，适当提高残疾人社会保障方面的补助标准，鼓励残疾人参加残疾人奥运会、亚洲残疾人运动会等活动，在更加有力地保障残疾人物质生活的同时，也丰富了残疾人的精神文化生活。2023 年，社会权益保护地方立法多集中在未成年人、老年人、消费者、劳动者、残疾人等群体的合法权益保护上，突出了 2023 年地方立法中权益保护的整体侧重点。除上述人群合法权益的保护之外，其他社会权益的保护也有部分地方立法。例如，青海省制定了《青海省反家庭暴力条例》，江苏省制定了《江苏省医疗保障条例》，四川省修订了《四川省〈中华人民共和国妇女权益保障法〉实施办法》。这些地方性法规的制定或修改紧密结合各省份社会权益保护实际，丰富了 2023 年社会权益保护地方立法的相关内容。

（四）社会主义核心价值观更加彰显

党的十八大以来，党中央高度重视培育和践行社会主义核心价值观。社会主义核心价值观是社会治理的重要内容，也是治理过程中必不可少的精神力量。国家治理体系和治理能力现代化向纵深发展，社会治理法治化的全面推进，都离不开价值规范的引领。2023 年，地方立法更加彰显社会主义核心价值观对社会治理的引领和导向作用。

一是文明行为促进条例的密集立法。2023 年，黑龙江大庆、鸡西、双鸭山，吉林四平、白山，辽宁铁岭，河北衡水、秦皇岛，湖南怀化，陕西延安，广东阳江、东莞、河源，湖北孝感，四川乐山、甘孜、凉山 17 个设区的市（自治州）制定了文明行为促进条例。各地的文明行为促进条例以文明行为规范为核心内容，以弘扬社会正气为主轴，以社会公共空间为主要规范场所，提出了一系列行为要求与倡议。从系统性的文明行为规范制定上看，《延安市文明行为促进条例》立足延安深厚的革命文化与丰富的旅游资源，倡导保护英雄烈士纪念设施，保护革命旧址，发挥革命精神在文明建设中的引领和促进作用；《东莞市文明行为促进条例》突出城市凝聚力建设的作用，将东莞城市精神"海纳百川、厚德务实"与城市宣传口号"每天绽放新精彩"写入文明行为促进条例中，以增强城市认同感、归属感和荣誉感；《甘孜藏族自治州文明行为促进条例》也独具地方特色，提出弘扬长征精神、"两路"精神、抗震救灾精神，倡导讲好红军长征在甘孜、十八军进藏等红色故事，强调尊重民族习惯，促进民族团结，将社会主义核心价值观的弘扬与城市红色文化、民族文化的传承紧密地结合起来。除了从整体上系统制定文明行为规范，也有地方针对文明行为具体事项制定条例。内蒙古鄂尔多斯、福建福州和三明、吉林松原、陕西渭南和商洛制定了城市养犬管理条例，通过养犬登记，建立养犬管理系统，强化对城市养犬的监管和规范，促进文明养犬；《通辽市移风易俗条例》是社会主义核心价值观融入地方立

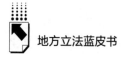
法的一次具体实践，该条例坚持价值导向，发挥优秀价值的引领作用，推动移风易俗工作向深向实发展；《松原市网络文明建设条例》立足城市文明建设新领域，规范自媒体和自然人的网络行为，促进网络空间正能量的传递。

二是社会信用地方立法更加健全。"诚信"是社会信用建设的核心价值引领，"诚信"融入地方立法对于提升个人素养、促进社会和谐具有重要意义。加强社会信用地方立法，有利于守信社会建设。通过地方立法褒扬诚信、惩戒失信，树立诚信模范，有利于增强社会诚信意识，降低社会交往成本，减少社会交往中的矛盾与冲突，促进社会文明进步。2023 年，各地将"诚信"作为创新社会治理的基本保障，积极开展社会信用地方立法。四川省、广西壮族自治区、宁夏回族自治区出台了社会信用条例，三部条例普遍将政务诚信、司法公信纳入社会信用体系建设，发挥公权力主体在信用建设中的表率作用；建立社会信用奖惩机制，详细规定守信激励的主体与奖励事项、失信惩戒的主体与惩戒事项，并提出守信激励措施与失信惩戒措施的具体清单，强化社会信用体系的社会治理功能；规范与发展信息服务行业，加强对信息服务行业信用评级、信用管理、信息咨询等业务的规范，支持、引导与培育信息服务市场的发展，促进社会信用评价体系的多元化发展。此外，多个设区的市也制定了社会信用建设相关条例，《沈阳市社会信用条例》《唐山市社会信用建设促进条例》《张掖市社会信用体系建设促进条例》皆是各地方在省级社会信用条例出台后，结合本市社会信用建设实际推出的相关立法。这些法规应时而生，为社会信用体系建设的落地提供了市级地方立法支撑。

三　治理系统法规：治理体系多维发展

社会治理是一项复杂的系统工程，需要把握治理事务与政治、经济、文化、社会、生态文明发展之间的密切联系，把社会治理与国家治理、政府治理作为一个整体系统看待。因此，社会治理地方立法要按照系统思维，依据整体性原则谋划社会治理全局，把握社会系统各立法领域之间的关系，以提高立法效能，实现党的领导、政府治理和社会调节、居民自治的良性互动。2023 年治理系统法规主要分布在财政经济类、城乡建设类、资源环境类、文化教育类地方立法中，具体表现为以高质量发展立法助力社会治理、以城乡环境立法改善城市治理、以生态协同立法优化环境治理、以法治宣传立法提升法治观念这四大方面。

（一）法治保障高质量发展

一是加快社会治理标准化建设。社会治理制度化、规范化、程序化建设是国家治理体系和治理能力现代化建设的重要目标。2023 年 8 月，农业农村部、国家标准化管理委员会、住房和城乡建设部联合印发的《乡村振兴标准化行动方案》构建了农业高质量发展的标准体系，为乡村振兴提供了标准支撑。近年来，各地普遍重视标准化建设工作，不断强化标准化工作顶层规划，构建标准化规范体系，发挥标准化在社会治理中的基础性和引领性作用。社会治理标准化旨在通过立法构建一种共同标准，指导政府和社会多元主体处理公共事务。一年来，吉林省、上海市、新疆维吾尔自治区、河南省先后出台了标准化条例，为便利经贸往来、支撑产业发展、促进科技进步、规范社会治理提供标准化支持。《吉林省标准化条例》明确了县级以上人民政府是标准化建设工作的责任主体，规定了标准化建设应围绕产业标准化、绿色发展标准化、城乡建设和社会建设标准化三项内容展开，以标准化建设提升基层治理效益；《河南省标准化条例》提出要进行标准的创新，鼓励社会主体根据自身发展需要，以创新技术、知识产权、科研项目等形式参与标准创新，形成"创新生产标准、标准促进创新"的良性体系，提升社会主体的核心竞争力。

二是打造法治化营商环境。推进社会治理法治化是优化营商环境的重要前提。党的十八大以来，党中央、国务院高度重视营商环境建设，围绕营商主体需求，聚焦政府职能转变，持续深化"放管服"改革，作出一系列重大决策部署，激发了市场主体活力和社会创造力，增强了发展动力。近年来，各地深入贯彻党中央、国务院的决策部署，探索优化营商环境的科学举措，出台相关地方性法规。2023 年，上海市和辽宁省对优化营商环境条例作出了修改，安徽省制定了《安徽省优化营商环境条例》，甘肃省出台了《甘肃省人民代表大会常务委员会关于优化民营企业发展环境促进民营经济发展壮大的决定》。此外，辽宁沈阳，四川达州、资阳、德阳也制定了优化营商环境条例。以《沈阳市优化营商环境条例》为例，该条例以政务服务、市场监管、法治保障三个章节对治理主体作出要求，提出"一件事一次办""一网通办""多税合一"等便民服务措施，要求监管部门对市场主体包容审慎监管，以法治维护市场主体合法权益，营造法治化的营商环境。

三是数字治理初见成效。网络化、数字化、智能化技术的飞速发展，把社会带入了"万物数字化、一切可计算"的数字时代，数字经济、大数据等新生事物奔涌而来。面对社会数字化、智能化快速发展的现实，多地出台了数字社会治理相关立法，为社会数字化发展护航。《江西省数据应用条例》着眼于深化数据要素市场化改革，提出建立数据交易所，为数据交易活动提供法治保障；《浙江省食品安全数字化追溯规定》积极吸纳数字技术发展的最新成果，运用食品安全追溯管理系统对食品的生产、加工、来源和去向信息进行留存，以数字化追溯强化食品安全监管；《石家庄市数字经济促进条例》关注数字治理的新机制、新体系，明确要求政府运用大数据、人工智能等数字技术推动治理方式、治理机制、治理理念的革新，提出打通数字治理"最后一公里"，以数字技术优化城市治理，提升数字社区和数字乡村治理效能。

（二）城乡人居环境更加和谐

一是城市环境治理多维推进。当前，我国城市化进程仍处于加速阶段，城市人口迅速膨胀，城市环境污染、资源和能源紧张、人地矛盾等问题越发突出。2023 年，各地制定或修改了城市环境卫生、综合管理、建筑绿色发展、海绵城市建设等方面的法规，坚持城市环境科学治理、系统治理的原则，为提高城市环境治理法治化水平、促进和保障美丽城市建设提供规范助力。其中，河北省以城市环境治理为重点展开立法工作。一年来，河北省修改了《河北省城市市容和环境卫生条例》《河北省建筑条例》，河北省唐山市修改了《唐山市城市绿化管理条例》，河北省邢台市制定了《邢台市城市市容和环境卫生管理条例》。河北省城市环境相关条例的制定和修改为该省强化城市环境治理，建设生态宜居、整洁优美、文明有序的美丽城市提供了坚实的法治保障。此外，北京市、湖北省分别制定了《北京市建筑绿色发展条例》《湖北省绿色建筑发展条例》，提出构建建筑项目绿色专篇管理制度，实施建筑绿色发展激励和引导措施，为建筑品质提升和城市人居环境改善提供了有效的制度支持。除建筑绿色发展外，海绵城市的建设和规范也是2023年城市环境治理立法的重点，22个设区的市①制定了海绵城市建设管理条例，对海绵城市建设的年度计划、技术标准、设施运行和维护的管理机制和主体责任作出了规定，有力推动了城市排涝能力的提升，保障了城市水循环系统的生态性、安全性和可持续性。

二是城市物业管理更加有序。在省级立法层面，为了解决物业管理条例在概念和适用上与《民法典》相关条款冲突的问题，福建省、广东省、青海省分别对本省的物业管理条例进行了修改，进一步完善了业主共同决定事项及决定规则，厘清了物业服务合同效力问题以及共有部分的概念和内涵，提升了物业管理立法品质及其立法效益。在设区的市级层面，内蒙古呼和浩特、甘肃酒泉以及安徽合肥、阜阳、池州制定了住宅小区物业管理条例，山西阳泉、陕西安康、甘肃嘉峪关制定了物业服务与管理相关条例。各设区的市的物业管理条例规定了物业管理区域的一系列禁止行为及其法律责任，以法规助力住宅小区各类风险问题的防范和化解。

（三）生态环境治理协同高效

生态环境治理需要加强立法协作，推动区域统一规划、统一立法、统一

---

① 2023年制定海绵城市建设管理条例的22个设区的市有：内蒙古鄂尔多斯市，山西晋城市、大同市、临汾市、晋中市、长治市，福建龙岩市、南平市，吉林长春市、松原市，浙江金华市，安徽马鞍山市，江苏无锡市，河南开封市，江西吉安市、鹰潭市，山东潍坊市、烟台市，广东梅州市，湖北孝感市，甘肃平凉市，陕西渭南市。

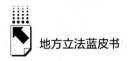

标准。为了加强辽河流域水环境的协同保护，吉林省长春市、辽源市、四平市同步出台辽河流域协同保护条例，整合立法资源，构建流域协同治理制度体系，共同应对辽河流域水资源保护、水污染治理和水生态修复问题。湖南省株洲市、江西省萍乡市联合出台萍水河—渌水流域协同保护条例，汇集萍水河—渌水流域各区县的治理资源，通过多层级的联席会议制度、多领域的信息共享机制、跨区域的联动执法等多项治理资源统筹措施，提升了萍水河—渌水流域水生态保护协同能力。四川省制定了《四川省大熊猫国家公园管理条例》，甘肃省、陕西省也同步出台加强大熊猫国家公园协同保护管理的相关立法，建立三省大熊猫国家公园协同保护机制，统一生态环境保护标准，构筑跨区域立法、执法、司法、普法、监督等领域的协同配合体系，协同推进大熊猫国家公园管理与当地经济社会的协调发展。

（四）法治宣传教育更加广泛

社会治理法治化水平的提高离不开公民法治意识的增强。《天津市法治宣传教育条例》以习近平法治思想为引领，结合天津市普法工作实际，实施公民终身法治教育制度，将法治宣传教育融入立法、司法、执法和法律服务全过程；不断创新普法方式，深入推进"互联网+普法"，运用大数据、云计算、人工智能等现代科技手段，加强智慧普法建设，着力提高普法的针对性和时效性。宁夏回族自治区对《宁夏回族自治区法治宣传教育条例》作出修改，进一步明确了法治宣传教育的基本任务、责任主体与目标要求，完善法治宣传教育工作相关机制，提升了普法工作效能。法治宣传教育相关立法，为培育法治精神、提升公民法治素养、推动全社会形成尊法学法守法用法的法治氛围提供了法规支撑。

四　未来展望

党的二十大报告提出推进多层次多领域依法治理，提升社会治理法治化水平。立法是推进社会治理法治化的重点领域，社会治理法治化需要立法提供规范保障。我国具有"一元多层"立法体制优势，在此基础上，既要发挥好中央统筹推进社会治理立法的"一元"优势，也要根据地方发展实际，有规划、有重点、有步骤、点面结合地推进社会治理立法，发挥地方立法的"多层"优势。2023年，社会治理地方立法在行政改革、民生法治、治理体系三个板块稳步推进，立法工作取得良好成效。但需要承认的是，各地区社会治理立法仍存在较大差距，呈现不均衡现象，在多个领域仍有一些弱项和薄弱环节：第一，尽管促进社会治理协同的相关地方立法陆续出台，但是协同机制仍不健全；第二，针对行政机关体制机制优化的立法较多，而关于社会治理其他主体的相关立法较少；第三，数字社会治理方面的相关立法仍然薄弱。未来，应当在社会治理协同制度、主体参与、技术应用三个方面继续发力，以地方立法完善社会治理体系，推进新时代社会治理现代化。

一是推进多层次多领域社会治理协同。当前，社会治理协同立法多集中在"生态环境保护"和"区域经济高质量发展"两个领域，其他领域的社会治理协同立法仍然薄弱。对此，应正视社会治理协同立法工作短板，持续推进社会治理的多领域协同。在社会安全领域，应当回应人民群众的新要求新期盼，以立法统筹政府多层级、各部门的行政力量，协调建立"指令通达、权责一致、反应灵敏、权威高效"的应急体系，及时应对和处理自然灾害、事故灾难、公共卫生和社会突发事件。在社会矛盾预防和化解方面，设区的市要行使好《立法法》赋予的对"基层治理"事项立法的职权，以规范完善社会矛盾纠纷多元预防化解综合机制，推动社会矛盾纠纷化解机制法治化；坚持好、发展好新时代"枫桥经验"，以地方立法探索构建社会矛盾化解的新模式，促进人民调解、行政调解、司法调解的协同联动，优化调解与诉讼衔接的机制和途径。在网络空间治理中，以地方立法加快推进网络空间协同治理体系建设，加快形成网络空间"一张网""一盘棋"的治理格局，提升网络综合治理效能。

二是鼓励和引导社会主体参与社会治理。应当意识到，社会治理地方立法的重心仍在行政机关体制机制的优化方面，对多元社会主体参与和协商社会公共事务的引领力远远不足。法治社会的基本标志和根本要求是实现社会

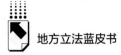

依法治理与社会依法自治的有机统一。这意味着社会治理的动力要由"国家推动型"向国家主导、政府推动、社会参与三方合力转变，社会治理的主体要由单一的国家公权力主体向党委、政府、基层群众自治组织、其他社会组织、公民等多元主体转变。地方立法要紧跟社会治理的新要求、新趋势，为社会多元主体搭建沟通联络、对话协商、协调互动平台，整合好各类治理资源，推进社会治理主体多元化、协商广泛化、参与深度化，使人人都能成为社会治理的参与者、建设者和推动者。

三是提升社会治理数字化水平。数据在社会治理现代化进程中发挥着重要作用，未来的社会，必然是一个高度数字化、信息化的社会。未来的社会治理，必然会形成一个治理模式数字化、层级扁平化、决策精准化、服务高效化的新格局。这就要求地方立法准确把握社会治理发展趋势，科学评判数字工具正负两面的作用，规范数字技术在治理场景中的应用，严格落实责任主体的监管责任。数字治理只有在法治的轨道上进行，才能最大限度地实现"数字普惠"，避免国家公权力的"数字滑坡"。地方立法要明权责、划界限、立底线，在法治轨道上构建起社会治理的"数字全景图"，不断提升基层群众的获得感、幸福感、安全感。

参考文献

付子堂主编《中国地方立法报告（2023）》，社会科学文献出版社，2023。
李林、田禾主编《中国地方法治发展报告（2023）》，社会科学文献出版社，2023。
吴超：《中国社会治理演变研究》，华中科技大学出版社，2019。
徐汉明主编《社会治理法学概论》，高等教育出版社，2023。
闫然：《地方立法统计分析报告：2023年度》，《地方立法研究》2024年第1期。

数字地方立法专题

B.5

数字经济地方立法发展状况

——以14部"数字经济促进规范"为样本

匡 梅*

摘 要: 数字经济已经成为我国经济社会发展的重要引擎,在数字经济国家立法暂付阙如的背景下,各地积极探索制定符合本地特色的地方立法。我国数字经济地方立法主要采用地方性法规形式,其中以促进型立法居多,呈现集中分布于东部和中部地区的态势,并具有包容审慎监管、发展与安全并重等鲜明特色。由于促进型立法模式下配套规定不足、数据要素市场顶层立法缺失,我国数字经济地方立法在实践中存在可操作性不强、地方分割严重等问题。对此,地方立法机关可以从具体措施、量化指标、责任规定等方面完善数字经济地方立法可执行的配套措施,国家层面应以统一数据治理体系、强化个人数据权益保护、健全数据平台权力规制等内容为重点,尽快出

---

* 匡梅,法学博士,西南政法大学行政法学院讲师,西南政法大学数字法治政府研究院研究人员,研究方向为数字法学。

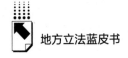

台统一的数字经济促进法。

关键词： 数字经济　地方立法　促进型立法　立法特色

　　近年来，互联网、云计算、人工智能、大数据等通信技术发展日新月异，从而引发巨大的经济变革，催生出继农业经济、工业经济之后的新经济形态——数字经济（digital economy）。《中国数字经济发展研究报告（2023年）》显示，我国数字经济产值在国内生产总值中的占比已达41.5%。[①]习近平总书记强调："数字经济事关国家发展大局。"[②] 发展数字经济已成为我国实现高质量发展、由经济大国迈向经济强国的题中应有之义。相比传统经济，数字经济是由数据驱动的经济，其发展速度之快、影响程度之深前所未有，正推动经济社会结构发生深刻变革。

　　传统法律体系在应对数字时代的新型社会风险时难免捉襟见肘，为保障数字经济健康发展，相关立法工作需稳步推进。当前，国家层面统一的数字经济立法暂付阙如，地方立法机关"先行先试"，积极制定符合本地特色的规范性法律文件，以构建数字经济法律规制体系。数据价值的实现取决于数据间相互连接和融合的程度，离不开能在一定程度上打破时空限制的数据流通。然而，数据的开放性与地方立法效力的地域性之间存在冲突。[③] 因此，本报告选取我国各省市数字经济方面的地方性法规和地方政府规章为分析对象，总结数字经济地方立法的特色，分析其问题及产生原因，并提出可行的完善建议。

[①] 参见中国信息通信研究院《中国数字经济发展研究报告（2023年）》，海南省大数据发展中心网站，https://dsj.hainan.gov.cn/zcfg/zybs/202305/t20230510_3413998.html，最后访问日期：2024年5月13日。

[②] 习近平：《不断做强做优做大我国数字经济》，《求是》2022年第2期。

[③] 参见顾天杰、孙正《多层治理视角下我国数字经济的地方立法：定位、挑战与发展》，《长春理工大学学报》（社会科学版）2024年第2期。

一　数字经济地方立法的发展状况

（一）立法形式：法规多、规章少

数据已成为国家高度重视的基础性战略资源，从 2015 年到 2023 年，中共中央、国务院相继发布了《促进大数据发展行动纲要》、《政务信息系统整合共享实施方案》、《关于促进平台经济规范健康发展的指导意见》、《关于构建更加完善的要素市场化配置体制机制的意见》（以下简称《意见》）、《关于构建数据基础制度更好发挥数据要素作用的意见》（以下简称《数据二十条》）和《数字中国建设整体布局规划》等政策文件。其中，《意见》将数据确立为一种新型生产要素，纳入可交换范畴，以加快培育数据要素市场；《数据二十条》则从中央层面构建数据产权制度，为推动我国经济社会数字化转型提供有力支撑。

上述行动纲要、实施方案和指导意见等主要用于指引数据的发展方向，均属政策性文件。在国家政策体系日益完备的背景下，各地区积极通过立法为数字市场提供规范指引。我国数据领域地方立法的开端是 1996 年河南省政府颁布的《河南省政府系统数据通信网络远程工作站管理办法（试行）》（现已失效）。如图 1 所示，从 2016 年开始，我国数据领域地方立法的总体数量（包含地方性法规和地方政府规章）呈明显上升趋势，相关立法如雨后春笋。

我国数据领域地方立法由数据地方性法规和地方政府规章构成。以"数据"和"数字经济"为关键词，在"北大法宝"数据库中检索发现，截至 2024 年 5 月 1 日，除港澳台外，我国出台、修改或废止的数据领域地方立法文件共计 94 部，地方性法规为 46 部，地方政府规章为 48 部（见表1、表2）。其中，规章废止 4 部，法规、规章修改 20 部（见图 2）。

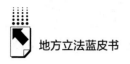
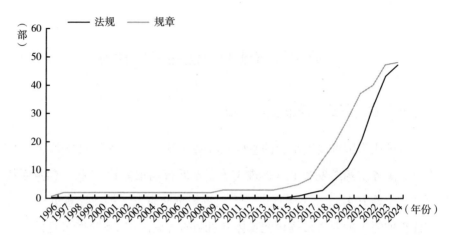

图1　中国各地区数据立法趋势

表1　中国各地区数据地方性法规概况

序号	规范名称	施行时间	效力位阶
1	《贵州省大数据发展应用促进条例》	2016.03.01	省级地方性法规
2	《贵阳市政府数据共享开放条例》(已修改)	2017.05.01	设区的市地方性法规
3	《贵阳市大数据安全管理条例》(已修改)	2018.10.01	设区的市地方性法规
4	《贵阳市健康医疗大数据应用发展条例》(已修改)	2019.01.01	设区的市地方性法规
5	《天津市促进大数据发展应用条例》	2019.01.01	省级地方性法规
6	《贵州省大数据安全保障条例》	2019.10.01	省级地方性法规
7	《海南省大数据开发应用条例》	2019.11.01	省级地方性法规
8	《山西省大数据发展应用促进条例》	2020.07.01	省级地方性法规
9	《沈阳市政务数据资源共享开放条例》	2020.10.01	设区的市地方性法规
10	《贵州省政府数据共享开放条例》	2020.12.01	省级地方性法规
11	《吉林省促进大数据发展应用条例》(已修改)	2021.01.01	省级地方性法规
12	《山西省政务数据管理与应用办法》	2021.01.01	省级地方性法规
13	《浙江省数字经济促进条例》	2021.03.01	省级地方性法规
14	《安徽省大数据发展条例》	2021.05.01	省级地方性法规
15	《贵阳市政府数据共享开放条例》(2021年修正)	2021.06.07	设区的市地方性法规
16	《贵阳市健康医疗大数据应用发展条例》(2021年修正)	2021.06.07	设区的市地方性法规
17	《贵阳市大数据安全管理条例》(2021年修正)	2021.06.07	设区的市地方性法规
18	《广东省数字经济促进条例》	2021.09.01	省级地方性法规
19	《深圳经济特区数据条例》	2022.01.01	经济特区法规

续表

序号	规范名称	施行时间	效力位阶
20	《山东省大数据发展促进条例》	2022.01.01	省级地方性法规
21	《上海市数据条例》	2022.01.01	省级地方性法规
22	《福建省大数据发展条例》	2022.02.01	省级地方性法规
23	《浙江省公共数据条例》	2022.03.01	省级地方性法规
24	《河南省数字经济促进条例》	2022.03.01	省级地方性法规
25	《广州市数字经济促进条例》	2022.06.01	设区的市地方性法规
26	《重庆市数据条例》	2022.07.01	省级地方性法规
27	《河北省数字经济促进条例》	2022.07.01	省级地方性法规
28	《黑龙江省促进大数据发展应用条例》	2022.07.01	省级地方性法规
29	《江苏省数字经济促进条例》	2022.08.01	省级地方性法规
30	《辽宁省大数据发展条例》	2022.08.01	省级地方性法规
31	《深圳经济特区数字经济产业促进条例》	2022.11.01	经济特区法规
32	《陕西省大数据条例》	2023.01.01	省级地方性法规
33	《广西壮族自治区大数据发展条例》	2023.01.01	省级地方性法规
34	《四川省数据条例》	2023.01.01	省级地方性法规
35	《北京市数字经济促进条例》	2023.01.01	省级地方性法规
36	《南昌市数字经济促进条例》	2023.01.01	设区的市地方性法规
37	《山西省数字经济促进条例》	2023.01.01	省级地方性法规
38	《苏州市数据条例》	2023.03.01	设区的市地方性法规
39	《抚顺市政务数据资源共享开放条例》	2023.03.01	设区的市地方性法规
40	《厦门经济特区数据条例》	2023.03.01	经济特区法规
41	《汕头经济特区数字经济促进条例》	2023.10.01	经济特区法规
42	《石家庄市数字经济促进条例》	2023.12.31	设区的市地方性法规
43	《吉林省大数据条例》(2023年修订)	2024.01.01	省级地方性法规
44	《江西省数据应用条例》	2024.03.01	省级地方性法规
45	《太原市大数据发展促进条例》	2024.03.01	设区的市地方性法规
46	《沈阳市数字经济促进条例》	2024.05.01	设区的市地方性法规

表2　中国各地区数据地方政府规章概况

序号	规范名称	施行时间
1	《河南省政府系统数据通信网络远程工作站管理办法》(已失效)	1996.09.02
2	《广东省对外贸易实施电子数据交换(EDI)暂行规定》(已失效)	1997.01.01
3	《浙江省地理空间数据交换和共享管理办法》	2010.07.01

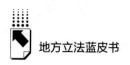

续表

序号	规范名称	施行时间
4	《青海省地理空间数据交换和共享管理办法》	2015.12.01
5	《福建省政务数据管理办法》	2016.10.15
6	《湖南省地理空间数据管理办法》	2017.04.01
7	《浙江省公共数据和电子政务管理办法》(已失效)	2017.05.01
8	《贵阳市政府数据资源管理办法》(已修改)	2018.01.01
9	《江西省地理信息数据管理办法》	2018.03.01
10	《贵阳市政府数据共享开放实施办法》(已修改)	2018.03.01
11	《成都市公共数据管理应用规定》	2018.07.01
12	《贵阳市政府数据共享开放考核暂行办法》(已修改)	2018.09.01
13	《宁夏回族自治区政务数据资源共享管理办法》	2018.11.01
14	《上海市公共数据和一网通办管理办法》	2018.11.01
15	《海南省大数据管理局管理暂行办法》	2019.05.21
16	《贵阳市政府数据资源管理办法》(2019年修改)	2019.07.15
17	《贵阳市政府数据共享开放实施办法》(2019年修改)	2019.07.15
18	《重庆市政务数据资源管理暂行办法》	2019.07.31
19	《南京市政务数据管理暂行办法》	2019.09.20
20	《上海市公共数据开放暂行办法》	2019.10.01
21	《辽宁省政务数据资源共享管理办法》	2020.01.01
22	《山西省政务数据资产管理试行办法》	2020.01.01
23	《山东省电子政务和政务数据管理办法》	2020.02.01
24	《无锡市公共数据管理办法》	2020.05.01
25	《中山市政务数据管理办法》	2020.06.15
26	《浙江省公共数据开放与安全管理暂行办法》	2020.08.01
27	《青海省地理空间数据交换和共享管理办法》(2020年修改,现已失效)	2020.06.12
28	《济南市公共数据管理办法》	2020.11.01
29	《贵阳市政府数据共享开放实施办法》(2020年修改)	2021.02.01
30	《贵阳市政府数据资源管理办法》(2020年修改)	2021.02.01
31	《贵阳市政府数据共享开放考核暂行办法》(2020年修改)	2021.02.01
32	《安徽省政务数据资源管理办法》	2021.03.01
33	《湖北省政务数据资源应用与管理办法》	2021.04.01
34	《贵阳市政府数据共享开放考核暂行办法》(2021年修改)	2021.07.23
35	《贵阳市政府数据共享开放实施办法》(2021年修改)	2021.07.23
36	《武汉市公共数据资源管理办法》	2021.11.15
37	《广东省公共数据管理办法》	2021.11.25

序号	规范名称	施行时间
38	《江苏省公共数据管理办法》	2022.02.01
39	《江西省公共数据管理办法》	2022.03.01
40	《山东省公共数据开放办法》	2022.04.01
41	《河北省政务数据共享应用管理办法》	2023.01.01
42	《贵阳市政府数据资源管理办法》(2022 修改)	2023.02.01
43	《贵阳市政府数据共享开放考核暂行办法》(2022 修改)	2023.02.01
44	《滨州市公共数据管理办法》	2023.03.01
45	《湖北省数字经济促进办法》	2023.07.01
46	《江门市公共数据共享和开放利用管理办法》	2023.08.15
47	《济南市公共数据授权运营办法》	2023.12.01
48	《青岛市公共数据管理办法》	2024.02.01

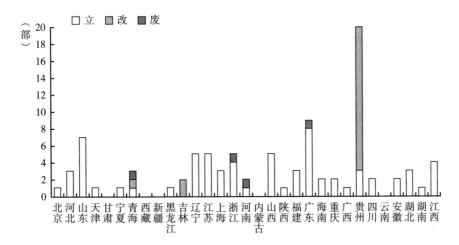

图 2　中国各地区数据立法活动频次

资料来源：北大法宝数据库，https://www.pkulaw.com/law? isFromV5＝1，最后访问日期：2024 年 5 月 1 日。注：本报告数据不包括中国港澳台地区的数据。

从立法主题上看，我国地方数据立法主要可划分为四种类型。一是综合型数据立法，如《上海市数据条例》《重庆市数据条例》《陕西省大数据条例》等。二是重点领域数据立法，如《贵阳市健康医疗大数据应用发展条

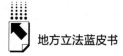

例》《湖南省地理空间数据管理办法》《山东省电子政务和政务数据管理办法》等。三是数据安全保障立法，如《贵州省大数据安全保障条例》《贵阳市大数据安全管理条例》等。四是数字经济促进型立法，包括直接以"数字经济"为题的立法，如《浙江省数字经济促进条例》《广东省数字经济促进条例》《河南省数字经济促进条例》等，以及间接促进大数据发展和应用的立法，如《贵州省大数据发展应用促进条例》《天津市促进大数据发展应用条例》《山西省大数据发展应用促进条例》等。

综合型数据立法、重点领域数据立法以及数据安全保障立法均是对作为数字经济重要资源的数据要素所作的特别保护和规制。由于本报告的研究主题为"数字经济地方立法"，故仅以我国各地区出台的数字经济促进条例或办法为分析样本，即"直接的"数字经济促进型立法。国内首部数字经济地方性法规——《浙江省数字经济促进条例》于 2021 年 3 月 1 日起正式实施，拉开了全国数字经济地方立法的序幕。以"数字经济"为关键词，在"北大法宝"数据库检索发现，截至 2024 年 5 月 1 日，各地区（不含港澳台地区）出台的数字经济地方性法规和地方政府规章数量共计 14 部。其中，省级地方性法规有 7 部，经济特区法规有 2 部，设区的市地方性法规有 4 部，地方政府规章有 1 部（见表 3）。此外，湖南、黑龙江、内蒙古等地已将数字经济立法纳入其立法计划。如图 3 所示，从 2021 年到 2024 年，我国各地区数字经济立法活动数量呈现稳步上升趋势。14 部地方数字经济法规和规章均在近三年内施行，其中有 2 部于 2021 年施行，有 5 部于 2022 年施行，有 6 部于 2023 年施行，有 1 部于 2024 年施行。

表 3 中国各地区"数字经济促进规范"概况

序号	规范名称	施行时间	效力位阶
1	《浙江省数字经济促进条例》	2021.03.01	省级地方性法规
2	《广东省数字经济促进条例》	2021.09.01	省级地方性法规
3	《河南省数字经济促进条例》	2022.03.01	省级地方性法规

续表

序号	规范名称	施行时间	效力位阶
4	《广州市数字经济促进条例》	2022.06.01	设区的市地方性法规
5	《河北省数字经济促进条例》	2022.07.01	省级地方性法规
6	《江苏省数字经济促进条例》	2022.08.01	省级地方性法规
7	《深圳经济特区数字经济产业促进条例》	2022.11.01	经济特区法规
8	《北京市数字经济促进条例》	2023.01.01	省级地方性法规
9	《南昌市数字经济促进条例》	2023.01.01	设区的市地方性法规
10	《山西省数字经济促进条例》	2023.01.01	省级地方性法规
11	《湖北省数字经济促进办法》	2023.07.01	地方政府规章
12	《汕头经济特区数字经济促进条例》	2023.10.01	经济特区法规
13	《石家庄市数字经济促进条例》	2023.12.31	设区的市地方性法规
14	《沈阳市数字经济促进条例》	2024.05.01	设区的市地方性法规

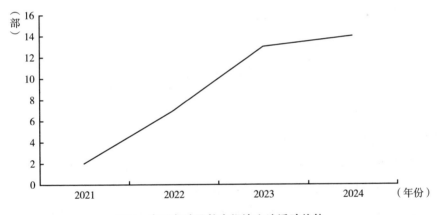

图3　中国各地区数字经济立法活动趋势

从立法形式上看，我国各地区数字经济地方性法规的数量远远多于地方政府规章，约93%的地方数字经济立法由地方立法机关主导。通常情况下，地方性法规侧重于先行性，而地方政府规章立足于执行性。数字经济属于新兴领域，没有成熟的经验做法可循，地方更愿意通过立法以引导、提倡的手段予以规范，鼓励"先行先试"。此外，根据《中华人民共和国立法法》第89条规定，地方性法规的效力位阶高于本级及以下的地方政府规章。地方性法规大多用于调整本行政区域内具有根本性、全局性的重大事项，地方政

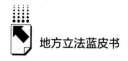

府规章则用于调整涉及具体行政管理的事项，地方性法规的效力位阶彰显了各地对推动数字经济法治建设的重视程度。

（二）立法内容：促进型立法居多

根据规范体系与规范性质的不同，我国地方立法可划分为促进型立法与管理型立法（也称为禁限型立法）两种。[①] 前者是一种事先性规范，旨在发挥立法的引导功能，条文往往较为抽象，具体性和确定性不足；后者属于事后调整性规范，旨在发挥立法的管制功能，大多直接规定各主体的权利和义务。当前，国家层面统一的数字经济专门立法尚未出台，在"无法可依"的情况下，各地区以促进型立法的方式鼓励数字创新、推动经济发展，而非加强管控。例如，《广东省数字经济促进条例》以"促进性先立、限制性慎立、新兴性缓立"为主要立法思路。名称是法律规范的形式要件，可以反映出法规的规范事项、效力范围和类别。[②] 从立法名称上看，当前 14 部数字经济地方立法均以"XX 促进条例（办法）"命名，其中仅存在"数字经济"与"数字经济产业"之分。从立法内容上看，数字经济促进型立法主要有三个显著表现。一是立法文本多采用倡导性表达方式。例如《浙江省数字经济促进条例》多次使用"推进""促进""鼓励""引导""激励"等法律术语。二是立法文本较少规定法律责任，当前仅有《浙江省数字经济促进条例》和《河南省数字经济促进条例》设专章规定违反条例时所需遵循的法律责任，且强制性条款相对较少，实行的是一种包括民事责任、行政责任、刑事责任等在内的综合责任机制。[③] 三是促进型立法旨在激活社会治理能力，常通过鼓励社会参与来实现法律调控目标。例如《北京市数字经济促进条例》第 50 条规定要"建立完善政府、企业、行业组织和社会公

① 参见刘振刚《地方立法理念与方法的若干思考》，《行政法学研究》2013 年第 4 期，第 63 页。
② 参见蒋云飞《数字经济地方立法：进展、特点与展望》，《人大研究》2023 年第 8 期，第 33 页。
③ 参见郑曙光《地方立法中促进型立法探析——以浙江地方立法实践为分析视角》，《宁波大学学报》（人文科学版）2019 年第 1 期，第 118 页。

众多方参与、有效协同的数字经济治理新格局，以及协调统一的数字经济治理框架和规则体系，推动健全跨部门、跨地区的协同监管机制"。

（三）立法分布：区域发展不均衡

当前，我国共有 14 个地方完成数字经济立法。从区域分布看，现行数字经济地方性法规及地方政府规章主要分布于东部、中部和东北部地区，西部地区暂无省市出台数字经济规范。具体而言，东部地区（北京市、河北省、河北省石家庄市、江苏省、浙江省、广东省、广东省广州市、广东省深圳经济特区、广东省汕头市）有 9 部，占比 64.3%；中部地区（山西省、江西省南昌市、河南省、湖北省）有 4 部，占比 28.6%；东北地区（辽宁省沈阳市）有 1 部，占比 7.1%（如图 4 所示）。总体来看，我国数字经济地方立法呈区域分布不平衡的态势。数字经济地方立法和各地经济发展水平之间存在正相关关系，我国东部和中部地区的数字经济较为发达，立法需求更加迫切。在此背景下，我国应加大对西部地区数字基础设施建设的支持力度，加强西部与东部地区的数据产业合作与资源对接，推动西部地区数字经济立法，促进数字经济区域协调发展。

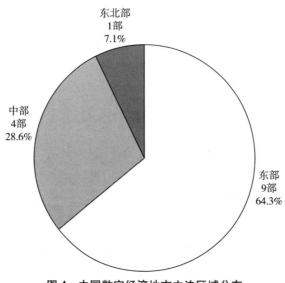

图 4　中国数字经济地方立法区域分布

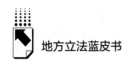
二　数字经济地方立法的主要特色

从现有 14 部"数字经济促进规范"来看，我国数字经济地方立法具有包容审慎监管、发展与安全并重等显著特征。

（一）引入包容审慎的监管机制

国家发展改革委、中央网信办于 2019 年发布的《国家数字经济创新发展试验区实施方案》提出，在数字化转型走在全国前列的部分地区开展数字经济创新治理与发展的试验。[①] 数字经济是一种新经济业态，具有试验性，在探索过程中难免出现失误和过错。为打消顾虑，鼓励数字经济发展创新，浙江、广东、河南、广州、江苏、深圳、北京、湖北、南昌、汕头、石家庄、沈阳 12 个地区出台的"数字经济促进规范"引入了容错免责机制，明确坚持包容审慎的监管原则。

浙江、广东、河南、深圳、湖北和沈阳等对"包容审慎监管"作了原则性规定。例如，《河南省数字经济促进条例》第 3 条规定："发展数字经济应当遵循统筹规划、市场主导、创新引领、共建共享、包容审慎、数据安全的原则。"广州、江苏、北京、南昌、汕头和石家庄等对"包容审慎监管"的实施范围、操作方式、适用条件等作了细化规定。例如，《广州市数字经济促进条例》第 86 条第 1 款和《石家庄市数字经济促进条例》第 59 条第 1 款均将"包容审慎监管"的适用范围厘定为"在法律法规允许的范围内"。《广州市数字经济促进条例》第 86 条第 2 款规定有关部门应统筹并依法完成本部门对数字经济领域市场轻微违法违规经营行为免予行政处罚、免予行政强制的清单制定工作；《汕头经济特区数字经济促进条例》第 39 条第 2 款提出执法"观察期"制度，即可给予具有新业态新模式的企业执

---

①　参见国家发展和改革委员会《国家数字经济创新发展试验区启动会在乌镇召开》，百家号，https://baijiahao.baidu.com/s? id=1648146436782370769&wfr=spider&for=pc，最后访问日期：2024 年 5 月 1 日。

法"观察期"，在此期间优先对相关企业采取劝导示范、警示告诫、教育提醒、行政指导、行政提示、行政约谈等柔性执法方式。《石家庄市数字经济促进条例》第 59 条规定了有关单位和个人在促进数字经济发展工作中出现失误或偏差时的五个免责条件：一是符合国家、省、市确定的改革方向；二是不违反法律、法规的禁止性、义务性规定；三是决策程序符合法律、法规规定；四是勤勉尽责、未牟取私利；五是主动挽回损失、消除不良影响或有效阻止危害结果发生。

（二）经济发展和数据安全并重

数字经济已成为促进经济社会高质量发展的重要引擎，充当了重塑全球经济结构、改变全球竞争格局的关键角色。我国各地出台的"数字经济促进规范"均明确了本地数字经济发展的战略原则、体制机制，聚焦于数字基础设施与数据资源两大基本要素，以数字产业化、产业数字化和治理数字化为发展重点，并提出了相应的治理措施与激励方式，从而构建良好的创新发展环境。数字经济既带来了发展机遇，也会给个人隐私、商业秘密、国家主权等带来安全隐患。发展是安全的目的，安全是发展的保障。如果安全问题未能得到保障，数字经济发展就是无本之木。高质量发展和高水平安全之间的统筹协调，对激发数字经济潜能至关重要。

我国国家和地方层面均高度重视数据安全、网络安全。2017 年施行的《网络安全法》是我国首部全面保障网络安全的基础性法律。2018 年以来，《电子商务法》《数据安全法》《个人信息保护法》《关键信息基础设施安全保护条例》等专门立法相继出台，进一步完善了国家层面的数据安全、网络安全监管制度体系。由于数据流通是无边界、开放的，数据安全、网络安全监管通常跨层级、跨部门、跨领域甚至跨区域，进而需由国家与地方共同推进。在此背景下，各地在推动数字经济发展的同时，纷纷结合当地实际情况建章立制，并与国家层面的法律法规衔接，切实保障本地区数据安全和网络安全。

河南、北京、石家庄、南昌 4 个地区的数字经济促进条例均设置专门

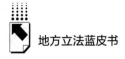

章节，规范数字经济安全，例如《北京市数字经济促进条例》第七章"数字经济安全"，《河南省数字经济促进条例》第八章"数字经济安全保障"，《石家庄市数字经济促进条例》第六章"数据资源开发利用与数字经济安全"，《南昌市数字经济促进条例》第六章"数据资源和数据安全"。其余地区出台的"数字经济促进规范"虽未设"数据安全"专章，但也包含大量安全条款。大部分"数字经济促进规范"都规定发展数字经济应当遵循数据安全原则。除了原则性规定，"数字经济促进规范"还明确了政府部门、网络运营者、互联网平台以及数据的采集人/持有人/使用人等相关组织和个人的数据安全保障责任，初步构建起包括数据分类分级保护制度、全流程数据安全管理制度、数据跨境传输安全管理制度等在内的数字经济发展安全制度体系。例如，《河南省数字经济促进条例》第67条第2款规定任何单位和个人在收集、使用、加工、存储、传输、提供、公开数据资源时应遵守数据安全、网络安全等相关法律法规及国家标准的强制性要求，不得损害国家利益、社会公共利益或他人合法权益。《江苏省数字经济促进条例》第63条规定各地区、各部门应遵循数据分类分级保护制度，第64条规定数据处理者应依法建立健全全流程数据安全管理制度。《汕头经济特区数字经济促进条例》第23条第2款规定有关部门应在数据跨境传输安全管理制度框架下，共同开展数据跨境传输安全管理和跨境通信工作。

三　数字经济地方立法存在的问题及原因

数字经济是政府大力扶持、发展势头迅猛的全新经济形态，但我国的数字经济地方立法实践并未体现出明显的前瞻性。第一部数字经济地方性法规《浙江省数字经济促进条例》出台至今不过四年，14部数字经济地方性法规和地方政府规章中，有6部是2023年开始施行。可见，我国数字经济地方立法尚处于起步阶段。

（一）数字经济地方立法存在的问题

1. 可操作性不强

可操作性不强是数字经济地方立法首要的问题。可操作性是法律条文有效施行并发挥效力的前提，不具备可操作性的法律条文或者无实质内容，或者沦为"僵尸条款"。法律规则的可操作性取决于其规范构成要件是否完整，即是否明确界定了法律关系的主体、客体和权利义务内容。当前，国家层面尚未出台统一的数字经济促进法，已实施的《网络安全法》、《数据安全法》和《个人信息保护法》等基础性法律的规定体系自身尚未健全，地方层面在数据交易制度、数据权益保护、个人信息保护等领域缺乏明确的规范指引，数字经济地方性法规和规章的具体内容整体上以倡导性条款为主，缺乏可操作性。

在 14 部数字经济地方性法规和地方政府规章中，倡导性条款占据了条文的绝大多数。这些倡导性条款在形式上具有规范意义，即均以"各级政府或主管部门应当实施某行为"的语句表达行为规范。以《浙江省数字经济促进条例》为例，该条例共九章 62 条，其中有 48 条采取了"应当"的规范表述。在这 48 条义务性规范中，第 3 条（发展数字经济应当遵循的原则）、第 18 条（数字资源管理应当遵循的原则）以及第 19 条（数字资源利用应当遵循的原则）不限定义务主体，针对所有主体具有普遍适用性；第 45 条"应当"一词的义务主体是数字经济行业协会、产业联盟和其他组织。因此，除去上述 4 条，共有 44 条专门为各级政府及其有关部门、公共机构设置了"应当"条款。然而，这些倡导性条款的规范意义仅仅停留于法律文本字面上的"应当"，绝大多数条款均缺乏关于"违法后果"的具体责任规定，不具备可操作性。在《浙江省数字经济促进条例》规定政府部门职责的 44 个条文中，只有第 16 条第 2 款具有明确对应的法律责任，[①] 其余条

---

① 《浙江省数字经济促进条例》第 60 条规定："建设单位违反本条例第十六条第二款规定，新建、扩建建设工程未按国家和省有关标准预留基站站址或者配套建设机房、管道、电力线路、电器装置、防雷、接地等通信基础设施的，由县级以上人民政府住房城乡建设主管部门责令限期改正；逾期不改正的，处五万元以上二十万元以下罚款。"

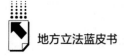

文均属于各级政府及其有关部门"应当推动物联网技术发展""应当引导和支持电子商务发展""应当推进政府数字化转型""应当加强智慧城市建设"等政策性规定，缺乏用以评价的量化标准及相应的法律责任规定。因此，现有的14部"数字经济促进规范"在名称上均为"数字经济促进条例"或"数字经济促进办法"，但本质上更接近"数字经济促进政策"，缺乏规范性和可操作性。

2. 地区分割严重，不利于形成统一数字市场

形成统一的数字市场是构建全国统一大市场的重要支撑。建设全国统一大市场是构建新发展格局、推动高质量发展的内在基础，也是形成高水平社会主义市场经济体制的必经之路。建设全国统一大市场离不开数据的充分流动，所以统一大市场的前提就是统一数据市场。只有统一数据市场，消除地方保护壁垒和"数据孤岛"，才能实现数据要素的自由流通，进而为资本、技术、劳动力、资源能源等要素的高效流动提供统一的网络条件。然而，当前的数字经济地方立法现状是地区分割现象严重，不利于形成统一的数字市场。有学者基于实证研究认为，一方面，数字经济的开放、共享、跨时空特征，打破了传统的要素单向流动情形和区域壁垒，加快了市场的统一整合；另一方面，当前我国各区域之间存在严重的数字鸿沟，中部和西部内陆地区的数字基础建设水平落后，制约了数字经济对市场整合的促进作用。[1]

数字经济地方立法的地区分割现象主要表现在下述方面。一是数字经济地方立法的盲目性。数字经济地方立法的根本目的应当是促进、规范各地数字经济和数字产业的发展，但现有14部"数字经济促进规范"几乎全部为倡导性条款，缺乏关于具体权利义务规定的实质内容，更像政策性"跟风"。"要谨防不同地方之间'相互攀比'和'盲目照抄照搬'，避免使数

① 参见赵新宇、蔡佳怡、刘星《数字经济对国内市场整合的作用——基于中国省际面板数据的实证检验》，《学术交流》2022年第7期，第94页。

字经济促进型立法成为一种新的'现象级政绩'。"① 二是数据交易和管理体系分割。统一数字市场的形成首先需要建立权威通用的数据交易和监管体系，目前因缺乏上位法规定，数字经济地方立法对数据要素的管理差异较大。以数据标准化为例，《浙江省数字经济促进条例》第 7 条规定，省标准化主管部门应当会同省经济和信息化等有关部门推进本省数字经济标准体系建设；《广东省数字经济促进条例》第 49 条规定，县级以上人民政府市场监督管理部门以及其他行政主管部门应当加强数字经济标准化工作；《山西省数字经济促进条例》第 6 条规定，省人民政府应当推动数字经济标准体系建设。三是数据确权制度缺失。在上位法规定缺失的情况下，数字经济地方立法不敢贸然对数据所有权、使用权和收益权作出明确规范，否则容易出现"合宪性"风险。地方立法的不同使各地数据交易所在确权、登记、支付和清算等方面的规则差异较大，既增加了数据交易成本，也阻碍了统一数字市场的形成。四是数据主体法律制度不完善。数字经济虽然是一种新经济业态，但仍然属于市场经济而非政府计划的范畴，其主要参与者是数据资源的所有者、控制者、处理者和使用者。因此，企业及其用户才是数字经济的主体，政府仅仅发挥宏观调控作用。现有的 14 部数字经济促进规范，全部围绕政府职责展开，对企业及其用户、互联网平台经营者的权益规定极为简略，甚至只规定义务而未确认权利。

（二）原因分析

1. 促进型立法模式下配套规定不足

数字经济代表着新的生产力发展方向，对新经济业态采用促进型而非管理型的立法模式无可厚非。总体来看，数字经济尚处于起步阶段，其蓬勃生长得益于宽松的制度环境和较低的资源成本。对于发展前景广阔的新生事物来说，采用"宜松不宜紧"的促进型立法模式是合理的。采用管理型立法

---

① 席月民：《我国需要制定统一的〈数字经济促进法〉》，《法学杂志》2022 年第 5 期，第 40 页。

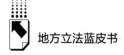

模式，往往会限制数字经济的创新，不符合国家推动数字经济发展的战略要求。促进型立法模式的根本任务是鼓励、支持和促进数字经济创新和数字产业发展，从 14 部数字经济地方性法规和地方政府规章均以"数字经济促进条例（办法）"为名可以看出这一目标导向，14 部规范也均围绕数字基础设施、数据资源、数字产业、数字治理等几大板块为地方政府设置了广泛的促进义务。

然而，促进型立法的开放包容态度并不意味着放松监管，配套规定缺失是数字经济立法可操作性不强的根源。放任数字经济自发生长，很可能破坏经济社会秩序，甚至对国家安全产生不利影响。采用促进型立法模式，旨在确定数字经济发展的重点领域、发展方向和总体框架，但这并不意味着放弃"权利-义务"和"职权-责任"的规范结构。促进型立法模式可通过相应的配套制度补足其规范性和可操作性，目前数字经济地方立法操作性不强的原因主要是关于权责主体、责任条款和量化标准的配套制度缺失。一是权责主体不明。以《浙江省数字经济促进条例》为例，"有关部门"共出现 49 次且均设定了规范性义务，但在"有关部门"指代不明的情况下很难将责任落实到位。二是责任条款缺失。如上文所述，《浙江省数字经济促进条例》共有 44 条专门为各级政府及其有关部门、公共机构设置"应当"义务规范，但条例第八章"法律责任"部分仅对第 16 条第 2 款作了明确规定。三是量化标准不清。条例中大量存在"应当统筹规划和推进公共数据平台建设""应当加强教育领域数字基础设施和数字校园建设"等宽泛的义务规定，缺乏配套的量化标准。

2. 数据要素市场顶层立法缺失

目前在数字领域只颁布了《网络安全法》《电子商务法》《数据安全法》《个人信息保护法》等国家立法，尚未出台统一的数字经济促进法律，导致地方在进行数字经济立法时"无法可依"。因此，数字经济地方立法会面临下述困境。一是数据确权难。《民法典》、《数据安全法》和《个人信息保护法》均未明确数据的产权性质和类型，地方立法更无资格规定，只能回避该问题。二是监管协调难。2023 年 10 月 25 日国家数据局揭牌运行，各省份目前均已完成机构组建，上下联动、横向协同的数据工作体系基本形成，改变了以往公安、网信、市场监管等多部门"条块监管"的局面。数据局的成立将加快统一监管体系的建立，但目前尚处于起步阶段，后续仍需出台国家层面的监管规范，厘清各相关部门的职责，避免权限交叉。三是数据共享难。数据市场的准入与退出规则、交易规则不一致，缺乏统一标准的数据平台，各地区倾向于保护本地数据，从而助推了"数据孤岛"效应。以数字经济地方立法的形式保护本地数据安全与企业利益，是一种"数据保护主义的法治化倾向"，这种倾向会严重阻碍数据要素的市场化配置，阻碍统一数字市场的形成。[①] 四是立法创新难。缺乏上位法规定，各地的数字经济地方立法难以在权益保护层面作出有效的细化规定，只能以促进型立法模式为政府部门设置政策性倡导责任，在一定程度上导致各地的数字经济立法内容雷同，缺乏实质创新。

四 完善数字经济地方立法的建议措施

（一）完善可执行的配套措施规定

数字经济地方立法以促进型立法模式为主，倡导性、政策性条款偏多，若要增强其规范性和可操作性，至少应在下述三方面补充完善可执行的配套规定。一是具体措施。制定促进型立法时，要对配套文件、技术规范、有关标准进行通盘考量、同步谋划。虽然促进型立法模式无法避免鼓励性、模糊性词语，但可以将倡导性条款简化处理或原则化提炼，同时出台细化措施予以配套。要打好促进型立法和配套规范性文件的"组合拳"，二者相互补充。例如，《浙江省数字经济促进条例》第 21 条第 2 款规定，"鼓励企业、社会组织等单位和个人通过省、设区的市公共数据平台，对外提供各类数据

---

① 参见胡光志、苟学珍《数字经济的地方法治试验：理论阐释与实践路径》，《重庆大学学报》（社会科学版）2022 年第 6 期，第 226 页。

服务或者数据产品"。对于此类"鼓励"条款，应当进一步分行业、分领域出台地方政府规章或行政规范性文件，明确责任主体和具体鼓励方式，避免其成为"僵尸条款"或空洞口号。二是量化指标。对于一些宽泛的政策性条款，要通过量化指标的方式将"应当"的规范性落实到位。《浙江省数字经济促进条例》第 40 第 2 款规定，"县级以上人民政府应当加强乡村数字基础设施建设"。数字基础设施的范围和发展程度是可以量化评价的，对于地方立法中的此类条款，应制定详细的量化指标将其纳入政绩考量范围，激励相关政府部门能动履职。三是责任规定。现有的 14 部数字经济促进规范中关于职权和责任的规定严重不匹配，《浙江省数字经济促进条例》单列一章规定"法律责任"，但只有 3 个条款；多数地区如广东、山西、沈阳、南昌等的数字经济促进条例中直接未单章规定"法律责任"，而是笼统概述。①责任条款的缺失，大大削弱了地方立法的规范性，促进型立法成为政策文件。为压实各级政府部门推动数字经济发展、保护公民和企业数据权益的责任，需要对相关主体的责任作出"菜单式"详细规定，使职权和责任具体对应，做到有权必有责。

（二）制定统一的数字经济促进法

为打破各地区立法分割的局面，促进形成统一的数字市场，从而推动全国统一大市场建设，应当在国家层面制定统一的数字经济促进法。数字经济的快速发展对经济立法的体系化提出了客观要求，统一的数字经济促进法有助于矫正当前"地方主导"的数字经济促进立法中可能出现的异化行为，在"国家主导"立法中理顺数字经济产业促进关系，为数字经济多元治理与产业促进提供可预期、系统性的制度保障。② 制定统一的数字经济促进法

---

① 例如，《广东省数字经济促进条例》第 71 条规定："各级人民政府及有关部门在数字经济促进工作中不依法履行职责的，依照法律、法规追究责任，对直接负责的主管人员和其他直接责任人员依法给予处分。"

② 参见席月民《我国需要制定统一的〈数字经济促进法〉》，《法学杂志》2022 年第 5 期，第 48 页。

应着重把握以下三点。

一是统一数据治理体系。建立健全统一的数据治理体系，科学划分数据管理相关部门的职责，是制定数字经济促进法的首要任务。首先，国家层面的数字经济促进法应摒弃各地广泛采用的促进型立法模式，减少不必要的、操作性不强的倡导性条款，突出国家立法的规范性。其次，要以数据管理相关部门的职权边界、数字产业发展的具体措施、数字经济主体的法律责任为核心内容，为地方的数字经济立法提供统一指引。再次，应完善数字统一市场建设，以"市场准入负面清单"促进数据要素自由流动、有序竞争，加强反垄断和公平竞争审查，防止数据资源配置中的"地方保护主义"现象。最后，应推动国家数据标准化建设，提高数据标准的供给能力，制定数据领域的国家和行业标准，打破各地各部门之间的"数据孤岛"，提高数据资源利用效率。

二是强化个人数据权益保护。保障个人数据权益是数字经济立法的根本价值目标，但当前各地的数字经济促进规范侧重于数据管理和数字基础设施建设，忽视了数据权益保护问题。数据的流动属性和无形特征使得传统民法或知识产权法体系难以对其进行恰当定位和保护，地方立法更无力回应这一难题。统一的数字经济促进法必须在国家层面实现数据确权，建构完整的数据权利保护机制，探索完善公共数据、企业数据、个人数据的分类分级保护和利用制度。为确保法律体系和规则秩序的统一性，数字经济促进法的制定必须与《民法典》《数据安全法》《电子商务法》《网络安全法》《个人信息保护法》等法律有效衔接，形成数据权益保护、个人信息保护和数据安全保护的完整的规则体系。

三是健全数据平台权力规制。数字经济在很大程度上可以说是平台经济，数据平台的法律规制是数字经济立法的重要内容。数据只有在流通过程中才会产生价值，而数据流通过程具有聚集倾向，这导致大型数据平台迅速崛起。数据流通的"极化"使得数据平台掌握了数据资源的真正支配权，这些数据流通领域的"利维坦"有自己的权力结构和行为规范，并非一般的私权利主体，而更类似于公权力主体，或者说是一种"介于民商事主体

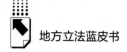

与国家之间的私权力主体"。① 一方面，数据平台具有更专业的数据记录和处理能力，使得海量数据向其流动、汇聚。它们不断推动社会生活的"数字化"，并逐渐渗透到人们衣食住行的方方面面。例如，"阿里巴巴拥有中国电子商务市场近 60% 的份额；腾讯微信活跃用户规模超 10 亿"。② 数据平台控制着数据流通或其所呈现的内容，其掌握的数据在一定程度上已超过政府所掌握的数据，此种独特的优势使其获得了"数据权力"。另一方面，数据平台分享着原先由国家垄断的立法权、执法权、司法权等权力，通过制定规则、实施规则、裁决纠纷等主导着数据流通领域的规制，行使着"准立法权""准执法权""准司法权"。③ 在缺乏公共机构协调的情况下，这会导致数据平台权力的扩张与用户个人权利的限缩，挑战了传统以权利对抗权力的法律构造。④ 因此，统一的数字经济促进法要加强对平台数据权力的规范。

① 龚向和、宋凡：《网络平台对数据人格权的尊重义务》，《南京社会科学》2023 年第 6 期，第 84 页。
② 杨学科：《数字私权力：宪法内涵、宪法挑战和宪制应对方略》，《湖湘论坛》2021 年第 2 期，第 90 页。
③ 例如，《微博社区公约》第 2 条规定："微博用户应严格遵守本公约的规定。对于尚未注册成为微博用户的访客，站方亦有权参照本公约规定对其在微博平台的有关活动进行管理"；第 15 条规定："违规处理包括：内容处理和账号处理。内容处理包括但不限于：删除、屏蔽、禁止被转发、禁止被评论、限制展示、标注等。账号处理包括但不限于：禁止发布微博和评论、禁止被关注、禁止修改账号信息，限制访问直至关闭、注销账号等。"参见北京微梦创科网络技术有限公司《微博社区公约》，https：//service. account. weibo. com/h5/roles/gongyue? ua = vivoV1836A __ weibo __ 12. 7. 3 __ android __ android10&aid = 01A_QbpgAlkSEpFWCwIYNAULoleXP6Jude5jG8DXIDN-7cgFY. &from = 12. 7. 3&lang = zh_CN，最后访问日期：2024 年 5 月 1 日。此外，《微博投诉操作细则》第 5 条规定："完成真实身份验证的用户，可通过微博提供的投诉功能对违规行为进行投诉。"参见北京微梦创科网络技术有限公司《微博投诉操作细则》，http：//m. niulawyer. net/nd. jsp? id = 321，最后访问日期：2024 年 5 月 1 日。
④ 虽然我国《个人信息保护法》第 58 条对超大型互联网平台的规则制定行为进行了规定，要求其应符合"公开、公平、公正"的原则，但此类模糊的原则性规定难以有效约束平台的规则制定权，依旧未能给第三方的参与留下空间，甚至使得平台的"数据权力"得到进一步加强。参见解正山《约束数字守门人：超大型数字平台加重义务研究》，《比较法研究》2023 年第 4 期，第 177 页。

参考文献

胡光志、苟学珍：《数字经济的地方法治试验：理论阐释与实践路径》，《重庆大学学报》（社会科学版）2022 年第 6 期。

蒋云飞：《数字经济地方立法：进展、特点与展望》，《人大研究》2023 年第8 期。

刘小妹：《数字经济立法的内在逻辑和基本模式》，《华东政法大学学报》2023 年第 4 期。

莫纪宏：《数字法治困境与数字法学回应》，《华东政法大学学报》2023 年第 5 期。

席月民：《我国需要制定统一的〈数字经济促进法〉》，《法学杂志》2022 年第 5 期。

B.6
数据跨境地方立法状况*

赵梦帆**

摘　要： 数据跨境地方立法是我国数据跨境规则体系中不可或缺的内容之一。我国数据跨境活动监管目前集中于中央立法实践的讨论，对地方立法的关注度不足。对我国当前数据跨境地方立法的整体布局与试点实践进行整理分析，总结出我国数据跨境地方立法存在尚未形成明确成果、缺乏明确方向、立法可执行性有待提升、数据治理创新程度不足等问题。针对以上问题，需要鼓励各自贸区大胆结合当地特色与实际情况以明确其立法目标、方向，将部分原则性规定转化为具体权利义务规范以提升立法可执行性，发挥企业在数据治理、数据监管等方面的主观能动性以实现多元主体共同参与数据治理，切实发挥数据跨境地方立法对于保障数据安全有序流动的重要作用。

关键词： 数据跨境　地方立法　立法试点　数据流动

一　数据跨境地方立法背景

（一）现实状况

信息技术深度融入经济发展引发数字经济的新热潮，数据也随即成为国家基础性战略资源。作为数据全生命周期环节之一的数据跨境活动，既影响

---

* 本报告为 2024 年西南政法大学科研创新项目"平台参与社会治理的组织化研究"（2024XZXS-059）的阶段性成果。

** 赵梦帆，西南政法大学网络空间治理研究院研究助理，研究方向为数字法学。

个人信息权益，又关系国家安全和社会公共利益。2022年12月19日，中共中央、国务院印发的《关于构建数据基础制度更好发挥数据要素作用的意见》明确指出要坚持促进数据合规高效流通使用、赋能实体经济这一主线，鼓励国内外企业及组织依法依规开展数据跨境流动业务合作，激活数据要素潜能，做强做优做大数字经济。放眼世界，数据跨境流动制度的全球博弈明显加强，已逐渐成为主要国家维护国家主权、网络安全与争夺竞争优势的主要手段。全球大背景下我国数据跨境规则的实施与完善也关系到本国在国际数字贸易中的合法权益保障。其一，化解数据跨境流动中的安全风险、切实维护国家主权等问题不容忽视。其二，数据流动程度越高越能帮助我国企业融入全球数字贸易供应链，进而提升我国在国际环境中的话语权与影响力。基于作为生产要素之一的数据在国家利益、社会利益与公民个人利益中表现出的重要性，2024年"解决数据跨境流动问题"首次被写进政府工作报告。如何积极参与数据跨境流动治理，制定并实施本国数据跨境流动安全管理政策已成为当下的迫切议题之一。

（二）国家立法实践

习近平总书记指出，完善网络法律法规，必须强化立法统筹。完善网络法律法规，必须强化体系建设。[①] 为了迎合数字经济发展需求，我国从现实发展情况出发对数据跨境安全管理作出进一步探索，逐步建立起国家立法层面以法律、行政法规、部门规章为整体的数据跨境规则体系。《国家安全法》（2015年）提出建设网络与信息安全保障体系以维护国家网络空间主权、安全和发展利益。《网络安全法》（2016年）对关系国家安全的关键信息基础设施运营者的数据跨境传输问题予以回应。《个人信息保护法》（2021年）针对不同主体设定个人信息跨境流动制度。其中第39条在法律层面对个人信息的跨境活动规定了更加明确、具体且严格的告知同意要求；第55条要求个人信息

---

① 中央网络安全和信息化委员会办公室：《习近平总书记关于网络强国的重要思想概论》，人民出版社，2023，第138页。

处理者出境前需完成个人信息保护影响评估。《数据出境安全评估办法》（2022 年）整合贯通《网络安全法》、《数据安全法》及《个人信息保护法》等法律法规与国家标准中关于数据出境安全评估的要求。《网络安全标准实践指南—个人信息跨境处理活动安全认证规范》（2022 年）、《个人信息出境标准合同办法》（2023 年）等配套文件相继出台，为相关处理者履行合规义务提供具体指引。《促进和规范数据跨境流动规定》（2024 年）对数据出境安全评估、个人信息出境标准合同、个人信息保护认证等数据出境制度施行予以调整，以期保障数据安全、维护个人信息权益、促进数据有序自由流动。

以国家立法为切入点足以窥见我国对数据跨境流动采用分层分类管理的治理理念。具体而言，以数据类型为标准，我国对个人信息、重要数据、其他数据的合规管控采取了出境前与出境后监管并重的规定；以主体为标准，个人信息处理者应当承担的安全保护义务又分主体类型述之。一般个人信息处理者在开展个人信息跨境活动前应当单独告知个人并获得同意、进行个人信息保护影响评估，另外在个人信息出境前应当在数据出境安全评估、个人信息保护认证、以标准合同为基础订立合同以及法律、行政法规或国家网信部门规定的其他条件等四条合规路径中选择其一履行义务；关键信息基础设施运营者等特殊个人信息处理者向境外提供个人信息应当进行数据出境安全评估。综上，我国在国家立法实践中确定了数据出境安全评估、个人信息保护认证、以标准合同为基础订立合同、个人信息保护影响评估、告知信息主体并取得其单独同意等制度。我国数据跨境法律法规体系的建立，在国家层面有助于捍卫国际贸易中的国家利益，在社会层面有助于各类企业明确合规义务进而保障数据市场有序运行，在个人层面有助于个人信息权益的保障。2023 年 8 月 21 日，在国务院以"加快发展数字经济，促进数字技术与实体经济深度融合"为主题的第三次专题学习中，国务院总理李强明确提出"探索构建跨境数据管理新模式"。① 制度落地实施仍需进一步细化，据此《国务院

---

① 《李强主持国务院第三次专题学习》，新华网，https：//www. news. cn/politics/2023-08/21/c _ 1129815110. htm，最后访问日期：2025 年 3 月 5 日。

关于进一步优化外商投资环境加大吸引外商投资力度的意见》（2023 年）提出，支持北京、天津、上海、粤港澳大湾区等地在实施数据出境安全评估、个人信息保护认证、个人信息出境标准合同备案等制度的过程中，试点探索形成可自由流动的一般数据清单，建设服务平台，提供数据跨境流动合规服务。

二　数据跨境地方立法现状

当前，我国数据跨境流动管理的顶层制度设计基本形成，各地正在积极探索数据跨境体制机制创新。地方试点作为法律政策落地实施的先行者，在服务国家战略大局的同时，通过立法实践不断完善我国数据跨境规则，有助于提升规则科学性。本报告收集选取中国大陆 31 个省、自治区、直辖市的地方性法规，以"数据跨境""跨境数据""数据出境"为全文关键词在北大法宝上检索，检索结果包括地方性法规 28 部、地方政府规章 3 部、地方规范性文件 127 部。[①] 其中地方性法规包括 17 部省级地方性法规（含 1 部已修改的经济特区法规）、4 部设区的市地方性法规、7 部经济法规。本报告对数据跨境地方立法全局梳理后，选取北京、上海、天津三地已经展开的数据跨境地方立法实践加以分析，以期对其他地区逐步开展数据跨境立法活动发挥指引作用。

（一）数据跨境地方立法总览

图 1 显示了有关数据跨境的地方性法规的时间分布情况。最早有关数据跨境的地方立法是 2020 年公布的经济特区法规《深圳经济特区前海蛇口自由贸易试验片区条例》。2021 年《个人信息保护法》颁布实施以及 2022 年印发《关于构建数据基础制度更好发挥数据要素作用的意见》后，各地纷纷加快落实数据跨境规则的步伐，2022 年颁布 13 部涉及数据跨境的地方性

---

① 本报告数据检索日期截至 2024 年 7 月 10 日，本报告图表数据系作者通过北大法宝等数据库检索整理而成。

法规。与此同时，设区的市地方性法规和经济特区法规也开始对数据跨境规则有所关照，生动体现我国数据跨境规则统一立法与试点探索并行的实践模式。17 部省级地方性法规具体情况如表 1 所示。

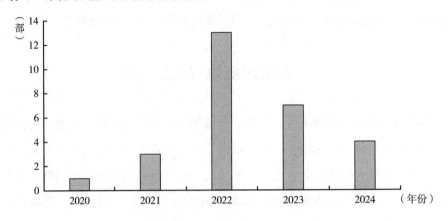

图 1　数据跨境地方立法时间分布

表 1　涉及数据跨境的省级地方性法规

序号	法规名称	施行时间
1	《上海市数据条例》	2022 年 1 月 1 日
2	《湖南省网络安全和信息化条例》	2022 年 1 月 1 日
3	《中国(上海)自由贸易试验区临港新片区条例》	2022 年 3 月 1 日
4	《中国(北京)自由贸易试验区条例》	2022 年 5 月 1 日
5	《中国(浙江)自由贸易试验区条例(2022 修订)》	2022 年 5 月 1 日
6	《北京市人民代表大会常务委员会关于促进国家服务业扩大开放综合示范区建设的决定》	2022 年 5 月 25 日
7	《重庆市数据条例》	2022 年 7 月 1 日
8	《江苏省数字经济促进条例》	2022 年 8 月 1 日
9	《上海市促进虹桥国际中央商务区发展条例》	2022 年 11 月 1 日
10	《北京市数字经济促进条例》	2023 年 1 月 1 日
11	《广西壮族自治区大数据发展条例》	2023 年 1 月 1 日
12	《横琴粤澳深度合作区发展促进条例》	2023 年 3 月 1 日
13	《吉林省大数据条例(2023 修订)》	2024 年 1 月 1 日
14	《上海市推进国际贸易中心建设条例(2023 修订)》	2024 年 2 月 1 日
15	《北京国际科技创新中心建设条例》	2024 年 3 月 1 日
16	《湖南省数字经济促进条例》	2024 年 7 月 1 日
17	《北京市外商投资条例》	2024 年 7 月 1 日

　　进一步使用"智分析"SmartAnalyze 文本大数据挖掘平台对 17 部涉及数据跨境的省级地方性法规进行分析,图 2 体现出当前数据跨境地方立法内容的侧重点。一方面,"安全""发展"等词语在数据跨境地方立法中的高频出现,说明当前我国数据跨境规则体系下发展与安全并重的基本原则,足见地方对数据安全有序流动的高度重视。另一方面,"合作""贸易""试验区"等词语的较高出现率彰显了我国当前数据跨境地方立法的工作重心,而试验区的率先实践也是科学立法的题中应有之义。我国数据跨境地方立法内容的侧重点受到《数据安全法》《个人信息保护法》《关键信息基础设施安全保护条例》等法律法规出台的影响。《促进和规范数据跨境流动规定》提出,自由贸易试验区在国家数据分类分级保护制度框架下可以自行制定区内需要纳入数据出境安全评估、个人信息出境标准合同、个人信息保护认证管理范围的数据清单(简称"负面清单"),经省级网络安全和信息化委员会批准后报国家网信部门、国家数据管理部门备案,按照数据所属行业领域实施数据分类分级监管。自贸区内数据处理者向境外提供负面清单之外的数据可以免予数据出境安全评估、订立个人信息出境标准合同、通过个人信息保护认证。

图 2　数据跨境省级地方性法规词频图

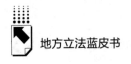
（二）数据跨境规则试点立法

北京市积极争取试验区内跨境数据流动政策创新，推动数字证书和电子签名的国际跨境互认，搭建"外网"环境，逐步实现数字服务领域的资质互认、市场相互有序开放。2020 年 9 月，北京市发布《北京市促进数字经济创新发展行动纲要（2020—2022 年）》，提出打造"数据跨境流动安全管理试点工程"。2023 年 4 月，《北京市全面优化营商环境助力企业高质量发展实施方案》提出"争取数据跨境流动先行先试改革"，以优化国际贸易发展环境。2023 年 6 月 20 日中共北京市委、北京市人民政府印发的《关于更好发挥数据要素作用进一步加快发展数字经济的实施意见》明确提出，"支持海淀区等建设北京数字贸易港，支持朝阳区建设北京商务中心区跨国企业数据流通服务中心，支持北京大兴国际机场临空经济区建设数字贸易试验区，推进数据跨境流动国际合作"。2024 年 5 月 31 日《北京市外商投资条例》公布，提出市网信部门应当会同有关部门高效开展重要数据和个人信息出境安全评估，制定一般数据清单，完善数据跨境服务中心建设。[①] 北京市依托自由贸易试验区的重大战略决策，以中日韩、东盟十国等区域的交流合作为基础，不断打开数字经济发展局面，逐步拓展与美国、欧盟等区域的数据跨境活动，逐步构建数据跨境流动规则，扩大国际合作范围。

上海自由贸易试验区临港新片区率先在智能网联汽车、金融科技、工业互联网等领域展开数据跨境试点。《国际数据产业专项规划（2023—2025）》提出要建立完善以"分类管理+存证传输"为基础的安全管理机制。通过优

[①] 《北京市外商投资条例》第 34 条："本市依法促进外商投资企业研发、生产、销售等数据跨境安全有序流动。市网信部门应当按照国家有关规定为符合条件的外商投资企业高效开展重要数据和个人信息出境安全评估提供便利。支持外商投资企业与总部数据流动。探索形成可自由流动的一般数据清单。

中国（北京）自由贸易试验区依法制定本自由贸易试验区需要纳入出境管理的重要数据清单，报国家有关部门备案；试验区内数据处理者向境外提供数据清单外数据，可以免予申报数据出境安全评估、订立个人信息出境标准合同、通过个人信息保护认证。

市网信部门应当完善数据跨境服务中心建设，为外商投资企业数据跨境流动提供合规服务。"

化自评估、事中存证传输和事后监管抽查的管理流程，不断促进数据跨境安全、自由流动，并且持续推动金融理财、工业互联网、航运物流、跨境电商、医疗等重点行业领域数据跨境安全有序流动场景化试点，进而形成数据跨境流动实践操作指引。2019年8月20日，《中国（上海）自由贸易试验区临港新片区管理办法》（下称《办法》）正式施行。作为首部涉及数据跨境流动的地方性法规，《办法》以政府规章的形式，衔接国家授权改革措施，为数据跨境活动提供法治保障。① 《办法》第35~37条对加快促进信息快捷联通作出规定。② 2022年3月1日，《中国（上海）自由贸易试验区临港片区条例》施行。该条例第六章对数据流动作出明确规定，提出数据跨境实践中加快推进国际数据港、国际互联网数据专用通道、新型互联网交换中心等新型基础设施的要求。以探索制定低风险跨境流动数据目录，提供数据跨境流动、数据合规咨询服务，搭建政企数据融合开发等公共服务平台等方式完善中国特色的数据跨境规制体系。2024年2月8日，中国（上海）自由贸易试验区临港新片区管理委员会组织制定的《中国（上海）自由贸易试验区临港新片区数据跨境流动分类分级管理办法（试行）》（下称《管理办法》）开始试行。《管理办法》对管理部门和数据处理者职责、数据跨境分类分级管理、重要数据目录管理、一般数据清单管理和违规处置等内容作出详细规定，有助于相关数据处理者高效合规地开展数据跨境流动。

2023年5月18日，天津经开区发布的数字经济产业支持政策提到，将依托天津自贸试验区联动创新示范基地，在数据合规、数据跨境流动等方面积极探索，形成数据合规、数据跨境流动的天津方案。2024年5月9日，经天津市网络安全和信息化委员会批准，报国家网信部门、国家数据管理部门备案的《中国（天津）自由贸易试验区数据出境管理清单（负面

---

① 参见王勇《我国首部涉及数据跨境流动地方法规评析》，《检察风云》2019年第22期。
② 其中第36条强调新片区聚焦集成电路、人工智能、生物医药和总部经济等关键领域，试点开展数据跨境流动的安全评估，建立数据保护能力认证、数据流通备份审查、跨境数据流通和交易风险评估等数据安全管理机制。

清单）（2024 年版）》正式公布。这是国家互联网信息办公室《促进和规范数据跨境流动规定》实施以来，首个经省级网络安全和信息化委员会批准并报国家网信部门、国家数据管理部门备案的自贸试验区数据出境管理负面清单，主要考虑因素包括落实数据分类分级管理要求、加强个人信息保护、服务企业高质量发展和规范数据出境行为。作为我国第一份自贸试验区数据出境负面清单，天津市的探索填补了我国数据跨境制度的重要板块。

三　数据跨境地方立法的优势与不足

（一）数据跨境地方立法的优势

第一，数据跨境传输的地方立法统筹兼顾数据发展和安全。在坚持总体国家安全观的前提下促进发展、鼓励数据自由有序流动，凸显地方对数据跨境流动规制的重视，同时对完善我国数据跨境流动法规规则体系具有重要意义。国家立法实践为我国数据跨境规则体系初步搭建了相关具体权利义务承担的规则框架，而规则的具体落实有待各地方立法进一步补充完善实现。

第二，有助于明确数据处理者的数据跨境活动合规义务，推进国家层面制度落地实施，进而帮助分析企业的自身数据跨境需求，明确企业数据跨境合规义务，有利于企业有效降低数据跨境活动的合规成本。由《国家安全法》领头，《网络安全法》《数据安全法》《个人信息保护法》等法律主要规定，各行政法规、部门规章细化的数据跨境规则由于落地时间较短，相关企业在数据跨境活动中存在不知如何适用的难题。数据跨境地方立法，尤其是自贸区试点立法的尝试，既帮助相关企业深入了解了国家法律法规，又解决了数据处理者开展数据处理活动的燃眉之急。

第三，有助于把握国际数据治理前沿动态，加快地方探索数据跨境制度的步伐，积极推进地方经验与国际先进规则的对接，进而提升中国在全球数据治理体系中的话语权与影响力。① 例如临港新片区方案首次提出"构建国际互联网数据专用通道",从国际视野来看,是未来国际化数字贸易发展的重要举措;从国内视野来看,体现了上海适应科技革命和产业变革趋势、提升数字治理能力的有利实践。另外,数据跨境地方立法与自贸区发展探索同时开展,不仅彰显了我国自贸区先行先试的勇气,也极大节约了我国立法活动成本,实现数字发展新形势下的综合发展。

(二)数据跨境地方立法的不足

1. 地方立法未能凸显特色

我国跨境数据流动监管和运行目前都处在探索阶段,尚无成熟的模式与路径供参考。具体表现在各地相关立法名称不一、位阶不一,立法侧重点存在明显差异。不仅如此,我国有关数据跨境流动的补充性法律文件也有待增加。从现阶段地方立法来看,各试点的数据跨境规则集中于出境场景下数据处理者的安全保护义务履行。而对数据出境后的义务履行鲜有涉及。国家立法实践中对数据处理者出境后的安全保护义务散见于各细化规则中。例如《数据出境安全评估办法》要求数据处理者出现影响出境数据安全的情形时应当重新申报评估。《个人信息出境标准合同办法》明确处理者应当监督个人信息出境活动,在出境后的个人信息产生变更等情形下,需及时开展个人信息保护影响评估工作,重新订正或补充标准合同并履行相关备案手续。且个人信息处理者应当采取适当措施保障个人信息主体要求查阅、复制出境后的个人信息的权利,无法实现的应当通知境外接收方协助实现。《网络数据安全管理条例(征求意见稿)》对数据处理者向境外提供数据应当履行的义务予以细化。如不得超出已报送评估的个人信息范围、接受处理用户投诉、个人信息出境后再转移应当承担的义务以及要求数据处理者编制数据出

---

① 参见周念利、柳春苗、于美月《优化营商环境背景下北京市数据跨境流动制度创新研究》,载黄宝印、赵忠秀主编《北京对外开放发展报告(2023)》,社会科学文献出版社,2023。

境安全报告①等。数据出境安全报告不同于数据出境安全评估报告,数据出境安全报告要求向境外提供个人信息和重要数据的数据处理者应当在每年 1 月 31 日前编制数据出境安全报告,并向设区的市级网信部门报告上一年度数据出境情况。综上,我国在设置数据或个人信息出境后的保障措施时不区分主体,以统一的"数据处理者"作为义务主体加以监管,要求其采取技术与管理措施保障数据安全。统一监管的方式现阶段可以起到节省管理成本的作用,但从长远来看似有消弭主体区分意义的可能,因此待到时机成熟时仍需分化主体监管。而地方立法在数据出境后的数据处理者安全保护义务的履行上涉及较少,一方面难以从整体上填补立法空白,形成数据跨境流动全流程监管的闭环管理,另一方面易使国家立法内容难以落地实施。

2. 立法可执行性有待提升

目前已出台的地方试点数据跨境相关立法规范呈现碎片化、模糊化、原则化的特征,数据跨境流动监管的基本制度、职能划分等内容仍是空白状态。② 以《中国(上海)自由贸易试验区临港新片区管理办法》为例,该办法以"软法规则与硬法规则相结合"的方式对数据跨境传输予以规制。较明确规定权利义务的"硬法"规则而言,"加快""加强""加大"等明显带有宣示、倡导性质的"软法"规则对数据跨境流动规则具体实施易产生不利影响。③ 此外,当前数据跨境地方立法未能充分利用各地数字贸易发展的政策,对数据安全管理机制的规定不够全面。例如上海市现行海关监管手段不能满足跨境贸易频繁性对监管精准性的新要求,需借助新一代信息技术不断完善监管手段。④ 不仅如此,数据处理者在履行合规义务时缺少自动

---

① 安全报告的内容主要包括数据接收方名称、联系方式;出境数据的类型、数量及目的;数据在境外的存放地点、存储期限、使用范围和方式;涉及向境外提供数据的用户投诉及处理情况;发生的数据安全事件及其处置情况;数据出境后再转移的情况;国家网信部门明确向境外提供数据需要报告的其他事项。

② 参见陈利强、刘羿瑶《海南自由贸易港数据跨境流动法律规制研究》,《海关与经贸研究》2021 年第 5 期。

③ 参见王勇《我国首部涉及数据跨境流动地方法规评析》,《检察风云》2019 年第 22 期。

④ 参见刘俊敏、郭杨《我国数据跨境流动规制的相关问题研究——以中国(上海)自由贸易试验区临港新片区为例》,《河北法学》2021 年第 7 期。

化技术手段，加之专业人员对相关法规掌握程度不够，且中小型数据处理者更容易缺乏有效完成自评估的条件，进而造成数据出境业务暂停或者无视合规要求开展数据出境活动的情况。[①]

3. 数据治理创新程度不足

在北京、上海、天津等地陆续开展的数据跨境监管模式探索尽管展示出地方参与数据跨境流动规则体系完善的积极性，但目前相关地方立法总体上仍呈现"监管"思维强于"治理"思维的特征。从国家立法情况来看，在我国坚持发展与安全并重的指导方针下，部分规范存在较强防御色彩的特征。例如《数据出境安全评估办法》要求境外接收方的数据保护水平不得低于我国。该规定原本旨在针对美国与欧盟设置的数据规则，但泛化到其他与我国展开交流合作的发展中国家后，将会人为地阻碍我国数据产业走出去，有悖于数据价值在流动中体现的客观规律。[②] 从地方立法来看，各地对数据跨境活动的立法探索主要围绕地方网信部门的鼓励措施和监管职责，对数据处理者等参与治理的认识程度不足，造成企业社会责任感、治理主体参与感不强的不利影响。从目前国内情况来看，具体表现为企业内部管理人员无视数据合规要求开展数据跨境活动，引发数据安全风险的情况，或是企业主动参与数据跨境立法意识较弱，致使原本实操性较强的数据跨境规则难以落地实施，或是落地实施效果欠佳。

四　数据跨境地方立法的完善

（一）突出地方立法特点

以当前我国数字经济发展实际情况为基础，在保证国家信息安全的前提

---

① 参见叶传星、闫文光《论中国数据跨境制度的现状、问题与纾困路径》，《北京航空航天大学学报》（社会科学版）2024 年第 1 期。

② 参见丁晓东《数据跨境流动的法理反思与制度重构——兼评〈数据出境安全评估办法〉》，《行政法学研究》2023 年第 1 期。

下，鼓励各自贸区大胆结合当地特色与实际情况，逐步开展具有创新性的数据信息安全评估、数据跨境流动、国际数字贸易等方面的制度设计。在形成较为成熟、适应性较强的做法以后，逐步扩大自贸区试点范围，并复制推广相关经验，逐步完善跨境数据流动的立法体系建设。其一，可以制定数据出境后监管规则，对出境后的数据进行持续性的安全监督，尤其可以重点监督数据出境方与境外接收方所约定的数据安全保护责任义务的履行情况。覆盖数据出境前后的规则将有效降低数据安全风险，保障相关主体权益。其二，根据各自贸区和地区发展侧重，制定实施配套的数据跨境规则，实现我国数据跨境地方立法实践的"多点开花"。例如北京在跨境电商、智能网联汽车、信息技术等领域开展监管探索；上海在金融、医疗研究等领域开展试点；深圳在金融、交通、健康、医疗等领域开展管理试点；重庆在金融、航空产业、贸易物流、信息通信、远程医疗等领域开展管理探索。① 各地以优势产业为导向开展数据跨境活动治理，在初步试点后尝试逐步推广成功经验，有利于为全国其他地区进一步开展数据跨境活动治理提供智识成果与实践经验，推动构建我国国家立法与地方立法相结合的体系化数据跨境规则。

（二）提升立法的可执行性

第一，以国家立法实践确定的数据出境安全保护义务为基础，北京市可以探索制定评估办法和申报指南等规范细化规则。明确企业对境外法域进行评估时所需的要点，细化评估内容、方式、程序等主要方面，并逐步将现阶段的原则性规定转化为更加详细和具体的指标体系列表；逐步实施数据跨境流动分类别管理制度，实施数据跨境流动分国家或区域的管理制度。

第二，上海临港新片区对标世界上竞争力靠前的自由贸易区，应抓住契机利用开放政策和制度创新优势参与跨境数据流动全球规则制定。这是临港新片区提升其国际化发展水平的重要环节之一。上海市可以进一步充分利用建设"国际数字经济枢纽"的战略定位，探索建立数据跨境传输、利用、

---

① 朱琳：《跨境数据流动管理的地方实践及下一步建议》，《江南论坛》2022 年第 5 期。

保护、流转等方面的规则体系，不断提升我国在国际社会的数字贸易竞争力。针对数据跨境活动中的司法数据调取问题，需结合本地区司法实践实际，进一步完善数据跨境流动的司法执行措施，方便司法人员快速读取、查找相关数据，缩短执法人员在司法程序中的调取时间。

第三，可以探索建立数据出境认定"白名单"机制，加快推进中国自贸区与世界各个国家和地区的深入合作，释放我国开展友好合作的信号。将评估结果为低风险的相关国家和地区的企业或组织纳入可自由流动的数据接收"白名单"；对评估结果为高风险的国家，加强数据审查工作，保证数据安全。针对重要数据等关切重大利益的数据类型，严格按照数据跨境流动规则予以监管。精细化构建我国数据出境安全信任体系，实现畅通数据跨境渠道的同时积极参与完善全球数字治理体系的美好愿景。

（三）多元主体共同参与数据治理

习近平总书记强调，网信工作涉及众多领域，要加强统筹协调、实施综合治理，形成强大工作合力。① 数字治理不仅是增强国内内生发展动力的必然选择，更是积极参与国际治理的有利实践。2023 年 12 月 27 日，中国信息通信研究院在"2024 中国信通院 ICT 深度观察报告会"全球数字治理分论坛上发布了《全球数字治理白皮书（2023 年）》。报告指出，尽管全球各方数据治理模式分歧长期存在，但在特定类型数据流动、隐私安全技术等领域仍有长足发展空间。因此，我国数据跨境规则体系的完善需要有提供国际数字治理中国方案的高远目光，数据跨境地方立法需要不断对接前沿国际规则。为解决数据处理者等相关企业作为治理参与者的主体性意识不强的问题，我国可以充分发挥企业在数据治理、数据安全和数据监管方面的主观能动性。盘活相关数据企业作为数字经济市场的主体地位，鼓励企业不断提高在数据治理过程中的参与感。例如考虑在自贸试验区内允许部分社会信誉良

---

① 《习近平著作选读》（第二卷），人民出版社，2023，第 148 页。

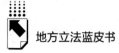
好、具备数据监管能力的企业参与更深层次的数据治理活动探索与创新。①

　　除此之外，还需要积极引导数据处理者对数据合规工作的理解从"必为"的义务转变为"愿为"的动力。这一转变需要认识到合规义务是企业在运行过程中进行风险预测的有力助手，也是企业在社会中建立良好可靠的信任体系以占领数字贸易市场的助推器动力来源。守法经营是企业必须遵守的基本原则，企业只有依法合规经营才能行稳致远。国务院国资委印发的《中央企业合规管理办法》提出要推动中央企业加强合规管理，切实防控风险，有力保障深化改革与高质量发展。各类企业都需要以对内不断完善管理制度、提升企业治理能力，对外抵御各类风险、提升企业信任度的方式将法律强制履行的合规义务转化为企业自身发展的源源动力，探寻数字经济时代高质量发展的新路径。

参考文献

丁晓东：《数据跨境流动的法理反思与制度重构——兼评〈数据出境安全评估办法〉》，《行政法学研究》2023 年第 1 期。

王勇：《我国首部涉及数据跨境流动地方法规评析》，《检察风云》2019 年第22 期。

翁国民、宋丽：《数据跨境传输的法律规制》，《浙江大学学报》（人文社会科学版）2020 年第 2 期。

张琨蓓、陈星月：《跨境数据流动法律规制协调性之检视与重塑》，《重庆社会科学》2022 年第 3 期。

朱琳：《跨境数据流动管理的地方实践及下一步建议》，《江南论坛》2022 年第5 期。

---

① 参见张兰生《数字贸易时代我国跨境数据流动体系的探索与完善》，载张大卫等主编《中国跨境电商发展报告（2022）》，社会科学文献出版社，2022，第 92 页。

B.7

多式联运"一单制"数字提单模式
创新及地方创制性立法

——以西部陆海新通道为例

摘 要： 在国际国内形势和市场需求的推动下，在传统纸质提单和电子提单的基础上，多式联运"一单制"数字提单新模式应运而生。在将提单从点对点凭证签发推进发展到供应链生态参与互认的区块链环境下，如何在新生态下建立与之相对应的法律制度变得日益迫切。现有法律体系，包括《海商法》和《民法典》，未能明确涵盖数字提单的法律地位和功能，导致其在实际应用中面临合法性、流通性和物权属性的挑战。具言之，数字提单法律规制的不足，包括缺乏专门法规、《海商法》适用范围有限、《民法典》实操性弱以及与物权法定原则冲突。为解决这些问题，需要深入探索地方创制性立法的独特路径，利用区块链等技术，结合重庆西部陆海新通道实践，构建法律体系完善、权责清晰、数据安全、市场认可的数字提单运行模式，以促进数字提单的法律明确性与应用推广。

关键词： 多式联运 一单制 数字提单 电子可转让记录

党的二十大报告指出要推进高水平对外开放，稳步扩大规则、规制、管

---

* 谭斌，西南政法大学国际法学院博士研究生、重庆电子口岸中心副主任，研究方向为国际经济法。

理、标准等制度型开放①。数字提单是未来数字贸易中的关键单证，目前在国际条约和国内法律法规中均缺乏明确的定义、转让、传输模式、使用程序及效力等法律支撑②。《海商法》第71条对"提单"的界定限定在纸质海运提单的范畴，《民法典》对"提单"的法律属性和融资功能给予了认可，但对于"提单"是否包含"数字提单"缺乏明确的法律界定。在实践层面，尽管国际上进行了多方探索，但尚无特别成功的经验可循。重庆市政府口岸物流办立足国际国内法律规制和市场运行规则，深入研究传统提单的内涵和外延，挖掘提单运行机制的底层逻辑，运用区块链等先进技术，聚焦西部陆海新通道运营生态，创新探索多式联运"一单制"数字提单（以下简称数字提单）运行模式，并从地方立法角度尝试进行相应规范和促进。

一 提单的内涵、外延及分类比较

要探究数字提单的模式和规则，必须首先厘清传统纸质提单的逻辑规则，总结纸质提单数百年的运行经验，摸清纸质提单、电子提单、数字提单的发展脉络，继承发扬、开拓进取、锐意创新。

（一）传统提单的内涵与外延

根据《中华人民共和国海商法》第71条，提单作为承运人和托运人之间的契约证明，在法律上具有三项主要效用和功能。第一，货物收据功能。承运人或其代理人向承运人出具提单，表示已按照提单所列内容接收货物并完成装船。第二，运输合同证明文书功能。承运人为托运人运输相关货物，是因为承运人与托运人之间存在一定的权利义务关系，这种关系以提单作为运输合同凭证。第三，物权凭证功能。提单是货物所有权的凭证，持有提单

---

① 习近平：《高举中国特色社会主义伟大旗帜 为全面建设社会主义现代化国家而团结奋斗——在中国共产党第二十次全国代表大会上的报告》，中国政府网，https://www.gov.cn/xinwen/2022-10/25/content_5721685.htm，最后访问日期：2024年11月20日。
② 马连良：《电子提单在国际贸易中存在的问题与对策》，《对外经贸实务》2018年第10期。

的人有权要求承运人交付货物并且享有占有和处理货物的权利，提单代表了其所载明的货物①。在实际商业应用中，提单并不局限于海运，提单的实际应用范围在不同国家和地区还延伸到江运、空运、公路等其他运输方式，其效力也各有差异。

（二）提单的分类比较

1. 纸质提单

一是纸质海运提单。海运提单简称提单，是托运人将货物交给承运人后，承运人或其代理人向托运人签发，证明已收到货物并完成装船，并在目的地交付给托运人的书面凭证，一般采取邮寄或人工方式流转。海运提单经过数百年的发展，逐渐演变成现代国际贸易和航运的核心单证。纸质提单的优势在于其具有的物权属性，支撑国际贸易货款的收取由凭货向凭证转变，这一功能使贸易商可以通过提单转让实现途中货物的转让，从而大大提高交易效率。但随着贸易和航运的发展，纸质海运提单周转效率低成为国际贸易发展新的障碍，内容易篡改、流转速度慢、交易成本高等问题常常导致产生"压港费、仓储费"等附加费用及罚金。

二是纸质铁路提单。其是国际国内铁路运输的核心单证文件。自 2011 年中欧班列开行以来，一些物流企业开始尝试引入"铁路提单"，并赋予其物权和可转让属性，模仿海运提单，探索利用铁路提单进行银行融资结算的方式。2017 年 3 月，国务院印发重庆自贸试验区总体方案，要求依托中欧班列通道，建立中欧陆路国际贸易规则体系，推动国际铁路联运发展②。遵循这一要求，2017 年 12 月，重庆首创了"铁路提单"，并通过合同约定明确了谁拥有铁路提单谁便享有提单上记载的货物处置权③。2019 年 8 月，国

---

① 张彬彬：《试论提单的性质》，《哈尔滨市委党校学报》2006 年第 4 期，第 82~83 页。

② 《国务院关于印发〈中国（重庆）自由贸易试验区总体方案〉的通知》（国发〔2017〕19号），中国政府网，https://www.gov.cn/gongbao/content/2017/content_5186969.htm，最后访问日期：2024 年 11 月 20 日。

③ 杨临萍：《"一带一路"背景下铁路提单创新的法律正当性》，《法律适用》2019 年第 1 期，第 13~21 页。

家发展改革委印发《西部陆海新通道总体规划》，首次使用"铁路提单"概念。然而，目前铁路提单面临一些挑战，包括其物权属性主要依赖合同约定、信用证融资难度大、应用范围有限以及市场接受度不高。

三是纸质铁海联运"一单制"提单。铁海联运是指运输全程由同一个集装箱装载，在铁运和海运两种运输方式转换过程中不对货物进行换装作业的多式联运组织形式。纸质铁海联运"一单制"则是针对这种运输模式，由承担"内陆—港口—国外目的港"全程责任的单一承运人签发的全程联运提单。与传统"铁路运输+港口+海运"的分离运输方式相比，铁海联运"一单制"业务模式通过对各方资源和业务流程的整合优化，为客户提供了"一次委托，一次结算，一次保险，一单到底"的全程多式联运，避免了传统运输模式的单证流转和货物倒箱换装，在降低成本、提高效率、节能减排等方面具备突出的优势。目前，重庆、长春、厦门等城市已开始探索使用铁海联运"一单制"提单。2020年，陆海新通道运营有限公司依托西部陆海新通道，通过铁路集装箱班列与全球海运网络连接，构建"一次委托、一次保险、一单到底、一次结算"的铁海联运全程服务模式，提升和完善铁路与海运联合承运互信互认互通机制，探索建立连通海上与陆上的贸易物流金融新规则①。自签发铁海联运"一单制"提单以来，该服务已吸引了多种类型的客户和业务，涵盖了通机配件、服装、食品等多种货品，主要服务于东南亚市场。2021年7月，长春国际陆港发展有限公司对34个集装箱外贸货物采用海运集装箱进行全程运输，标志着东北地区国际铁海联运"全程单"物流模式的启动，长春兴隆铁路口岸签发了海铁联运提单——"全程单"，实现了货物"一张提单、一列专列、一次保险、一次性贯通海铁运输全环节"，减少了运输时间和资金成本。2023年4月，南昌至厦门港首列"一单制"铁海联运班列成功运行，这不仅代表南昌至厦门铁海联运"一单制"的正式落地，也展示了通过"一次结算、一份提单、一份保险、一箱

① 《金融"活水"滋养新通道》，百家号，https：//baijiahao.baidu.com/s？id=17596690688 43308077&wfr=spider&for=pc，最后访问日期：2024年11月20日。

到底"承运进出口货物的全程多式联运模式，避免了传统的单证流转和货物倒箱换装等复杂环节，有效地提升了铁海联运物流时效，降低了综合物流成本，进一步增强了外贸企业国际竞争力。

2. 电子提单

一是电子海运提单。第一种是电放提单。电放是电报放货的简称，即通过电子报文或以电子信息形式将提单信息发送给目的港船公司，依据收货人公司盖章的"电放提单"传真或身份证提取货物①。第二种是 EDI 海运提单。通过电子数据交换系统（EDI）交换单据、核查数据，进而完成电子提单的签发和流转。通过中心化"登记"，在线解决电子提单转让问题，转让货物所有权。现在，使用 EDI 的电子提单系统有 CMI 模式、essDOCS 模式、Bolero 模式等。第三种是区块链模式海运提单。采用分布式技术，将电子提单的信息、转运和电子签名过程写入区块链，由承运人、收货方、金融机构、托运人等多个参与者在线共同完成，应用共识机制完成提单的发行、转让、背书，具有全网分布式保存、防丢失、多方联合记账、防篡改、易追溯的特点。目前，使用区块链技术的电子提单系统有 CargoX、Wave、GSBN 等。

二是电子铁路提单。2022 年 6 月，中国建设银行与渝新欧公司联合办理的重庆市首笔渝新欧班列电子铁路提单成功落地。该笔电子铁路提单的成功应用有效解决了铁路运输中物权凭证缺失、物流及单据信息不透明等痛点难点，也为后续中欧电子铁路提单推广打下了坚实基础。2023 年 5 月，渝新欧公司完成首单区块链电子提单融资②，标志着重庆中欧班列跨境物流单证物权凭证功能融资模式取得又一大突破。该票国际铁路联运电子提单，基于合作银行的区块链电子提单系统，由渝新欧公司直接签发，并通过系统流转至收货人，收货人无须任何担保抵押，凭借该电子提单即顺利完成融资贷

---

① 张一祯、常亚杰：《国际海运业务中电放提单的适用性问题探析》，《中国商论》2015 年第 12 期，第 92~95 页。
② 《中国自贸试验区的重庆探索》，七一网，https://www.12371.gov.cn/Item/637210.aspx，最后访问日期：2024 年 11 月 20 日。

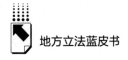

款，展现了全程无纸、可视、可溯、可控等优点。目前，除重庆外，福建福州、云南昆明也开展了电子铁路提单创新应用。

3.铁海联运"一单制"数字提单

即采用区块链等电子信息技术，实现铁海联运"一单制"提单的数字化签发、转让、核验、结算、融资等操作，支持发货人、承运人、货运代理人、实际承运人、金融机构等众多参与者加入。通过区块链技术去中心化、高度透明、不可篡改、可追溯等特点，解决纸质铁海联运提单流转慢、成本高、欺诈风险高等问题。目前，重庆陆海新通道公司搭建的"陆海链"平台，采用区块链技术，积极探索铁海联运"一单制"提单试点。

二　西部陆海新通道数字提单模式的创新构建

数字提单不是简单的提单电子化，其核心在于区块链网络生态的构建，通过不断丰富完善可信区块链节点，逐步形成可信、可溯、可控的国际供应链数字化生态共识机制。无论是登记制还是凭证式，提单的核心都是找到一种在真实环境中可落地的信用实施途径，这一点和区块链的底层逻辑不谋而合，数字提单作为一个急需信用支撑的新型数字化凭证与专门解决信用问题的区块链技术完美契合。因此，数字提单生态的构建成为数字提单模式成功的关键。

（一）数字提单生态的主体架构

借鉴重庆的业务实践经验，我们提出了一个"1+5"数字提单平台体系的整体构想。这一体系将依托中国（重庆）国际贸易单一窗口这"1"先进口岸物流数字化基础，打造西部陆海新通道数字提单区块链平台。该平台将分别从政府监管、市场运营、金融服务、国际互认和法律保障"5"个维度形成支撑，互联互通和区块链共识验证网络节点，形成数字提单核心架构体系（如图1所示）。需要强调的是，"5"在这里并非确数，而是指从5个主要的维度对一票货物进行多方验证，以提高平台对单票交易真实性的评估能力，不同的数字提单平台可根据自身情况，对这些维度进行扩展或调整。

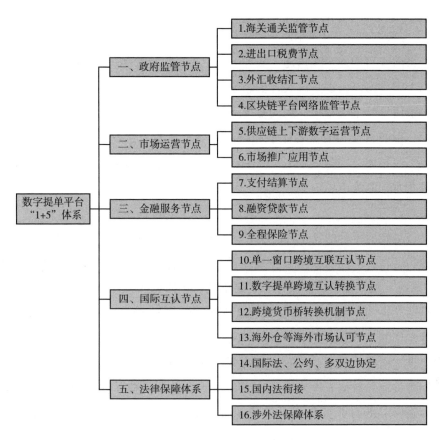

图1　数字提单平台"5"个维度总体架构

（二）依托国际贸易"单一窗口"打造数字提单生态的优势

一是国际话语体系的通用性。国际贸易"单一窗口"已经被近100个国家应用，显示出其在国际话语体系方面具有普遍认同感。特别是我国国际贸易"单一窗口"积极推进了国际合作和互认，例如与新加坡"单一窗口"推进"一单两报"、国际集装箱物流动态共享等，为进一步深化和强化联动互认奠定了坚实的基础。同时，我们也将积极推进和东盟"单一窗口"以

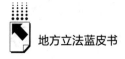

及东盟主要贸易伙伴国之间的合作互认。也即，以数字提单生态体系的发展为契机，国际贸易"单一窗口"可作为国家之间业务协同和数据共享互认的现实载体。

二是政府平台的公益性。我国国际贸易"单一窗口"是在国务院领导下，由国家口岸办牵头搭建，服务国际贸易、物流等相关企业的公益性一站式网上办事窗口，也是广大外贸企业办理国际贸易全链条业务、及时获取官方政策信息的主要渠道，同时更是各省（区、市）政府"精准助企、有力撑企、用心惠企"的重要抓手和推进跨境贸易便利化的核心基础设施。与商业平台相比，"单一窗口"具有公益性、公平性、公正性优势，全心全意服务企业，避免市场一家独大、一家独断的情况发生，有利于维护市场营商环境。

三是政府平台的安全性。随着无纸化、数字化贸易的进一步发展，贸易在便利度提升的同时，对数据安全的要求也越来越高。探索实施多式联运"一单制"数字提单，涉及多个贸易角色，包括承运人（含实际承运人和无船承运人）、货运代理、发货人、收货人间的物权流转；涉及提单签发、更改等操作的不可篡改要求；涉及争议发生时，数据的有效性、可追溯性等安全要求。而海关总署、国家口岸办对"单一窗口"采取数据安全管理和不定期海关业务数据安全专项检查等，对平台数据实施了更为严格的安全控制，确保了平台业务数据的安全可靠，有效保障了企业的合法权益不受侵害。

四是跨部门、跨系统的高联通性。一方面，重庆国际贸易"单一窗口"与海关、国税、外汇、商务、公安、市场监管等60多个单位70余个系统联通，为近5万家外贸相关的报关、物流、生产企业提供外贸领域一站式的申报服务，实现了跨部门、跨系统的有效联通和数据共享，支撑了"数据多跑路，企业少跑腿"的高效便捷业务操作，切实为企业降本增效。另一方面，系统汇集了大量、广泛、丰富的业务数据，可充分发挥平台数据优势，围绕西部陆海新通道，着力构建"一单制"数字提单生态体系，推动通关、物流、港口等信息与"一单制"数字提单关联，为金融机构开展"一单制"

数字提单融资服务等提供真实性核验和可信支撑，为探索与新加坡等东盟国家实现"一单制"数字提单互联互认提供安全、可追溯、合法合规的创新模式。

五是特色功能应用的创新性。全国各省（区、市）均打造了地方"单一窗口"，并结合各地地理条件、区位优势、口岸通关业务特色等，开拓了许多个性化特色功能。例如，重庆"单一窗口"围绕政务服务、物流协同、数据服务、特色服务四大板块，建设了 38 项地方特色功能，在金融服务、物流动态跟踪、智能制单等多领域进行了探索和尝试，各功能间也相互发挥协调作用，可支持数字提单逐步向贸易、通关、物流、金融等链条延伸。

（三）数字提单生态五大支撑体系的主要内容

1. 政府监管节点

整合各监管部门对一票跨境货物的各类监管信息，上传到区块链节点，形成协同监管和相互验证机制。包括海关对货物的进出通关监管、报关审核、查验放行等信息，税务国内发票开具、进口缴税、出口退税等信息，外汇结算收结汇信息，网信等数据安全监管部门对数字化平台合规监管等信息。通过多维度数字化监管信息，一方面在区块链环境中构建自治验证的业务关系；另一方面提高数字提单的可信度。赋予纸质提单不具备的全链条政府监管可信信息验证功能，可以为后续数字提单融资、银行开展尽职调查等提供便捷的手段，降低银行运营成本，便于为数字提单提供低廉的融资产品。

2. 市场运营节点

重点是从市场运营角度出发，尽量将供应链上下游各环节纳入区块链平台，从市场层面形成业务自治验证的关系。鼓励采用人工智能、机器识别、语义分析等领先技术，完善线上订舱功能，引导通道沿线客户线上订舱。加强与铁路、海船公司等相关单位业务联动，提升业务协同效率。逐步构建物流无缝衔接、数据安全流动、业务高效协同的多式联运市场运营区块链体系。

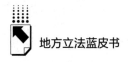

3. 金融服务节点

基于贸易物流数字化的金融服务模式进行创新，探索推动"陆海链"数字提单平台与外汇管理局跨境金融服务平台系统对接。与银行风控体系对接，建立集物流、信息流、资金流于一体的信用数据增信服务。探索数字单证金融服务创新，鼓励指导银行等相关金融机构创新基于数字提单的金融产品，探索数字提单融资。加大国家外汇管理局跨境金融区块链服务平台的推广应用。依托陆海新通道金融服务联合体中外资、境内外、离在岸机构网络，探索构建境内外银行和商贸物流企业组成的贸易融资区块链"联盟链"，共享客户资源及信用信息，开展订单、应收款确权登记流转及融资，畅通跨境供应链管理及金融服务。积极与国内外保险机构对接，研究基于数字提单的多式联运保险服务，推进多式联运模式下，货物运输"一次投保，覆盖全程"。

4. 国际互认节点

一是充分发挥国际贸易"单一窗口"的国际认可度优势，推动国家之间"单一窗口"的互联互认，并加入区块链共识机制。二是数字提单跨境互认转换节点建设，目前我国法律尚未认可比特币、以太坊等区块链代币及相关平台，可以充分发挥香港"一国两制"的制度优势，建立跨境转换节点，通过香港实现跨境转换和虚拟货币认可，实现国内和国际区块链的高效转换。三是结合央行货币桥探索跨境货币转换机制节点，从资金流维度为供应链特别是数字提单建立印证关系，提高数字提单信用度。四是推广数字提单在铁海联运、中老国际铁路和中越国际铁路等场景的应用，与 GSBN、丝路云链等区块链合作，结合海外仓等建设，打造货物海外清关交付区块链节点，提高数字提单在海外的控货能力。

5. 法律保障体系

分别从国际法、国内法等维度，不断丰富完善数字提单相关法律体系，积极参与联合国国际贸易法委员会（简称联合国贸法会）《电子可转让记录示范法》和可转让货物单证等国际立法和规制的制定和推动工作，呼吁国家层面考虑完善数字提单相关法律法规，并在地方层面积极探索经验和路径。积极推动中国—东盟法律服务创新平台建设，整合西部陆海新通道沿线国家法律资源，充分发挥西南政法大学国家级涉外法治研究基地作用，做实陆海新通道法务联盟秘书处，聚焦陆海新通道沿线国家法律政策，创新成果转化机制，为西部陆海新通道建设相关方提供涉外法律法规查询、判例参考、专家咨询、政府参考决策等法律服务。

（四）西部陆海新通道多式联运数字提单新模式流程

1. 签订贸易合同

（1）发货人与收货人签订贸易合同，约定采用信用证方式付款；

（2）开证行依据收货人要求开具信用证，并通过国际资金清算系统（SWIFT）将信用证信息发送给议付行；

（3）议付行通知发货人按信用证要求准备相关单证。

2. 办理订舱通关手续

（1）发货人通过"单一窗口"向陆海新通道运营有限公司（以下简称NLSC）发起订舱申请；

（2）NLSC通过"单一窗口"向中国国家铁路集团有限公司和海船公司发起订舱申请，并将订舱结果反馈给发货人；

（3）发货人通过"单一窗口"向海关进行报关，并接收审结放行回执；

（4）发货人通过NLSC安排进行货物发运。

3. 提单签发及互认

（1）铁路起运后，NLSC缮制"一单制"提单，并发送给"单一窗口"；

（2）通过"单一窗口"关联"一单制"提单对应的报关单、铁路运单及铁路运踪物流信息；

（3）将建立关联信息后的"一单制"提单签发给发货人；

（4）货物装船起运后，海船公司通过全球航运业务网络（GSBN）或Trade Trust等区块链平台或组件签发海运提单，并通过跨链数据交换，实现海运提单与"一单制"提单互联互认。

4. 提单流转及支付

（1）发货人按照信用证要求完成相关单据的准备，并将"一单制"数

字提单流转给议付行；

（2）议付行完成单据审核，并将"一单制"数字提单流转给开证行；

（3）开证行完成单据审核，支付货款，并通知收货人付款赎单；

（4）收货人完成货款支付，开证行将"一单制"数字提单流转给收货人。

5. 港口提货

（1）收货人在"单一窗口"上申请提货；

（2）"单一窗口"将申请提货请求通过 GSBN 等平台发送给海船公司；

（3）海船公司通过 GSBN 等平台将放货指令发送给对应港口；

（4）港口接收放货指令，收货人提离货物。

三　数字提单管理制度建构的现实需求

（一）数字提单创制性立法的必要性

1. 没有专门的法律法规来调整多式联运提单

我国关于"一单制"数字提单的法律法规尚不完善。《民法典》和《海商法》对多式联运单据的流通性作了规定，但未规定具体流通方式。目前尚无法律对多式联运单证的定义、签发、内容、流转方式、法律性质等进行清晰的界定。

国际公约中的《联合国多式联运公约》尚未生效，已有 10 个国家通过了以联合国贸法会《电子可转让记录示范法》为基础或受其影响的立法①，中国不在此列。因此，尚无明确国际法认可多式联运提单的物权属性。值得一提的是，与重庆密切合作的新加坡已经采纳《电子可转让记录示范法》，在新加坡电子签名相关立法相对完善，因此双方的合作具备了签发数字提单较好的法律基础。

---

① 联合国国际贸易法委员会：《电子可转让记录示范法》（2017 年），联合国国际贸易法委员会官网，https://uncitral. un. org/en/texts/ecommerce/modellaw/electronic＿transferable＿records/status，最后访问日期：2024 年 11 月 20 日。

2.《海商法》的适用范围难以满足当前多式联运的需求

因为我国《海商法》第四章"海上货物运输"规定多式联运仅适用于包含海运在内的联运，海运之外的其他水运方式只能适用《民法典》。西部陆海新通道以铁海联运为主，同时还存在国际铁铁联运、跨境公路联运（国内公路班车与国外公路班车联运，双方在边境转换运输工具）等不同形式的多式联运物流组织形式，将来还可能发展江海联运、空铁、空公等多种联运方式。很明显，铁铁联运、跨境公路联运、空铁和空公联运等均不属于《海商法》的调整范围，又缺乏相应的法律支持和保障。铁海联运虽然包含一段海运，但由于铁路单证受《国际铁路货物联运协定》《国际铁路货物运输公约》等规制，很多法律和《海商法》也难以予以协调和衔接。

3.《民法典》所涉单证形式需要丰富更新

《民法典》只规定多式联运经营者在接受托运人交付的货物时必须出具多式联运文件，但缺乏对这类文件明确内容、性质、流程等的规定，没有明确将数字提单囊括在调整范围内。此外，随着国际贸易的不断发展，运输单证出现了电子化衍化和"一单制"发展，《民法典》关于多式联运单据文件的规定过于宏观，实操性较弱，难以满足实际业务的需求。

4.赋予多式联运单证物权属性与物权法定的冲突

一是按照物权法定的原则，我国立法尚未赋予多式联运提单以物权效力。在目前的实践中，各方主要是通过合同约定赋予多式联运单证一定功能。意思自治不能突破物权法定原则，当事人根据合同约定创设基于多式联运提单的物权可能因违反物权法定原则而无效。二是与一物一权原则的冲突。比如，铁海联运"一单制"的实现过程包含海运，也必然会涉及海运提单。经过长期的实践与发展，海运提单的物权凭证效力获得了广泛认可，如果赋予铁海联运提单以物权凭证效力，则会引起其与海运提单物权效力的冲突，违反一物一权原则。[①]

---

① 赵略池：《论物权法的基本原则》，《行政与法（吉林省行政学院学报）》2005 年第 11 期，第 128~130 页。

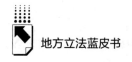

（二）数字提单创制性立法的紧迫性

1. 党中央国务院有要求

一是贯彻落实党的二十大报告关于"稳步扩大规则、规制、管理、标准等制度型开放"以及"加快发展数字经济""发展数字贸易""加快建设西部陆海新通道"等要求。二是贯彻落实《推进多式联运发展优化调整运输结构工作方案（2021—2025年）》（国办发〔2021〕54号文件），积极推进研究制定国际多式联运相关标准规则，推进多式联运单证电子化，探索推进多式联运单证物权化、多式联运数字提单在跨境贸易中的创新应用[①]。三是落实交通运输部、海关总署、国铁集团等共同印发的《推进铁水联运高质量发展行动方案（2023—2025年）》其中要求"推动铁水联运'一单制'。推进铁水联运业务单证电子化和业务线上办理"[②]。因此，推广应用铁海联运"一单制"数字提单是落实国家系列制度型开放的重要举措。

2. 国际形势紧迫

2023年2月，由全球前九大船公司组成的数字集装箱运输协会（Digital Container Shipping Association，DCSA）对外宣布"到2030年将100%采用基于DCSA标准的电子提单（e-BL）"[③]。而全球前十大船公司中唯一的一家中国船公司中远海运（COSCO）被排除在外。前九大船公司基本覆盖全球70%以上的海运市场，由此形成的联盟制定排除中方的电子提单标准体系和实际运作规则，将对我国国际供应链安全形成"隐性"制约。我们必须主动作为，积极研究电子提单的底层逻辑、运行规则，加快实践并推广应用。

---

① 《国务院办公厅关于印发〈推进多式联运发展优化调整运输结构工作方案（2021—2025年）〉的通知》（国办发〔2021〕54号），中国政府网，https：//www.gov.cn/gongbao/content/2022/content_5669424.htm，最后访问日期：2024年11月20日。

② 《关于印发〈推进铁水联运高质量发展行动方案（2023—2025年）〉的通知》（交水发〔2023〕11号），中国政府网，https：//www.gov.cn/zhengce/zhengceku/2023-03/15/content_5746814.htm，最后访问日期：2024年11月20日。

③ 《九大集装箱航运公司承诺：到2030年100%采用电子提单》，搜狐网，https：//www.sohu.com/a/642102435_121119389，最后访问日期：2024年11月20日。

3. 开放发展急需

重庆作为西部陆海新通道运营组织中心，必须发挥"火车头"作用，联合相关省（区、市）协同创新，推动落实国家赋予西部陆海新通道的战略定位和目标。铁海联运数字提单聚焦西部陆海新通道核心业务，已在一定范围一定程度内试点，亟待突破约束，向更深层次拓展，在更大场景中推广应用。这不仅有利于推动通道供应链能力体系的提升，还有利于以规则先行、标准先行带动开放。

4. 市场需求强烈

随着西部陆海新通道铁海联运业务不断增加，铁海联运已成为西部陆海新通道最主要的多式联运组织形式。市场对提单的数字化改革需求越发迫切，不少企业已初步开展对铁海联运数字提单不同程度的探索和应用。提单作为全球贸易体系中的基础单证，是国际贸易中单证流、货物流、资金流严密衔接的核心。在传统模式下，纸质提单存在流转时效慢、制单成本高、易篡改、易损坏、易灭失等问题，因此推进铁海联运数字提单应用符合当前市场强烈的业务需求。

（三）数字提单创制性立法的可行性

1. 联合国贸法会等组织已经推出多项国际法律规制和举措

一是联合国贸法会、WTO 等相关国际组织均积极推进电子签名、电子数据等相关立法，电子单证具备了较好的法律基础。二是联合国贸法会 2017 年发布了《电子可转让记录示范法》，虽然中国尚未加入，但已有 10 个国家通过了以该法为基础或受其影响的立法。三是虽然提单在海运部门被广泛用作物权凭证，但在铁路、公路、航空等其他运输方式中签发的不能转让的运输文件（通常被称为运单）无法发挥这一作用。联合国贸法会第六工作组自 2022 年起一直在致力于拟订一项关于可转让货物单证的新的文书，旨在创建一种"可转让货物单证"的新型物权凭证，该单证可以在多式联运或在单独运输中使用，甚至无论采用哪种运输方式该单证都能发挥类似海

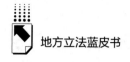
地方立法蓝皮书

运提单的功能①。

2. 重庆积极探索铁路提单物权属性纳入联合国贸法会议题

2020年6月，全国首例铁路提单物权纠纷案件以法院判例的形式出现，这是对陆上贸易规则的一次非常积极的探索②，对铁路提单物权凭证功能有较大的强化作用。目前，该案例已作为参考案例，但由于多式联运提单物权纠纷案例太少，进一步推进立法工作较困难。受多式联运提单物权凭证属性问题尚未明确等的限制，依据多式联运提单签发跟单信用证比较困难，专门针对提单开发的金融服务产品不多，融资规模也非常有限，不利于市场应用的扩大，需通过立法积极探索铁路提单的物权属性。

在联合国贸法会第52届会议上，我国提交了一项建议，即联合国贸法会今后可以拟订能够转让运输的文件，以便于货物联运，特别是欧亚区间铁路多式联运。该建议指出，铁路提单不能作为物权凭证使用，也不能用于信用证结算和融资。铁路运输单证功能有限也制约了银行和其他机构提供金融服务的能力，增加了进口商的资金压力，使出口商面临回款风险③。

联合国贸法会第六工作组（可转让多式联运单证）在其第41届会议（2022年11月28日至12月2日，维也纳）上审议了该建议，认为它对于世界贸易，特别是对于发展中国家的经济发展具有相当大的实际意义。然而，鉴于所涉问题广泛且复杂，联合国贸法会商定，由秘书处就铁路相关单证的法律问题展开研究，并与和国际铁路运输法律标准方面密切相关的欧洲经济委员会、国际货代协会联合会、国际商会等国际组织进行协调，相关进

① 联合国国际贸易法委员会：《第六工作组：可转让货物单证》，联合国官网，https：//uncitral. un. org/zh/working_groups/6/negotiablecargodocuments，最后访问日期：2024年11月20日。

② 新华社：《铁路提单第一案在渝宣判 推动陆上贸易规则进一步完善》，百家号，https：//baijiahao. baidu. com/s？id=1670938775478580131&wfr=spider&for=pc，最后访问日期：2024年11月20日。

③ 《"中国建议"引起国际组织的高度重视》，搜狐网，https：//www. sohu. com/a/475599032_120721698，最后访问日期：2025年3月9日。

展在联合国贸法会第 53 届会议作进一步研讨①。

3. 西部陆海新通道可结合国际法的制定同步探索地方立法

从 2023 年西部陆海新通道运行数据看，沿线省（区、市）通过铁海联运班列、跨境公路班车（川渝）、国际铁路联运（川渝桂）运输集装箱共计 61.5 万件，同比增长 7%，商品价值达 643 亿元，同比增长 16%。② 以"全链条、大平台、新业态"为引领，西部陆海新通道多式联运业务快速发展，枢纽化物流网络加快构建，"物流+贸易+产业"的模式持续创新，推进区域协同发展形成新格局战略通道作用更加彰显，促进经济深度融合综合性国际大通道功能更加完备。特别是多个通道联运协同发展，是西部陆海新通道的重要特点。这一出海出境大通道本身就是多式联运数字提单最好的应用场景和现实需求，是探索制度型开放、对接国际经贸规则最好的试验田。

四　数字提单创制性立法亟须解决的问题

（一）法律体系不完善

一是数字提单的法律地位和功能尚未明确。《海商法》对提单的定义仅限于纸质海运提单，而"一单制"数字提单作为无形的贸易流转载体，并不符合运输合同成立所需的纸质形式要求。同时，关于数字提单的定义及其流转机制的内容还没有出现在生效的法律条文中，现有国际条约或单证规则也缺乏对数字提单这种创新形式单证的调整规范。二是"一单制"数字提单的物权属性和金融功能主要通过合同约定的方式进行，并不是法律认可的物权凭证。目前，《海商法》和《民法典》都没有明确承认货物多式联运单据的物权

---

① 联合国国际贸易法委员会：《第六工作组：可转让货物单证》，联合国官网，https://uncitral.un.org/zh/working_groups/6/negotiablecargodocuments，最后访问日期：2024 年 11 月 20 日。

② 《西部陆海新通道加快建设——跨越山海展新途》，中国政府网，https://www.gov.cn/yaowen/liebiao/202403/content_6941451.htm，最后访问日期：2024 年 11 月 20 日。

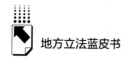

属性，相应的国际条约中也没有规定明确认可铁海联运提单的物权属性。

但地方立法直接确立物权属性显然超出了其权限范围。因此需要采用技术性手段，如数字化平台和运行机制、合同法和意思自治等多措并举，探索推进确立物权属性的其他解决路径。

（二）权责划分不清晰

多式联运相较于传统单一的运输方式具有多方面优越性，但无论国际层面还是国内层面，多式联运法律体系都存在空白或冲突，缺乏具有强制性约束力的国际规制，制约了国际货物多式联运的快速发展。首先，多式联运经营人的界定相对笼统。目前对此存在不同的理解与认识，这直接关系着法律法规的适用与当事人的合法权益保障。其次，多式联运经营人归责模式不明。按惯例，多式联运经营人签发多式联运提单，就应当对全程运输负责。但其往往通过提单背书的免责条款来逃避或转嫁责任。

（三）数据安全欠保障

一是不同区块链平台技术标准不一致。目前，不同市场主体搭建的区块链平台采用的技术标准不统一，要实现数字提单数据的跨链传输，却缺乏统一的数据交互标准。同时，不同的区块链技术由于运行规则不一致，在合规监管、事后追溯等方面存在一定难度和风险，阻碍了数字提单的推广和应用。例如，通过新加坡 Trade Trust 组件流转数字提单①，需要支付以太坊虚拟货币，但在中国，虚拟货币交易属于不合规行为，不受法律保护。二是跨境数据流动安全性不高。铁海联运"一单制"数字提单的应用推广必然会带来大量的数据跨国境流动，这在推进多式联运贸易活动便捷化的同时，也给国家社会公共利益、数据安全以及个人信息保护带来许多新的风险。目前，我国已建立了以《数据安全法》、《网络安全法》和《个人信息保护

---

① 《2020 年全球区块链发展趋势报告：数据要素视角下的区块链新机遇》，百家号，https：// baijiahao. baidu. com/s？id=1687773263751323924&wfr=spider&for=pc，最后访问日期：2024 年 11 月 20 日。

法》为基础的数据跨境流动规制体系，然而，全球对跨境数据流动的监管尚未形成统一规范框架，各国监管措施复杂多样，亟须加强对跨境数据流动监管的研究。①

（四）市场主体难认可

一是收发货人认可难。基于传统贸易习惯，绝大多数收发货仍采取直接开具海运提单模式，以陆海新通道公司为例，截至 2023 年 8 月底，该公司联合通道沿线 7 个省区市累计签发"一单制"提单 6592 单，货值合计 4.4 亿美元，其中签发"一单制"数字提单 323 单，货值合计超 4800 万美元。②二是银行认可难。部分银行虽然开展了基于"一单制"提单的融资试点（目前仅实现两笔融资），但因为"一单制"提单物权属性未明确、控货难，多式联运权责不清等问题，银行等金融机构对以"一单制"提单进行质押融资持审慎态度。利用"一单制"数字提单助力企业实现融资金额约 1820 万美元；结合运贸一体化业务，用于进口信用证开立 4 笔，合计金额约 700 万元人民币。③ 三是船公司、港口认可难。目前，收货人凭海船提单到海船公司换取提货单后，方可到港口进行提货，如采用"一单制"提单，则需要进行二次换单，即"一单制"提单换海船提单、海船提单换提货单。

五　多式联运数字提单创制性立法探索

按照纸质提单、电子提单和数字提单的发展脉络，为更好地满足陆海新通道数字提单的现实需求，重庆积极探索数字提单创制性立法。囿于地方立法权限，在不能赋予数字提单物权属性的前提下，地方依然存在诸多创制性

---

① 张茉楠：《数字主权背景下的全球跨境数据流动动向与对策》，《中国经贸导刊》2020 年第 18 期。
② 《陆海新通道"一单制"数字提单入选"一带一路"示范案例》，重庆国际物流枢纽园区官网，https://www.wmlip.com/content/1460.html，最后访问日期：2025 年 3 月 9 日。
③ 《陆海新通道"一单制"数字提单入选"一带一路"示范案例》，重庆国际物流枢纽园区官网，https://www.wmlip.com/content/1460.html，最后访问日期：2025 年 3 月 9 日。

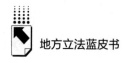

探索的空间，且对于数字提单的发展和国家层面立法积累经验具有重要的意义。重庆在推进西部陆海新通道"一单制"数字提单管理制度建设时可从以下几方面重点突破。

（一）多式联运的实践创新和理论拓展

1. 西部陆海新通道多式联运的创新实践模式

按照西部陆海新通道、中欧班列（渝新欧）等物流组织实践经验，多式联运已经发展为包括两种或两段以上运输方式，总结起来主要有以下三类。

一是两种及以上运输方式联运。不同于我国《海商法》界定的必须包含一段海运，可以是海运以外的两种及以上运输方式。如铁路和内河水运联合形成的铁水联运、铁路和公路联合形成的公铁联运，均是以重庆为代表的内陆地区，特别是长江经济带沿线城市大量现实的需求。

二是两段以上运输方式联运。该种方式现在也越来越普遍，特别是以中老铁路、中欧班列为代表的跨境铁路铁铁联运、跨境东盟班车国内公路联接国际公路形成的公公联运，还有内河运输水水中转。这类联运虽然采用同一运输方式，但是在全程运输中需要转换运输工具，涉及物流、通关的跨境转换，跟事实上的两种运输工具等同。

三是江海联运。它结合了海运和内河运输的特点，尽管两者均属于水上运输方式，但是在实际操作中需要在海运和内河运输工具之间进行转换。海船运输和内河运输在操作模式和要求上存在较大差异，因此，实现两者之间的高效衔接需要依赖充分的信息共享和技术支持。

2. 多式联运经营人

多式联运经营人是指其本人或通过其代表订立多式联运合同的任何人，他是事主，而不是发货人的代理人或代表或参加多式联运的承运人的代表人或代表，并且负有履行合同的责任。① 由此可见，这类经营人具有两方面身

---

① 《联合国国际货物多式联运公约》第 1 条，中华人民共和国商务部条法司官网，https：//
tfs. mofcom. gov. cn/fgsjk/gjjmgyygl/gjysf/art/1980/art_ e1a0ff19f6e146f4a7ba148704d86b64. html，
最后访问日期：2025 年 3 月 9 日。

份，对于货主来说是承运人，对于实际承运人来说又是托运人。经营人一方面与货主签订多式联运合同，此时为总承运人，负责全程运输，货物灭失、损毁、交货延误等均由其承担责任；另一方面经营人又是与实际承运人签订合同的托运人，运输过程中货物出现问题由实际承运人承担责任。

3. 多式联运实际承运人

即具体承运多式联运中某一段运输的承运人，一个多式联运至少涉及两个实际承运人。以铁海联运为例，其实际承运人包括铁路运输承运人和海船运输承运人。

（二）多式联运数字提单范围的界定

本报告所称陆海新通道多式联运"一单制"数字提单，是指在数字贸易环境下，多式联运经营人以区块链、人工智能等信息技术为基础，针对采用两种或两段及以上方式进行运输的货物，签发给货物托运人，用以证明货物运输合同和货物已经由多式联运经营人接收并保证据以交付货物，且能够实现货物运输和贸易全链条通关和物流数据互通互认、业务真实可查可核、全程动态可追可溯的数字单证。

数字提单是在贸易数字化改革背景下出现的一个新兴概念。目前，并没有对数字提单的权威性定义。但普遍认为，数字提单相较于电子提单，不是简单地将纸质提单转化为电子化单证，而是要满足以下几点要求：一是要应用区块链、加密算法、智能合约、共识机制、时间戳等核心技术，确保数据安全可控；二是要构建数字贸易环境，联动海关、税务、外汇、货主、货运代理、船公司、码头、收货人、金融机构等多方角色，实现贸易上下游全链条数据互通互认、业务真实可查、全程动态可溯；三是要满足提单转让中各参与方拥有的数字凭证法定权益得到所在国法律保护。

（三）多式联运数字提单相较于传统提单的特别优势

目前，海运、铁路或多式联运均不同程度地开展了对数字提单建设推广的探索，但暂未形成可复制可推广的模式。从数字提单所具有的属性来看，相较

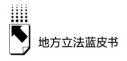

于纸质提单、电子提单，数字提单在成本效益、时效性、安全性、认可度、物权属性、一单提货能力以及贸易真实性核验等方面展现出明显优势，且具有创新性、引领性。一是加速单证流转，提高贸易链效率。铁海联运数字提单通过电子形式进行保存和流转，既缩短了单证传递时间，节约了经济成本，同时还有利于货主及时提货，有效地提高了贸易链的整体效率。二是交易高效安全，保证货权完整性。数字提单通过区块链技术实现提单数字化升级改造，使提单去中心化、不可篡改、可追溯、可验证、安全可靠。数字提单签发后，相关方可对提单进行查询、流转、核验等，充分保证了数字提单的数据真实性、安全性、货权完整性，保障了参与提单流转多方的切实利益。三是推动数字贸易规则创新。目前，数字提单的物权属性、多联经营人责任、保险理赔等问题尚无法律法规的明确规定，结合西部陆海新通道进出口企业数字提单在提货、结算、融资方面的实际需求，探索打造铁海联运数字提单典型应用场景和经典案例，可有效助推多式联运数字提单法律规范制定、行业标准创建、贸易规则修订和商业模式创新等。四是发挥数字贸易强大的金融功能。真实上链的数字提单，可协助银行判断贸易真实性，解决订单流、物流、资金流"三流"分散带来的真实性审查难题，避免"一货多融"情况发生。

（四）区块链数字提单的真实性核验能否替代物权属性

从上述分析看，基于区块链的数字提单的两个重要特点是数字化环境和真实性核验。要构建区块链就必须将参与供应链的各方上链，这就为供应链生态创造了真实运行的数字化环境，这一点有望成为数字经济的重大创新。因为数字提单催生了区块链的供应链环境，这就为提单的签发、流通、转让、交割提供了实时动态真实的核验场景——等同于在任何一次权属调整变动过程中供应链都可以通过区块链环境进行"当面确认"。

反观纸质提单的物权凭证构成要素：一是必须有纸质载体；二是保证纸质载体的"单一性"，进而保证其作为托运人的真实唯一意图；三是法律赋予该载体物权凭证，进而支撑纸质正本提单的交易、流转、融资等功能。纸质提单是在不具备数字化基础设施支撑的社会环境下，依据一定静态载体进行权属变更的规制机制。区块链数字提单的创设不能囿于传统的思维,就纸质单据的物权谈数字单证的物权,必然面临不可逾越的法律问题。必须立足数字化环境和思维,进行运行机制的再造和重塑。数字提单是在数字经济环境下的动态载体,一份数字提单所载的内容可以超出纸质提单的固定内容,加载供应链环节通关、物流、贸易、金融等各个环节状态,这是纸质提单所不具备的。特别是权属变更也可以实时体现在数字提单上,甚至数字提单货物的转让和融资是否可依托区块链基础设施进行都是一个值得特别探究的问题。

地方立法不具备确定一项新生事物物权属性的权限。国家立法确定数字提单具备物权属性也需要国际法的协同支撑,因为数字提单涉及跨境适用等一系列问题。因此,通过立法直接确定数字提单的物权属性还有很长一段路要走。为了满足社会的需求,必须创造性构建数字提单物权属性的"过渡方案"——数字提单在通过区块链等技术手段保障真实性的基础上,在合同法的框架下实现提单的签发、转让和融资等。

全球电子提单的探索实践总结起来有"登记制"和"权利凭证式"两大途径。"登记制"的代表是韩国,采用中心化机制解决信用问题;"权利凭证式"以美国等为代表,采用非中心化机制。但两种方式均存在诸多缺陷,导致当前电子提单应用并不普及。基于区块链的数字提单不同于上述两种方式,其形式上采用记账式跟踪权利变更,比较像"登记制";实际上其信用依赖于一套哈希函数数学算法,而其信用模式去中心化,又特别像"权利凭证式",相当于以数学算法创造出第三种信用模式,既具有纸质单据的单一性特点,也符合数字化环境的需要。特别是区块链利用信息加上"时间戳"的方法,可以使每条电子记录被单一化出来。对电子记录的每一修改都必须征得参与协议的大多数用户同意,使电子记录的复制可以被禁止或跟踪,确保了电子记录"单一化"的实现。且不同于"登记制",该保证基于参与协议的所有用户的集体信任,是去中心化的,因此难以被操纵和挑战[1]。由此可见,基于

---

[1] 郭瑜:《电子可转让记录立法的"单一性"难题和破解》,北京大学出版社,2019,第120页。

区块链的数字提单有望成为突破传统提单纸质载体并得到广泛应用的重要途径。

（五）数字提单平台建设与运行管理机制

1. 平台开放性

数字提单平台建设应当集成数字提单的签发、转让、融资等业务。数字提单平台应当向市场开放，鼓励各数字提单平台互联互通，并与海关、金融监管等相关部门的业务系统相衔接，为职能部门或者市场主体核验相关信息等提供便利，保障市场主体知情权，提高交易效率，防范交易风险。鼓励托运人、多联经营人、实际承运人等市场主体运用数字提单平台办理相关业务，促进数字提单的推广应用。

2. 平台安全性

平台建设主体应履行平台管理责任，采取有效措施保障平台安全运行。数字提单平台建设者应当运用区块链、人工智能等信息技术手段保障数字提单签发、转让、融资等过程中的系统运行安全和数据安全，制定应急预案处理突发事件，迅速恢复平台系统。未履行义务给国家和社会公共利益以及他人合法权益造成损失的，依法承担相应责任。

3. 平台监管

数字提单平台建设者、使用者应当遵守平台规则，服从平台管理，履行保密责任和义务，不得利用平台从事与数字提单无关的事务和发布与数字提单无关的信息，不得利用平台侵害他人合法权益。

数字提单平台建设者发现平台使用者存在违法违规行为时，应当及时删除相关信息内容并约谈违法行为人，必要时可以取消其使用资格。

有关组织、个人需依法获取数字提单相关数据的，数字提单平台建设者和使用者应当予以配合。

4. 纠纷解决

因利用数字提单平台产生的纠纷可以通过协商、调解、仲裁、诉讼等方式解决。数字提单的参与各方均有权举报和投诉，主管部门应当及时响应，并为举报人和投诉人保守秘密。

不同于纸质提单，数字提单在数字贸易环境下运行，一旦发生纠纷，法院或仲裁机构可以充分利用区块链等技术手段，方便快捷地调取证据，实现"线上"取证和举证，提高纠纷的解决效率和能力。

（六）数字提单的签发和控货交付

1. 数字提单的签发内容

多式联运经营人在接收货物后，应当按照托运人的要求和相关流程签发数字提单。数字提单载明的内容与纸质提单载明的内容一致，且具有同等效力，数字提单应当载明下列信息：

a. 货物信息：货物的品名、标识、包数、件数、重量、体积及运输危险货物时对危险性的说明①；

b. 运输工具信息：船名/航次、车牌号、班列号、车板号；

c. 收发通信息：发货人、收货人、通知人的名称、地址和联系方式；

d. 运输路径：接收货物地点、交付货物地点、装货港、卸货港；

e. 运输工具起运日期、提单发行日期、提单发行地点和提单发行份数；

f. 运费支付情况：预付或到付，付费地；

g. 承运人或其代理的签字盖章。

已经签发数字提单的，不得重复签发纸质提单。不得签发没有实际货物交付运输的数字提单。

2. 货物控制和交付

多式联运经营人应当根据数字提单持有人的要求控制、交付货物，维护数字提单持有人的合法权益，无正当理由拒绝控制货物或者交付货物的，依据法律规定或者当事人约定承担赔偿责任。

传统海运纸质提单的交易流程是海船公司向发货人签发纸质正本提单，发货人将纸质正本提单寄给收货人，收货人依据正本提单在目的地向船公司

---

① 《中华人民共和国海商法》第73条。

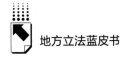

提取货物。当然，在实践中还存在用提单换取码头提货单的过程，因不涉及物权问题，可理解为纯粹的物流操作，因此在讨论法律关系时可将该段操作忽略。

数字提单的交易流程是根据合同关系，多式联运经营人将数字提单签发给发货人，发货人在数字提单平台将提单流转给收货人，收货人根据约定在交货地依据签发的数字提单向多式联运经营人索取货物。由于多联经营人并非实际承运人，实际操作中就存在两段业务：首先，多式联运经营人收货后将货物委托给第一段实际承运人，并取得提货凭据，在第一段运输完成后依据提货凭据提取货物；其次，多式联运经营人将货物委托给第二段运输的实际承运人，并取得提货凭据，在第二段运输完成后，由多式联运经营人或其代理人依据第二段运输的提货凭据提取货物；最后，多式联运经营人或其代理人验证收货人持有的多式联运数字提单并据以交付货物。

两种模式在交付货物时存在较大的区别：传统海运提单是将纸质正本提单作为权利凭证进行交付；多式联运数字提单当前还只能依据合同进行交付。

（七）数字提单融资及监管

1. 融资鼓励

应鼓励金融机构将数字提单作为结算和融资可接受的凭证，为数字提单相关贸易企业提供开立信用证、本外币结算、进出口贸易融资等服务[①]。按照传统习惯，上述环节对数字提单的认可度并不高，尤其是依据数字提单开立信用证可能是当前最大的障碍，其他环节正在逐步接受数字单证或电子信息，需要参与数字提单建设的各方解放思想，群策群力，积极推动在相关行业领域的应用。

2. 融资服务

鼓励金融机构将其相关业务系统与数字提单平台进行整合，建立一个数字提单一体化融资节点，为数字提单融资提供高效便捷服务。一方面，金融机构充分利用数字提单平台聚合的全链条真实可信信息，有助于降低金融机

---

① 王燕：《外贸企业利用铁路运输单证融资的实践及建议》，《中国外汇》2022 年第 22 期，第
42～44 页。

构贸易真实性核查、尽职调查、风险评估信息获取的成本，同时，金融机构应积极推出成本效益高的融资产品；另一方面，金融机构通过自身风控体系对企业提供的融资服务进行评估后，将会形成数字提单区块链本身的一个节点，可以为其他环节增强信用度。

3. 融资风险控制

支持金融机构与融资主体、多式联运经营人以签订协议等方式明确数字提单货物控制等相关责任，降低数字提单融资风险。目前，市场上存在一些仓储、货运代理根据合同代表货主控货的做法，通过法律规章的形式对其予以鼓励，有利于形成普遍结合和认可的模式。同时，这也是对传统多式联运经营人业务的拓展和延伸，便于其在供应链环节发挥更大的作用、创造更大的价值、分享更多的利益，进而加快推动商业生态的形成。

4. 融资监管

金融监管部门应当加强对数字提单融资的支持和监管，规范融资秩序，采取措施防范数字提单融资产生的金融风险。充分利用区块链技术，防范企业重复融资、放大杠杆、虚假融资。

因开具虚假数字提单进行融资，给国家利益、社会利益和他人合法权益造成损害的，相关主体依法承担相应责任。

（八）数字提单发展促进

1. 数字提单发展不畅的原因分析

根据对我国电子提单发展不畅情况的调查和分析，真正的情况在于货主对电子提单的态度。承运人作为服务提供商，反映没有货主要求使用电子提单；与承运人相比，银行对加快单据流转速度有更大的兴趣，因为根据电子提单更容易核实交易各方的真实性，但银行也是服务提供商，不会主动施压要求货主使用电子提单①。

---

① 郭瑜：《电子可转让记录立法的"单一性"难题和破解》，北京大学出版社，2019，第42~43页。

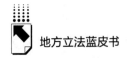

同时，对货主进行分类研究，发现出口商是推动数字提单使用的真正动力源。实践证明，大宗散货进出口商一般不依据提单进行交付，主要采用保函等形式提货，数字提单的主要应用在集装箱货物。进口商一般希望更晚付款，所以并不希望提单更快地流转，除非出口商在交易中具有强势地位并提出要求，因此集装箱货物出口商是数字提单的主要需求方。

再结合我国进出口贸易支付方式进行分析。我国出口主要采用 FOB 方式，即离开我国港口就实现交付和结算，这个时间相对较短，可提速的空间并不大，所以我国出口商和国外进口商都没有应用数字提单的动力。而进口多采用 CIF 方式，即到达我国港口进行交付和结算，这个时间对我国企业来说越长越好，其并不希望加快提单的流动；而国外出口商有动力，要开具数字提单就需要国外出口商有强势的商业地位，如澳大利亚矿产等，但多数货物还是买方市场，尤其是集装箱货物，因此卖方号召力有限。可见，现阶段无论进出口，大部分集装箱货物的交付和结算节点都在我国港口，这导致数字提单的应用动力不足。

如果我国从贸易大国成长为贸易强国，出口多采用 CIF、进口多采用 FOB 结算，相当于大部分货物都在国外端交割，我国进出口商均具有强势地位，对数字提单的应用推广将有极大的推动作用。

2. 扶持推广

针对上述分析的问题，要推广数字提单，前期必须采取措施弥补商业环境部分角色的损失。政府可采取措施支持数字提单的应用和平台系统的开发建设；前期可由市、区县政府对使用数字提单的企业和金融机构给予相应的政策支持；鼓励货运代理企业、运输企业、仓储物流企业、外贸企业、金融机构等相关主体使用数字提单，并通过多种方式认可数字提单效力，将其作为运输货物信用证结算、质押融资、单证交易以及提货的唯一单证；政府牵头部门应当协同相关市场主体推动建立各方互信互认的数字提单标准、多式联运业务组织流程、运输安全管理等制度，促进信息系统对接和数据共享，简化数字提单业务办理手续，推动数字提单的推广应用①。

3. 使用规范

鼓励引导企业规范数字提单信息填制，发挥区块链动态验证优势，便捷提单的交易、流转和注销等，促进贸易、物流、金融等信息融合，提高数字提单使用效率和安全性。

4. 开放共享

平台本身应开放非涉密数据，如列车到发时间、货物装卸、船舶进港等货物运输信息应当在数字提单平台上开放，保障运输全程可监测、可追溯，但涉及国家秘密、商业秘密、个人敏感信息等的除外。

口岸物流办、交通运输、商务、海关等部门应当加强数据共享，优化数字提单的监督管理和风险防控。

5. 区域协作

应当采取措施加强陆海新通道沿线地区在数字提单方面的协作，协同相关地区制定与国际接轨的数字提单安全准则、服务要求、业务流程、数据共享等技术标准，统一标准规范，强化技术保障，促进数字提单在陆海新通道的普遍认可和应用。

结　语

数字提单的创制性立法工作充满挑战。鉴于国家层面立法的长期过程，为了积极探索国际经贸规则，重庆已在全国率先展开探索，这一行动具有重大的现实意义。本报告聚焦于《重庆市陆海新通道"一单制"数字提单管理办法》这一地方行政性规章的起草工作，探讨了数字提单创设的架构和思路，结合国际国内提单、电子可转让记录等相关法律法规，回顾了提单的

---

① 《关于加快推进多式联运"一单制""一箱制"发展的意见》（交运发〔2023〕116号），中国政府网，https：//www.gov.cn/zhengce/zhengceku/202308/content_6899866.htm，最后访问日期：2024年11月20日。

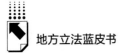

发展历程，从地方立法角度研究了数字提单创制性立法的底层逻辑。尽管取得了进展，但仍存在一些问题需要在实践中进一步完善和改进，例如，基于区块链的数字提单国际适用的国际法支撑和路径构建等问题。为了实现这些目标，我们必须积极地推动数字提单应用，通过实际操作积累丰富的经验，从而推动模式创新、机制优化和法规的完善。

参考文献

郭瑜：《电子可转让记录立法的"单一性"难题和破解》，北京大学出版社，2019。

郭瑜：《提单法律制度研究》，北京大学出版社，1997。

胡正良等：《〈海商法〉修改基本理论与主要制度研究》，法律出版社，2021。

向在胜：《电子提单法律问题研究》，中国方正出版社，2007。

中国国际商会：《跟单信用证统一惯例：国际商会第 500 号出版物》，中国对外经济贸易出版社，1994。

B.8
超大城市公共数据授权运营的
地方治理实践[*]

杨惠琪　胡宇童^{**}

摘　要： 　推进城市数字化转型是大数据时代提升超大城市治理效能的必由之路。公共数据授权运营机制对加强数字政府建设、实现数字经济高质量发展、赋能数字社会治理皆具有深远意义。当下，各超大城市积极探索公共数据授权运营的地方治理路径，围绕授权数据范围、授权运营方式、收益分配机制和安全监管体系制定了不同层级且各有侧重的治理规范。在各超大城市针对数字法治政府建设进行初步探索的实践过程中，未统一公共数据概念界定、授权运营流程制度设计不足、缺乏合理的收益分配机制、监管体系不健全等问题也逐步暴露出来。为了充分释放公共数据潜能，实现公共数据授权运营制度价值，需要从主体和行为要素出发完善公共数据概念顶层设计，围绕组织架构、授权政策、技术基础设施明确各方职能配置，根据数据价值产生路径完善收益分配机制，构建包容审慎、协同合作的多元监管体系。

关键词： 　公共数据　授权运营　数据开放　地方治理

---

* 本报告系重庆市教育委员会人文社会科学研究重点研究基地项目"数字法治政府的地方试验研究：以重庆、浙江等地为样本"（24SKJD005）、西南政法大学地方立法协同创新中心2023年度校级学生专项课题（DFLFX202311）的成果。

** 杨惠琪，法学博士，西南政法大学行政法学院讲师，西南政法大学立法研究院研究人员，研究方向为法学理论、立法学；胡宇童，西南政法大学立法研究院研究人员，研究方向为法学理论。

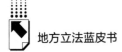

　　2014 年 11 月 20 日，国务院发布《关于调整城市规模划分标准的通知》，规定城区常住人口 1000 万以上的城市为超大城市。① 住房和城乡建设部于 2023 年 11 月公布的《2022 年城市建设统计年鉴》显示，全国共有超大城市 10 个，分别为上海、北京、深圳、重庆、广州、成都、天津、武汉、东莞、杭州。② 超大城市是人口、交通、金融、服务、信息等要素广泛聚集、高速流动形成的巨大量级城市，探索符合超大城市特点和规律的现代化治理新路径是实现国家治理体系和治理能力现代化的必然要求。在当今大数据时代，推进城市数字化转型，加强城市治理和服务体系智能化建设，是不断增强超大城市高效治理能力的重要手段。

　　《中华人民共和国国民经济和社会发展第十四个五年规划和 2035 年远景目标纲要》提出，"加快建设数字经济、数字社会、数字政府，以数字化转型整体驱动生产方式、生活方式和治理方式变革"，③ 为超大城市数字化转型指明了建设方向。随着数字政府建设向纵深推进，政府部门在履行公共职能时收集掌握了海量数据资源，如何开发利用公共数据、充分释放数据潜能、赋能数字经济与社会治理成为重要议题。公共数据授权运营以数据要素市场化利用为机制，遵循价格规律和供需关系，探索数据价值开发，不仅积极回应人民日益增长的美好生活需要，也致力于拓宽政府数据与社会数据的融合路径。这种努力促成了数字经济与数字社会的深度整合和全面转型，对提高数字政府服务效能、增强数字经济竞争力以及推动数字社会进步具有长远影响。但需要指出的是，我国公共数据授权运营制度设计目前仍存在基础概念界定不清、标准规范供给不足等问题，有必要从各超

---

① 《国务院关于调整城市规模划分标准的通知》（国发〔2014〕51 号），中国政府网，https：//www. gov. cn/zhengce/content/2014-11/20/content_9225. htm，最后访问日期：2024 年 6 月 8 日。

② 中华人民共和国住房和城乡建设部：《2022 年城市建设统计年鉴》，中国住房和城乡建设部网站，https：//www. mohurd. gov. cn/gongkai/fdzdgknr/sjfb/tjxx/jstjnj/index. html，最后访问日期：2024 年 6 月 11 日。

③ 《中华人民共和国国民经济和社会发展第十四个五年规划和 2035 年远景目标纲要》，中国政府网，https：//www. gov. cn/xinwen/2021-03/13/content_5592681. htm，最后访问日期：2024 年 6 月 11 日。

大城市地方治理实践出发，探索兼顾整体性与差异性的公共数据授权运营机制优化路径。

一 超大城市公共数据运营规范概况

2021年3月12日，全国人民代表大会制定《中华人民共和国国民经济和社会发展第十四个五年规划和2035年远景目标纲要》，首次提出"开展政府数据授权运营试点，鼓励第三方深化对公共数据的挖掘利用"。同年12月，国务院相继发布《"十四五"数字经济发展规划》和《要素市场化配置综合改革试点总体方案》，指出"对具有经济和社会价值、允许加工利用的政务数据和公共数据，通过数据开放、特许开发、授权应用等方式，鼓励更多社会力量进行增值开发利用""探索完善公共数据共享、开放、运营服务、安全保障的管理体制""探索开展政府数据授权运营"等。为了响应国家号召，也为了完善数据治理体系，提升城市综合治理效能，我国10个超大城市纷纷开启公共数据授权运营地方立法探索实践。

结合2017年以来我国超大城市公共数据授权运营地方治理的实践情况，可以总结出我国公共数据授权运营地方立法具有以下特征：①采取多层次立法进路；②立法进度紧跟中央步伐，经济发达城市治理优势突出；③以政府引导与市场运作相结合为基本理念。

（一）采取多层次立法进路

以"公共数据"和"运营"为关键词，在"北大法宝"数据库中检索并筛选可见，截至2024年6月11日，我国10个超大城市共计发布与公共数据授权运营有较强关联性的地方立法文件38部。其中，地方性法规8部，地方政府规章3部，地方规范性文件27部；立法形式以地方规范性文件为主，从不同效力层级的规范出发，有序推进公共数据授权运营全方位立法。

表1显示，各地包含公共数据授权运营立法内容的法规主要有数据条

例、数字经济（贸易）促进条例两种形式。地方性法规对公共数据授权运营的规定大多采取政策指导型进路，将其视为释放数据资源价值、提升数据治理水平、促进数字经济发展的手段，在对应章节之下对政府提出在本行政区域内建立公共数据授权运营机制的战略定位和工作要求，但并未制定公共数据授权运营的管理办法和实施细则。如《北京市数字经济促进条例》在"数据资源"一章中指明"市人民政府可以开展公共数据专区授权运营"；《杭州市数字贸易促进条例》在"数字营商环境"一章中提出，市和区、县（市）人民政府应当持续推动政务环境优化，完善公共数据授权运营机制，依法推进公共数据开放；《上海市数据条例》单独设置"公共数据授权运营"一节，规定市政府办公厅组织制定公共数据授权运营管理办法，市大数据中心根据管理办法对被授权运营主体实施日常监督管理。

表 1　我国超大城市公共数据授权运营地方性法规

地区	公布时间	文件名称	制定机关	效力位阶
北京	2022.11.25	《北京市数字经济促进条例》	北京市人大（含常委会）	省级地方性法规
上海	2021.11.25	《上海市数据条例》	上海市人大（含常委会）	省级地方性法规
	2022.02.18	《中国（上海）自由贸易试验区临港新片区条例》	上海市人大（含常委会）	省级地方性法规
广州	2022.04.06	《广州市数字经济促进条例》	广州市人大（含常委会）	设区的市地方性法规
深圳	2022.09.05	《深圳经济特区数字经济产业促进条例》	深圳市人大（含常委会）	经济特区法规
重庆	2022.03.30	《重庆市数据条例》	重庆市人大（含常委会）	省级地方性法规
杭州	2024.04.07	《杭州市数字贸易促进条例》	杭州市人大（含常委会）	设区的市地方性法规
成都	2024.06.04	《成都市数据条例》	成都市人大（含常委会）	设区的市地方性法规

从表 2 可以看出，超大城市公共数据授权运营的地方政府规章数量不多，以公共数据领域立法为主要表现形式。地方政府规章并不直接规定公共数据授权运营的管理细则，而是从公共数据基础设施建设、数据采集和治理、数据共享和开放等角度为公共数据授权运营机制的构建与运行奠定坚实

技术基础，营造良好制度环境。例如《上海市公共数据和一网通办管理办法》提出，要建设统一管理公共数据整合、共享、开放的大数据资源平台，对全市公共数据实行统一目录管理，实行公共数据分类共享，建立以应用场景为基础的授权运营机制等。

表 2　我国超大城市公共数据授权运营地方政府规章

地区	公布时间	文件名称	制定机关	效力位阶
上海	2018.9.30	《上海市公共数据和一网通办管理办法》	上海市人民政府	地方政府规章
	2019.8.29	《上海市公共数据开放暂行办法》	上海市人民政府	地方政府规章
武汉	2021.9.27	《武汉市公共数据资源管理办法》	武汉市人民政府	地方政府规章

从表 3 的内容来看，超大城市公共数据授权运营的地方规范性文件主题多样，大致可分为公共数据授权运营专门性立法与推进城市数字化转型、数字政府和新型基础设施建设等政府工作规划文件中的特别规定。地方规范性文件是制定机关响应上级单位政策号召，为落实政府工作目标出台的具体管理办法和任务实施细则，对于切实推进公共数据授权运营机制建立具有实践意义。如《北京市公共数据专区授权运营管理办法（试行）》提出，建立领域类、区域类及综合基础类公共数据专区，并针对专区授权运营管理机制、工作流程、运营单位管理要求、授权数据管理要求、安全管理与考核评估的实施方案作出详细规定。

表 3　我国超大城市公共数据授权运营地方规范性文件

地区	公布时间	文件名称	制定机关	效力位阶
北京	2020.04.09	《关于推进北京市金融公共数据专区建设的意见》	北京市大数据工作推进小组办公室	地方规范性文件
	2020.06.09	《关于加快培育壮大新业态新模式促进北京经济高质量发展的若干意见》	北京市人民政府	地方规范性文件

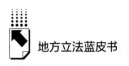

续表

地区	公布时间	文件名称	制定机关	效力位阶
北京	2023.06.20	《关于更好发挥数据要素作用进一步加快发展数字经济的实施意见》	中共北京市委、北京市人民政府	地方规范性文件
	2023.07.21	《北京市贯彻落实加快建设全国统一大市场意见的实施方案》	北京市人民政府	地方规范性文件
	2023.12.05	《北京市公共数据专区授权运营管理办法(试行)》	北京市经济和信息化局	地方规范性文件
上海	2020.01.08	《加快推进上海金融科技中心建设实施方案》	上海市人民政府	地方规范性文件
	2020.12	《中共上海市委、上海市人民政府关于全面推进上海城市数字化转型的意见》	中共上海市委、上海市人民政府	地方规范性文件
	2021.03.17	《2021年上海市政务公开工作要点》	上海市人民政府	地方规范性文件
	2021.07.29	《上海市促进城市数字化转型的若干政策措施》	上海市发展和改革委员会	地方规范性文件
	2022.12.31	《上海市公共数据开放实施细则》	上海市经济和信息化委员会等	地方规范性文件
	2023.09.15	《上海市进一步推进新型基础设施建设行动方案(2023—2026年)》	上海市人民政府	地方规范性文件
	2023.12.29	《上海市促进在线新经济健康发展的若干政策措施》	上海市人民政府	地方规范性文件
	2024.02.04	《中国(上海)自由贸易试验区临港新片区公共数据管理办法》	中国(上海)自由贸易试验区临港新片区管理委员会	地方规范性文件
广州	2017.01.07	《广州市人民政府办公厅关于促进大数据发展的实施意见》	广州市人民政府	地方规范性文件
	2023.04.11	《广州市公共数据开放管理办法》	广州市政务服务数据管理局	地方规范性文件
	2023.11.28	《关于更好发挥数据要素作用推动广州高质量发展的实施意见》	中共广州市委全面深化改革委员会	地方规范性文件
	2023.12.14	《广州市关于进一步深化数字政府建设的实施方案》	广州市人民政府	地方规范性文件

地区	公布时间	文件名称	制定机关	效力位阶
深圳	2020.12.29	《深圳市人民政府关于加快智慧城市和数字政府建设的若干意见》	深圳市人民政府	地方规范性文件
	2021.08.03	《深圳市首席数据官制度试点实施方案》	深圳市人民政府	地方规范性文件
	2023.02.21	《深圳市数据交易管理暂行办法》	深圳市发展和改革委员会	地方规范性文件
杭州	2022.07.29	《关于促进智能物联产业高质量发展的若干意见》	中共杭州市委等	地方规范性文件
	2023.07.24	《杭州市人民政府办公厅关于加快推进人工智能产业创新发展的实施意见》	杭州市人民政府	地方规范性文件
	2023.09.01	《杭州市公共数据授权运营实施方案（试行）》	杭州市人民政府	地方规范性文件
	2023.09.21	《杭州市人民政府关于全力打造营商环境最优市赋能经济高质量发展的实施意见》	杭州市人民政府	地方规范性文件
成都	2020.10.26	《成都市公共数据运营服务管理办法》	成都市人民政府	地方规范性文件
重庆	2017.08.15	《重庆市"十三五"信息化规划》	重庆市人民政府	地方规范性文件
	2023.06.18	《中共重庆市委、重庆市人民政府关于促进民营经济高质量发展的实施意见》	中共重庆市委、重庆市人民政府	地方规范性文件

（二）立法进度紧跟中央步伐，经济发达城市治理优势突出

从文件公布年份来看，2017年至2019年共计出台4部，2020年出台6部，2021年出台5部，2022年出台7部，2023年出台13部，2024年出台3部（见图1）。结合涉及公共数据授权运营的中央政策文件的发布时间及内容可见，2017年至2019年为我国超大城市对公共数据授权运营模式的初步探索期，2020年，各地自主探索工作取得初步进展；自2021年3月12日

《中华人民共和国国民经济和社会发展第十四个五年规划和2035年远景目标纲要》明确指出"开展政府数据授权运营试点"以来，各超大城市纷纷响应国家战略要求，密集发布相关政策文件，我国公共数据授权运营的地方治理由此步入快速发展期。

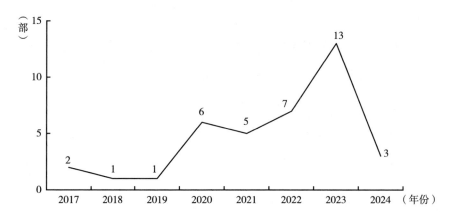

图1 2017~2024年我国超大城市公共数据授权运营立法数量

以文件地域分布为视角，居地区文件发布总量前三位的是上海、北京、广州三个一线城市及杭州这一新一线城市①（广州和杭州的立法数量并列第三），分别发布12部、6部及5部、5部，占全国10个超大城市公共数据授权运营规范文件发布总量的74%（见图2）。此外，四地也是较早开启公共数据授权运营地方治理探索进程的城市，可见在商业资源集聚度、城市枢纽性、城市人活跃度、新经济竞争力和未来可塑性较强的城市，公共数据授权运营立法资源更丰富，地方治理领跑优势突出。

从立法模式上看，我国超大城市公共数据授权运营立法主要可分为四种类型。一是在数据条例等地方综合类数据立法中进行规定，如《上海市数

---

① 新一线城市研究所于2024年5月30日发布"新一线城市魅力排行榜"，将北京、上海、广州、深圳划定为中国一线城市，将杭州划定为中国新一线城市。参见《2024新一线城市魅力排行榜发布！成都，榜首！》，澎湃网，https://www.thepaper.cn/newsDetail_forward_27560268，最后访问日期：2024年6月11日。

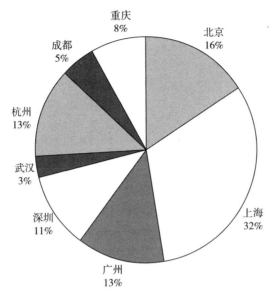

图 2　2017~2024 年我国超大城市公共数据运营立法地区分布

据条例》《成都市数据条例》《重庆市数据条例》。二是在以促进数字经济为主题的法规中提出开展公共数据授权运营，如《北京市数字经济促进条例》《广州市数字经济促进条例》《深圳经济特区数字经济产业促进条例》。三是在公共数据立法项下制定公共数据授权运营规则，如《上海市公共数据开放暂行办法》《武汉市公共数据资源管理办法》等。四是直接对公共数据授权运营进行专门性立法，如《北京市公共数据专区授权运营管理办法（试行）》《杭州市公共数据授权运营实施方案（试行）》等。

（三）以政府引导与市场运作相结合为基本理念

各地公共数据授权运营治理实践以政府引导、市场运作原则为引领，促进公共数据与社会数据的多维度融合和创新性应用，旨在全面挖掘和释放公共数据的潜在价值，赋能城市治理全面数字化转型。

北京市明确将"政府引导、市场运作"列为公共数据专区运营基本原则，强调政府部门统筹管理，充分发挥运营单位主体作用，激发专区数据开

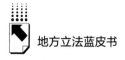
地方立法蓝皮书

发利用内生动力，推动构建"多元主体参与、多方合作共赢"新机制，支持新建专区运营单位落户北京数据基础制度先行区，培育数字经济产业发展新生态。上海公共数据授权运营工作以激励性政策鼓励企业通过实质性加工和创新性劳动开发向社会提供的资产化数据产品和服务，规定由市经济信息化部门对创新模式好、可复制性强、溢出效应显著的开放数据利用优秀成果加强场景应用推广，提升赋能范围，优先推荐参与国家相关试点示范工作；上海市人民政府支持上海数据交易所培育在线新经济特色板块，对挂牌交易且达到一定交易额的在线新经济数据产品按照规定予以专项补贴。广州市公共数据授权运营工作通过"政府监管+企业运营"的方式推进数据要素市场培育，积极探索数据流通交易机制及配套建设，鼓励海珠区积极争取公共数据运营机构入驻琶洲人工智能与数字经济试验区，开展数据经纪人制度试点，同时致力于规范数据要素市场流通中介服务。

二 超大城市公共数据运营治理规范核心要素

授权数据范围、授权运营方式、收益分配模式和安全监管体系是公共数据运营治理的四个核心要素。授权数据范围是数据运营的"原材料"，授权运营方式是运营机制的"发动机"，收益分配模式是平衡数源部门、授权运营单位和数据产品购买者利益的"调节器"，安全监管体系是保障个人和社会数据权益的"总阀门"。要实现公共数据授权运营的制度功能，这四个要素缺一不可。

（一）授权数据范围：市场化运营模式下的分场景授权

国务院《"十四五"数字经济发展规划》指出："对具有经济和社会价值、允许加工利用的政务数据和公共数据，通过数据开放、特许开发、授权应用等方式，鼓励更多社会力量进行增值开发利用。"公共数据授权运营的创制目的是在保障数据安全的前提下，尽可能调动社会力量，充分挖掘公共数据价值，赋能经济发展和社会治理。

168

为实现授权运营的特定目标，通过治理数字化转型驱动超大城市治理模式创新，各地以分领域、分行业、分场景授权为主要模式，开展针对授权运营数据范围的治理实践。北京市坚持以经济社会发展需求为导向，以解决实际问题为落脚点，聚焦本市金融、教育、医疗、交通、信用、文旅等重大领域应用场景及本市重点区域或特定场景建设专题数据区域①；上海市依托市大数据资源平台，允许将医疗、交通、金融等特定领域公共数据授权给特定机构进行开发利用②；广州市以科技、通信、社会保障、卫生健康、交通、企业投融资、普惠金融等重点领域为试点，推进公共数据和社会数据深度融合应用③；成都市以企业数据需求驱动数据授权运营，市新经济委建立常态化数据需求对接机制，针对授权运营可行性高的数据需求与相应企业进一步确认授权内容、使用方式与具体应用场景。④

公共数据授权运营以维护国家数据安全、保护个人信息为前提，地方治理实践遵照"原始数据不出域，数据可用不可见"的总体要求，兼顾数据的安全可控和开发利用，适当限缩授权运营的数据范围。北京市对公共数据运营采取分级授权，针对一级数据允许提供原始数据共享，二级、三级数据须通过调用数据接口、部署数据模型等形式开展共享，四级数据原则上不予共享，确有需求的采用数据可用不可见等必要技术手段实现有条件共享。⑤

（二）授权运营方式：国有资本运营与特许经营

超大城市公共数据授权运营的地方治理探索实践主要采取国有资本运营

---

① 《北京市公共数据专区授权运营管理办法（试行）》（京经信发〔2023〕98号），2023年12月5日发布。
② 《上海市促进城市数字化转型的若干政策措施》（沪发改规范〔2021〕8号），2021年7月29日发布。
③ 《广州市数据要素市场化配置改革行动方案》（穗府函〔2021〕224号），2021年11月24日发布。
④ 张会平、顾勤、徐忠波：《政府数据授权运营的实现机制与内在机理研究——以成都市为例》，《电子政务》2021年第5期。
⑤ 《北京市公共数据专区授权运营管理办法（试行）》（京经信发〔2023〕98号），2023年12月5日发布。

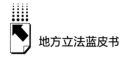

与特许经营两种方式。

国有资本运营方式指国家通过全资或参股方式对项目公司进行统一管理，对授权数据进行增值性开发与利用，由国资公司建设数据加工、处理、流转平台，指明了授权运营机制下公共数据的国有资产属性。国有资本运营主要采取集中统一授权形式，由本级人民政府、公共数据主管部门或数源部门作为授权主体，对国有资本运营公司开展集中授权。在国有资本运营模式下，被授权主体的业务范围较广，涵盖数据开发与运营平台的建设和维护、授权数据的管理和运营等。以北京市、上海市、成都市为代表，北京市经济和信息化部门授权北京金融控股集团有限公司负责建设金融公共数据专区，并承担公共数据的托管以及创新应用的相关任务①；上海市政府专门成立数据运营国资载体——上海数据集团，授权其基于统一规划的公共数据运营平台，执行数据的开源利用任务，并在此基础上提供数据产品与服务②；成都产业投资集团的全资子公司——成都大数据集团股份有限公司，在成都市政府的集中授权下，负责构建成都市公共数据运营服务平台，采用市场化方式开展公共数据运营服务③。

特许经营方式指数据授权者与被授权主体签订公共数据运营协议，约定被授权主体在特定的时间期限和地理范围内，对所授权的公共数据进行投资和运营，在此期间，该主体享有收益权，并负责提供相应的数据产品或服务。④ 以特许经营方式进行的公共数据授权运营采取竞争性授权机制，通过公开发布征集公告遴选符合要求的运营主体。特许经营模式下的被授权主体不享有数据管理权，必须遵循"原始数据不出域、数据可用不可见"的原

---

① 《关于推进北京市金融公共数据专区建设的意见》（京大数据办发〔2020〕1号），2020年4月9日发布。
② 《上海市数据条例》（上海市人民代表大会常务委员会公告〔15届〕第94号），2021年11月25日发布。
③ 张会平、顾勤、徐忠波：《政府数据授权运营的实现机制与内在机理研究——以成都市为例》，《电子政务》2021年第5期。
④ 刘阳阳：《公共数据授权运营：生成逻辑、实践图景与规范路径》，《电子政务》2022年第10期。

则，在授权运营平台内部对已授权的脱敏公共数据进行相应的加工处理。以杭州市为例，杭州市公共数据授权运营工作协调机制办公室经公开征集、专家评审等环节，确定阿里健康科技（中国）有限公司为医疗健康领域的公共数据授权运营单位，围绕健康服务应用场景开展为期 2 年的公共数据授权运营活动。①

（三）数据定价和收益分配：多元利益平衡机制

目前，各超大城市对公共数据运营的数据定价、收益分配问题尚处于探索早期，各地政策制定以平衡公共数据运营各参与方的数据资产权益和投入产出收益为着眼点。

在授权数据定价问题上，多地将授权运营的公共数据视为国有资源（资产），兼顾被授权主体的用益物权与政府的数据资产权益。杭州市采用统筹定价模式，由公共数据主管部门连同价格主管部门，共同策划并制定公共数据的定价管理制度，研究将公共数据的授权运营纳入政府国有资源（资产）的有偿使用范畴，以此实现对财政预算收入的反哺②；上海市探索按一定使用次数付费，以弥补数据治理成本③；重庆市以用途区分授权数据收费机制，促进公共数据在公共治理和公益事业领域的有条件无偿使用，同时，探索公共数据在产业发展和行业应用领域的有偿使用机制。④

在数据运营的收益分配方面，各地区主要遵循"谁投入、谁贡献、谁受益"的原则，研究并构建基于市场评价数据要素贡献并根据贡献程度决定报酬的多方主体价值收益分享机制。重庆市倡导采用分红、提成等多种形

---

① 《关于公布医疗健康领域公共数据授权运营单位的通告》（杭授通〔2023〕1 号），2023 年 10 月 23 日发布。
② 《杭州市公共数据授权运营实施方案（试行）》（杭政办函〔2023〕63 号），2023 年 9 月 1 日发布。
③ 《上海市促进城市数字化转型的若干政策措施》（沪发改规范〔2021〕8 号），2021 年 7 月 29 日发布。
④ 《重庆市数据要素市场化配置改革行动方案》（渝府办发〔2023〕99 号），2023 年 12 月 20 日发布。

式的收益共享机制，同时兼顾数据持有、加工、经营等不同权利主体的利益，以实现收益的公平合理分配①；杭州市试点实施成本分摊、利润分成、股权参股、知识产权共享等多种利益分配机制②；北京市推进公共数据被授权运营方分享收益和提供增值服务，平衡兼顾数据来源、采集、持有、加工、流通、使用等不同环节相关主体之间的利益分配③。

（四）数据安全与运营监管：数据处理者为主，政府部门监督

各地对公共数据运营中数据安全管理和运营监督责任的规定尚不完善。就数据安全与运营监管的规范模式而言，以上海市、北京市、杭州市、成都市为代表，政策主要呈现为授权的数据处理者承担数据安全管理职责，政府管理部门则负责对数据处理者的运营过程进行监督，这种模式确保了数据处理的安全性和合规性。

公共数据授权运营安全管理坚持"谁运营谁负责、谁使用谁负责"的原则，授权运营主体的主要负责人被视为公共数据安全的第一责任人④。授权运营主体应完善数据安全管理制度，组建职能清晰的运营团队，承担数据开发利用、应用赋能环节的数据安全管理责任⑤。授权运营主体应定期将运营安全情况向政府主管部门汇报，在识别到数据安全隐患时，应立即暂停数据处理活动，并迅速向相关部门报告所发现的安全威胁⑥。授权运营主体还应推动建立技术监管体系，充分利用区块链等技术监测安全风险，中止高危

---

① 《重庆市数据要素市场化配置改革行动方案》（渝府办发〔2023〕99号），2023年12月20日发布。
② 《杭州市公共数据授权运营实施方案（试行）》（杭政办函〔2023〕63号），2023年9月1日发布。
③ 《关于更好发挥数据要素作用进一步加快发展数字经济的实施意见》，2023年6月20日发布。
④ 《杭州市公共数据授权运营实施方案（试行）》（杭政办函〔2023〕63号），2023年9月1日发布。
⑤ 《中国（上海）自由贸易试验区临港新片区公共数据管理办法》（沪自贸临管规范〔2024〕1号），2024年2月4日发布。
⑥ 《杭州市公共数据授权运营实施方案（试行）》（杭政办函〔2023〕63号），2023年9月1日发布。

数据授权使用行为①。

政府主管部门对公共数据运营的监督兼具行政管理属性与民事合同权利行使特征。一方面，主管部门应定期开展公共数据授权运营安全检查，及时整改检查中发现的问题，防范数据安全风险②；另一方面，公共数据授权运营主体应当与主管部门在授权运营协议中明确双方的权利、义务和责任，政府部门可定期开展公共数据运营绩效考核评估，并将授权运营主体未尽数据安全义务的行为视为对授权运营协议的违反，以评估结果作为授权运营主体再次申请授权运营的重要依据③。

三　超大城市公共数据运营规范存在的问题

（一）公共数据的概念界定尚未统一

公共数据的概念是授权运营制度的核心和基石，决定数据持有者开放共享数据资源的义务限度以及被授权主体行使数据运营权的边界。2021 年公布的《中华人民共和国数据安全法》（下称《数据安全法》）并未直接定义公共数据，而是在"政务数据安全与开放"一章中，将公共数据的关联概念——政务数据，界定为国家机关或法律、法规授权的具有管理公共事务职能的组织为履行法定职责的需要收集、使用的数据。综观我国超大城市公共数据规范文本，各地立法实践并未就公共数据的定义达成一致。

《北京市公共数据专区授权运营管理办法（试行）》将公共数据界定为"本市各级国家机关、经依法授权具有管理公共事务职能的组织在履行职责和提供公共服务过程中处理的各类数据"，在《数据安全法》对政务数据的

---

① 《北京市公共数据专区授权运营管理办法（试行）》（京经信发〔2023〕98 号），2023 年 12 月 5 日发布。

② 《北京市公共数据专区授权运营管理办法（试行）》（京经信发〔2023〕98 号），2023 年 12 月 5 日发布。

③ 《成都市公共数据运营服务管理办法》（成办发〔2020〕93 号），2020 年 10 月 26 日发布。

定义基础上增加了"提供公共服务"这一数源渠道。《重庆市数据条例》则是在国家机关、事业单位和其他依法管理公共事务的组织之外，以列举方式将"医疗、教育、供水、供电、供气、通信、文旅、体育、环境保护、交通运输等公共企业事业单位"纳入生成公共数据的主体范畴，《深圳经济特区数据条例》及《上海市公共数据开放实施细则》也采取相似定义形式。

梳理地方数据治理政策文本可见，各地在《数据安全法》的立法基础上不同程度地拓展了公共数据的概念内涵。一方面，公共数据范围的扩张将更多数据纳入共享、开放、开发、利用环节，有利于深度释放数据价值，赋能超大城市社会治理创新和实体经济发展；另一方面，地方立法对公共数据界定的自主扩张是行政权力膨胀的表征[1]，蕴含数据授权与保护公民个人隐私权二者难以平衡的隐忧[2]。为维护经济社会发展利益，保护公民个人数据权益，提升政府公信力，有必要从顶层设计出发，统一地方立法对公共数据的概念界定。

（二）授权运营流程制度设计不足

公共数据授权运营的地方立法并未就授权的主体、对象、内容、方式等授权环节的关键内容作出充分制度安排，实践中授权运营各参与方的职能分配不明晰。[3]

10个超大城市中，仅北京市、杭州市、成都市三地出台了以公共数据授权运营的实施和管理为标题的专门性规范文件，其他地区大多将公共数据授权运营规则规定在各地数据条例、数字经济促进条例、公共数据管理办法等文件的章节中。《北京市公共数据专区授权运营管理办法（试行）》和《杭州市公共数据授权运营实施方案（试行）》均指明由市级数据主管部门

---

① 马颜昕：《论公共数据的范围》，《行政法学研究》2024年第4期。
② 王伟玲：《政府数据授权运营：实践动态、价值网络与推进路径》，《电子政务》2022年第10期。
③ 张斯睿：《新趋势下的公共数据授权运营推进反思》，《信息通信技术与政策》2024年第4期。

以发布公告—审核申请—签订协议的方式授权公共数据的运营单位，但并未厘清授权运营各参与方的权责划分、协作机制与权利边界。《重庆市数据条例》和《广州市数字经济促进条例》仅提出探索公共数据授权运营机制的政府工作导向，并未深入推进公共数据授权运营制度构建。《上海市公共数据开放实施细则》和《广州市公共数据开放管理办法》等公共数据领域立法仅在数据利用章节提及公共数据授权运营的机制特征，鼓励数据利用主体对开放数据进行实质性加工和创造性劳动，以形成数据产品并依法进入流通交易市场。

一方面，地方立法中公共数据授权运营流程规范设计的不足表明某些地方政府尚未破除行政封闭主义的思想藩篱，对公共数据的开放、共享、运营尚持保守态度，缺乏推进制度构建的动力。另一方面，公共数据授权运营权责体系模糊，不利于充分发挥机制效能，政府会将制度框架内本应由其承担的部分管理和运营职能转嫁给被授权主体，在扩张运营单位权利边界的同时，也造成数据利用功能错配。

（三）缺乏合理的运营收益分配机制

我国超大城市公共数据授权运营收益分配的治理实践以谋求各参与方的利益平衡为指导思想，但尚未探索形成适应执行环节的利益分配路径，导致授权运营数据难以维持高质量供给、公共数据应用场景挖掘不充分、参与主体积极性不足等问题，影响了公共数据的价值释放。

公共数据授权运营收益分配主要涉及公共管理和服务机构、数据运营单位和用户三大主体，数据运营单位通过向市场用户提供数据产品和服务获取收益，公共管理和服务机构并不直接参与数据市场交易，而是通过数据有偿使用方支付公共数据使用费的方式实现利益分配。[1] 实践中，就政府对授权运营的公共数据收取使用费的合理性和限度问题存在争议。一方面，公共管

---

[1] 童楠楠等：《数据财政：新时期推动公共数据授权运营利益分配的模式框架》，《电子政务》2023年第1期。

理和服务机构在汇集、存储、传输公共数据的过程中会产生一定成本支出，政府向公共数据运营单位收取使用费，既可以弥补数据治理成本，反哺财政预算收入，也可以调动有关部门参与公共数据授权运营的积极性；另一方面，公共数据使用收费引发公共数据权属之争，基于数据的多元主体面向，难以在立法中妄下定论，容易引发公众对政府利用公共数据授权运营谋利之疑。

此外，在授权运营主体开发形成的数据产品及服务的定价问题上，各地以鼓励探索市场化自主定价模式为主。一方面，政府积极支持数据要素市场化配置，主张以市场供需机制激励数据运营单位开拓创新，开发满足市场主体多元需求的数据产品和服务；另一方面，公共数据授权运营具有公共服务属性，若数据产品的定价未受到政府的严格监管，可能导致数据运营单位将数据产品和服务的高成本转嫁给市场参与者，从而削弱用户的购买意愿，违背公共数据授权运营制度的创制目的。[①]

（四）授权运营监督管理体制不健全

公共数据授权运营涉及多方参与主体和海量数据流转，公共数据因其多维面向具有高敏感性，极易发生数据泄露、数据滥用、数据传输风险，政府监管难度较大。超大城市地方数据治理在尚不健全的授权运营数据安全保障体系下，贸然推进公共数据的流通、运营和交易，为后续的数据开放利用埋下了安全隐患。

第一，我国公共数据授权运营缺乏统一高效的运营监管体系。数据较之其他公共资源载体特殊、传输速度快、流通范围广，因此公共数据安全监管依赖跨地域、跨部门、跨层级的监管合力。然而，我国尚未成立国家层面的数据授权监管平台，各地授权运营监管部门在沟通协作上也存在条块分割、壁垒林立等问题，难以形成统一监管局面。[②]

[①] 宋烁：《构建以授权运营为主渠道的公共数据开放利用机制》，《法律科学》2023 年第 1 期。

[②] 王伟玲：《政府数据授权运营：实践动态、价值网络与推进路径》，《电子政务》2022 年第 10 期。

第二，我国公共数据授权运营地方立法未规定完善的技术标准。公共数据授权运营涉及数源部门、多级开发单位等责任主体，包含数据脱敏脱密、结合特定算法的数据计算和加工处理、数据应用开发等环节，这些环节都有一定技术要求，任何一个环节处理不当就会诱发数据安全风险甚至安全事故。各超大城市公共数据授权运营治理亟须探索建立技术合规标准体系。

第三，多地治理实践将数据运营单位规定为数据安全的第一责任主体，政府则承担安全责任轻于前者的运营监督工作。一方面，由数据运营单位主要负责数据安全保障可以弥补行政监管的滞后性，数据运营单位能够及时预测、发现并填补数据市场运行期间出现的新型数据安全漏洞；另一方面，公共管理和服务机构将公共数据的管理开发权限过多转交给私主体，会妨碍政府代表的公共导向性能[①]，立法须划定政府和数据运营主体明晰的监管责任边界。

四　超大城市公共数据运营的治理完善路径

（一）以国家立法明确界定公共数据概念

为了建立高效稳定的公共数据授权运营规范体系，统一划定授权运营的数据范围，有必要从主体要素和行为要素出发完善公共数据概念顶层设计，指导各地公共数据授权运营治理工作的开展。

超大城市地方立法大多将公共数据的主体要素界定为"国家机关+经依法授权具有管理公共事务职能的组织+某些公共领域的公共企业事业单位"，而企业在经营公共服务性质业务时形成的有关公共利益的数据兼具公私属性，是否应当将该部分数据投入授权运营存在争议。本报告认为，企业在经营公共服务性质业务或运营政府特许经营项目，形成涉及公共利益的数据

---

① 〔新西〕迈克尔·塔格特：《行政法的范围》，金自宁译，中国人民大学出版社，2006，第163页。

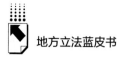

时，占用了一定社会公共资源。为了充分挖掘公共数据赋能经济社会发展的潜在价值，有必要扩大授权运营的"数据池"，将企业经营上述项目形成的涉及公共利益的宏观数据，经过脱敏脱密处理后纳入授权运营的公共数据范围，用于行业分析和数据产品开发。

目前，各地政策文本对公共数据产生方式的规定尚不具体，主要包括"收集、获取、制作、处理"等模糊性规定，并未明确公共数据的行为要件。授权运营的公共数据主要有两类产生途径，一是通过收集和获取直接产生，二是经由制作和加工衍生形成。实践中，关于公共数据主体在履行职责和提供公共服务过程中利用原始数据加工处理形成的数据能否对外授权运营存在争议。《中共中央、国务院关于构建数据基础制度更好发挥数据要素作用的意见》指出，要建立数据资源持有权、数据加工使用权、数据产品经营权等分置的产权运行机制，支持数据处理者依法依规行使数据应用相关权利，促进数据使用价值复用与充分利用，促进数据使用权交换和市场化流通。由此可见，政府以推进数据要素市场化配置、充分释放公共数据价值的开放性态度为数据立法的理念基调。因此，公共数据主体基于合法合规授权和利用形成的二次加工数据，也属于授权运营的公共数据范畴。

（二）强化授权运营流程规范设计

公共数据授权运营地方治理需要围绕组织架构、授权政策、技术基础设施等方面加强运营管理规范体系建设，明确授权运营各参与方的职能配置和权责划分。

公共数据授权运营的组织架构涉及数源部门、数据主管部门、数据运营单位、平台建设主体、市场用户五方角色。数源部门负责公共数据的收集、存储、传输等，确保授权运营的公共数据安全、合法、合规。数据主管部门指导和监督公共数据运营活动，负责数据安全检查和运营绩效考核评估等，大多数数据主管单位也是与运营单位签订授权运营协议的授权主体。在数据主管部门的监管框架内，数据运营单位对授权数据进行加工处理，并开发出面向市场需求的数据产品或服务。平台建设主体负责公共数据运营平台的构建和维护，使平台发挥数据汇聚、存储、接口、交易结算等功能。市场用户通过购买符合自身数据需求的数据产品或服务，直接赋能特定场景数字化转型与创新发展。

为了平衡数据安全与价值开发，地方立法需要制定区分应用场景、数据类型和数据敏感度的数据分类分级授权政策。政府可以根据数据的重要性、敏感性、被危害程度等因素划分对应的保护等级，结合相关行业标准适用不同程度的数据开放与授权幅度。[①] 针对不同类别和保护等级的公共数据，政府可以根据数据的使用频率和规模设置不同的数据使用价格。

技术基础设施是决定公共数据运营实际质量的关键，地方治理需要完善技术基础设施建设的规范标准。技术基础设施核心组件包括数据目录和元数据管理、数据交换和 API 接口、用户身份认证和访问控制、数据脱敏和匿名化处理等，政策制定机构可以通过组织专家座谈会的形式吸纳专业数据技术人员参与技术标准规范制定，为数据运营、维护、管理搭建坚实的技术平台。

（三）完善公共数据授权运营收益分配机制

公共数据授权运营收益分配不应聚焦公共数据财产权的归属，而应根据数据价值的产生路径讨论具体的分配机制。[②]

公共数据授权运营形成的面向市场的数据产品和服务主要由三方价值构成。第一，基于"数据原发者理论"，来源于个人的公共数据有自然人创造数据的基础性价值；[③] 第二，数源部门在公共数据的开放和授权中支出数据平台建设维护成本，公共数据汇集、存储、传输成本；第三，数据运营单位对被授权使用的公共数据投入运营资金和创造性劳动，提供公共数据的增值性服务。对"数据原发者"的利益分配来源于数据产品和服务的政府财政

[①] 商希雪、韩海庭：《数据分类分级治理规范的体系化建构》，《电子政务》2022 年第 10 期。

[②] 张翔：《数据权益之内涵划分及归属判断》，《上海法学研究》2020 年第 3 期。

[③] 童楠楠等：《数据财政：新时期推动公共数据授权运营利益分配的模式框架》，《电子政务》2023 年第 1 期。

税收，以及公共数据开发利用对经济社会发展的赋能效应；数源部门的利益补偿来自授权运营单位数据使用费的缴纳；数据运营单位则通过数据产品和服务的市场化交易获得收益。公共数据授权运营收益分配机制设计应当综合考虑各主体对数据价值的投入和贡献，力求达到各方利益的平衡。

一方面，为了补偿数源部门的成本支出，调动其参与数据开放与授权运营的积极性，有必要由数据运营单位向政府支付有偿使用公共数据的费用。但为了不给运营单位造成过大经济压力，鼓励其将更多资金投入数据创新性开发，形成高价值数据产品和服务，推动民营经济转型和社会高效能治理，需要将公共数据使用费控制在数据治理成本范围内。另一方面，为了兼顾数据运营单位的利润收益与公共数据开发的社会效益，需要采用在政府监督指导下的数据产品和服务市场化定价模式。

（四）健全公共数据授权运营安全监管体系

公共数据涉及大量个人隐私与社会安全敏感信息，超大城市地方治理须探索兼顾数据安全与治理效能的公共数据授权运营监管进路。

第一，各地要加强数据安全协同监管。数据具有跨地域跨领域高速流动的特性，而不同区域对数据运营的监管规范标准不一，国家也未搭建公共数据授权运营统一监管平台，不利于落实公共数据流通全生命周期的质量管控。在构建公共数据授权运营的安全监管体系过程中，要统筹规划、因地制宜，解决共性问题，协调地域差异。各地政府要探索建立公共数据授权运营安全监管协同合作机制，鼓励地区、行业、组织等不同层级制定统一管理标准规范。

第二，各地政府可以探索构建政府主导下的多元监督体系。数据运营具有高技术性与强专业性，政府可以吸纳数据行业专家参与订立公共数据汇集、存储、传输、授权、链接、加工处理、交易等各环节的技术标准，并辅助政府进行公共数据授权运营全流程技术安全监管。同时，行业自律组织监管也是公共数据运营多元监督体制的重要组成部分，有助于在授权运营单位内部营造良好的自律管理生态。

第三，地方政府要探索"包容审慎"监管模式。公共数据授权运营属于数字经济领域的新产业、新业态和新模式，政府要严格把握监管权力边界，在保障数据安全的同时，不抑制运营单位的创新性探索动力。各地政府要积极推进公共数据授权运营试点，建立安全容错机制，及时总结试点工作监管经验，并将其融入监管政策总体规划。地方数据安全治理要推动构建技术监管体系，制定数据风险应急预案，以技术手段及时监测运营安全风险并阻止损害扩大，对运营单位未触发风险预警的运营行为适当降低监管强度。

参考文献

庞琳：《数据资源的国家所有：权属反思与重构》，《北京行政学院学报》2022 年第 5 期。

申卫星：《论数据用益权》，《中国社会科学》2023 年第 11 期。

宋华琳：《中国政府数据开放法制的发展与建构》，《行政法学研究》2018 年第 2 期。

衣俊霖：《论公共数据国家所有》，《法学论坛》2022 年第 4 期。

B.9
地方人大数字化改革实践
——以重庆市数字人大建设为例

潘虹为 *

摘　要：　地方人大数字化改革是发展全过程人民民主、加快建设数字中国、加强和改进新时代地方人大工作的必经之路，但在改革进程中仍然面临改革理念认知、共建共享机制、应用场景规划、数据安全风险等方面的挑战。本报告结合重庆市人大常委会数字人大建设实践，厘清业务与数字、顶层与基层、存量与增量、共享与安全、理论与制度的关系，以期提供地方人大数字化改革路径优化方案。

关键词：　数字人大建设　数字化改革　地方人大

　　党的二十大报告科学擘画了中国式现代化的宏伟蓝图，作出了加快建设数字中国的重大部署。习近平总书记强调，加快数字中国建设，就是要适应我国发展新的历史方位，全面贯彻新发展理念，以信息化培育新动能，用新动能推动新发展，以新发展创造新辉煌。[①] 当前，重庆正深入贯彻落实习近平总书记关于数字中国建设的重要论述，以数字重庆建设推动各级各部门流程再造、数字赋能、高效协同、整体智治。数字中国、数字重庆的加速推进，为推动重庆人大工作观念、方法、机制创新，进一步坚持好、完善好、运行好人民代表大会制度带来了源源动力。如何运用数字化技术、数字

---

　　*　潘虹为，重庆市人大机关党委办公室副主任，研究方向为人大制度理论。
　　①　《习近平致首届数字中国建设峰会的贺信》，中国政府网，https://www.gov.cn/xinwen/2018-04/22/content_5284936.htm，最后访问日期：2025年3月5日。

化思维、数字化认知，对人大工作体系、业务流程、体制机制进行变革与重塑，将数字人大建设放进中国式现代化的宏大场景中谋划推进，是新时代地方人大工作面临的重要课题。

一 地方人大数字化改革的时代机遇

（一）机遇一：发展全过程人民民主的必然要求

党的二十大报告把"发展全过程人民民主"确定为中国式现代化的本质要求之一，对"发展全过程人民民主，保障人民当家作主"作出了全面部署。2021 年 10 月 13 日至 14 日，习近平总书记在中央人大工作会议上发表重要讲话，强调人民代表大会制度是实现我国全过程人民民主的重要制度载体。[①] 可以说，发展全过程人民民主是地方人大工作迭代升级、系统重塑的重要契机。全过程人民民主的核心要义在于"全过程"，在于如何将民主原则贯穿政治实践全过程，将民主程序内化于制度建设全过程，将民主权利普惠至每一个公民个体。这种全链条、全方位、全覆盖的民主要求，无疑在人力、物力、时间、空间方面带来挑战，而数字化改革正好可以弥补短板。

（二）机遇二：加快建设数字中国的题中之义

当前，数字技术逐渐成为一种通用技术，数字化生存成为现实。[②] 随着互联网、大数据、云计算、人工智能、区块链等新技术深刻演变，数字中国建设已经成为数字时代推进中国式现代化的重要引擎和构筑国家竞争新优势的有力支撑。近年来，数字政府建设先试先行、持续推进，"一网通办""最多跑一次"等政务服务数字化成果深得民心。发展数字政务，旨在以数字技术服务党政机构职能转变、制度创新以及流程优化，以数智化全面提升

---

① 习近平：《在中央人大工作会议上的讲话》，《求是》2022 年第 5 期。
② 马述忠：《弥合数字鸿沟 推动数字经济发展》，《光明日报》2020 年 8 月 4 日，第 3 版。

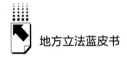

党政机关整体智治能力，推动不同地区、不同群体充分享受政务服务资源。作为数字政务的重要一环，数字人大建设已然成为地方人大拥抱国家战略发展的必然选择。

（三）机遇三：加强和改进地方人大工作的现实需要

随着我国进入新发展阶段，人民群众对美好生活的需求日益丰富，新业态、新行业、新事物层出不穷，急需地方人大通过数字化改革实现科学立法、民主立法、依法立法，以更加健全的法规制度对新兴事物加以调整、规范和保障。同时，数字政府、数字司法建设如火如荼，人大作为监督机关，应当及时推进数字化改革，以便更加正确、有效地对同级"一府一委两院"工作开展监督。此外，地方人大还需充分运用数字化技术，在吸纳民意、汇集民智方面下足功夫，在发挥人大代表职能作用上下足功夫，营造更加良好的民主法治环境和稳定的社情民意基础。

二 地方人大数字化改革的主要挑战

近年来，以浙江、江苏、广东等为代表，各地各级人大常委会统筹部署、抢抓机遇，在地方人大数字化改革领域进行了许多有益探索，取得了阶段性改革成效，但笔者研究后发现，当前改革进程中仍然存在不少挑战。

（一）对数字化改革理念存在模糊认知

数字化思维尚未完全建立。数字人大建设不仅在于数字技术的运用，亦应聚焦于数字思维的构建，并使之贯穿始终。部分人大工作者还未充分适应数字化改革浪潮，仍习惯运用以往固有的方式开展工作，对数字化改革成果的接受度不高，认为新技术不成熟、不方便、不管用，徒增工作难度，对数据的获取和运用依赖于"一府一委两院"等部门的收集和提供，未能形成独立的数字化思考习惯。

数字化认知尚未完全突破。数字化认知是感知数据、挖掘数据、分析数据并运用数据辅助决策的自我意识。部分人大工作者对数字化改革理论知识学习不够、理解不深，对数字人大建设的认知仅停留在机关信息化建设阶段，简单理解为无纸化办公、在线阅文审批、电子化投票等技术性工作，未能从推动工作体系重构、业务流程再造、体制机制重塑的角度去谋划思考（见图1）。

图1　数字人大建设演进阶段

数字化技术尚未完全融合。部分人大工作者对数字人大建设参与不深、兴致不高，对数字化技术缺乏深入了解，认为数字化改革是信息技术部门和维保工程团队的事，具体使用的业务部门则可以置身事外，等到应用成熟落地后再直接使用，导致数字技术与业务工作无法深度融合，一定程度上存在改革与业务"两张皮"的风险。

（二）缺乏行之有效的共建共享机制

人大与"一府一委两院"之间存在信息壁垒。在党委统一部署下，"一府一委两院"也在开展数字建设，特别是数字政府建设已开展多年，建成并投用了很多行之有效的信息系统。但管理模式"条块分割"，一些部门将数据信息当作行业机密或"私有财产"，导致申请时间长、流程复杂和数据使用次数、时段、频次受限等现象时有发生，信息共享与业务协同方面供需矛盾突出。根据某省情况来看，部门数据共享需求满足率仅为42%，65个国家垂直管理系统、64个省级垂直管理系统仍未实现与各级政务服务系统的数据共享交换。[①] 如果人大"关起门来搞建设"，不接触或者不运用"一府一委两院"已有的数据信息，会导致信息采集渠道不一、统计口径不一、质量标准不一，出现自建系统无法实现端口对接的情况，难以为精细立法、

---

① 王伟玲：《数字政府：开辟国家治理现代化新境界》，人民邮电出版社，2022，第33~34页。

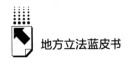

精准监督等工作提供有效支撑。

各级人大之间、人大各专工委之间容易"各自为政"。当前数字人大建设缺乏明确的、自上而下的统筹指挥，基层人大获取更高层级数据信息的渠道狭窄，各级人大常常结合同级党委的中心工作独立开展数字建设，各专工委常常围绕某一特定职能业务开发单项系统，容易产生单打独斗、重复开发、资源浪费等现象。"各自为政"还容易忽略未来各个系统之间如何整合兼容、是否预留端口接入、数据是否产生冲突等问题，导致数字人大建设"烟囱林立"，陷入碎片化危险。

（三）缺乏应用场景体系性规划

应用场景的可行性挑战。应用场景是各类数字化开发建设主体在公共管理、城市服务、优化内部管理中提供的数字产品集合。[①] 在谋划应用场景时要遵循"大场景、小切口"原则。人大的应用场景建设既要满足人大业务的"小切口"需求，又要突出党委所作重大决策的"大场景"需求。"大场景"的首要要求是深刻领悟党委中心工作的实质内涵、阶段目标、未来规划，不能自立山头、各搞一套。"小切口"又要求紧扣人大自身业务，精准选择场景，避免过于空泛或与其他部门的应用场景雷同，陷入同质化禁区，造成"数字形式主义"。把握好二者之间的关系，找准数字人大建设的切入点，是应用场景设计可行的重要因素。

应用场景的增效性挑战。应用场景是新一代信息技术成果转化的新生态载体，也是检验数字人大建设实效性的重要方式。增效性主要体现在多跨、集成、管用原则上。数字人大的应用场景建设既要谋划人大系统内部跨层级的整体规划，鼓励一地创新、多地使用，也要针对立法涉及的领域不同、监督的对象不同等情况，谋划与党委、"一府一委两院"之间跨部门、跨系统的数字工作，最终将业务与数据综合集成，实现实质性闭环管理，达到多跨、集成的效果。同时，设计出的应用场景如果只是为了改革而改革，忽略

---

① 李季：《中国数字政府建设报告（2021）》，社会科学文献出版社，2021，第229页。

了用户怎么进入、怎么使用、好不好用等问题，就容易影响用户体验，降低用户使用频率，实用性大打折扣。

应用场景的普及性挑战。数字时代产生了一批新的弱势群体，俗称"数字盲人"，即不会运用数字技术的人。如大量老年人或者不擅长使用智能手机的人由于数字技能缺失，加之部分应用软件操作界面太过复杂花哨、违背用户操作习惯，逐渐被数字时代边缘化。又如大量政务网站、应用软件没有开展电子无障碍建设，残障人士无法通过数字技术获取更多的信息和参与有关活动。数字技术的产生是为了惠及更多人，数字人大建设更是为了健全吸纳民意、汇集民智的工作机制，让广大人民群众充分表达民主意愿、广泛参与民主实践。如果忽视应用场景的普及性，给用户使用带来困难，就会逐渐流失用户，导致吸纳民意、汇集民智的渠道变得狭窄且固化，最终造成决策偏差。

（四）数据安全风险有待高度重视

政务信息泄露造成网络安全风险。建设数据安全保障体系是开展数字人大建设的首要基础，必须提早谋划，不能回避。近年来，世界范围内的"棱镜门"数据监听事件①、"瑞典政务数据泄露"事件②、"境外黑客组织攻击我国科研机构"事件③等政务数据安全事故频发。面对复杂严峻的国际形势，人民代表大会制度作为我国根本政治制度的权威和形象不容挑衅和歪曲。人大代表及人大工作者在依法履职过程中接触到的"一府一委两院"政务信息和人民群众提出的意见建议，应当被依法用于立法、监督、决定等

---

① 2013 年 6 月，前美国中央情报局特工斯诺登披露美国国家安全局通过社交平台监控美国公民日常网络生活。

② 2017 年，瑞典交通管理局将资料库及通信服务外包给美国 IBM，IBM 又将部分工作转包给合作伙伴 NCR，因 NCR 疏忽，没有许可权的员工接触到敏感信息，导致瑞典公路、桥梁承载力等国家机密和个人信息泄露。

③ 2022 年，国家计算机病毒应急处理中心和 360 公司分别发布了关于西北工业大学遭受境外网络攻击的调查报告。此次调查报告披露，美国国家安全局利用大量网络攻击武器，针对我国各行业龙头企业、政府、大学、医院、科研机构等长期进行秘密黑客攻击活动。

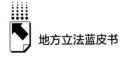

工作，必须坚决防止这些信息被非法机构或者不法分子掌握与利用，侵害国家机关和人民群众利益。数据安全是数字工作的底线，也是网络时代必须面对的巨大挑战。

数字公司权力过剩与越界不可控。数据不仅是治理资源，也是一种权力，拥有数据、运作数据、制定算法是数字权力的重要内容。[1] 数字人大建设中涉及的技术性问题，需要依托数字公司的智力支持。人大在数字建设中优先考虑政治属性、人民属性和公益属性，数字公司则优先考虑利益属性。数字权力制约不当，会导致权力滥用、权力寻租、权力异化，使资本利益侵占公共利益，在一定程度上威胁公民合法权益和公权力良好运行。现有法律制度较少对数字公司进行约束，如果监管不到位，数据很可能按照少数人的主观意愿被篡改或者被利用，造成数据样本不全面、数据采集不准确、数据处理不规范等问题，甚至产生侵犯隐私、倒卖数据、间谍通敌等违法行为。

涉密传输和安全预警机制不完善。由于各地各级人大的数字化系统基本相互独立，与"一府一委两院"系统大多也未连通，跨层级、跨部门、跨地域的数据资源缺乏安全可靠的传输渠道，安全预警机制也不尽完善，数据交换环境存在较大风险。这对人大机关的数据管理能力、风险应急处理能力、技术保障能力、数据隐私保护能力以及第三方机构的监管能力都构成严峻挑战。

三 重庆市人大常委会数字人大建设探索实践

（一）实践和机制准备

近年来，重庆市人大常委会在推进数字建设方面做了大量工作，建立完善人大预算联网监督系统、国资管理联网监督系统等，推进人大代表履职服

---

[1] 姚尚建：《数字治理中的权力控制与权利破茧》，《理论与改革》2022年第3期，第9页。

务、议案建议、代表家站点等系统建设，开展法规规章规范性文件数据库建设试点工作，谋划"规范性文件融e查"等应用开发，初步形成市人大部分核心业务数字化成果。2023年4月25日，重庆市委召开数字重庆建设大会。数字人大被纳入数字党建系统、民主法制跑道第一批启动建设的重大应用系统项目。同年6月2日，重庆市人大常委会办公厅出台《重庆市人大常委会数字人大建设方案》，明确了"坚持顶层设计、统筹建设""坚持需求导向、重在应用""坚持迭代升级、增量开发""坚持多跨协同、业务重塑""坚持完善机制、安全发展"5项原则，探索提出了数字建设主要目标和整体框架布局。

（二）技术和平台建设

市人大常委会正按照市委"最快系统部署、最小投入代价、最佳实战效果、最大数据共享"的要求，全面梳理人大核心业务，编制"三张清单"，新建全市人大数据仓，制定全市统一的人大数据资源目录体系和数据共享交换机制，构建全市人大一体化智能化公共数据资源体系。建设过程按照"迁移一批、迭代一批、开发一批、谋划一批"的要求，分类分级推进立法工作、监督工作、决议决定、人事任免、代表工作"五个业务场景"，重点包括构建规范性文件融e查、人大代表全渝通、数智立法、人大监督、人大智管等应用场景。同时，按照"打造全过程人民民主基层单元"要求，以数字化建设推动人大核心业务下沉到代表家站点、基层立法联系点、街道居民议事会等基层单元，实现民意民智的全天候汇集和全闭环处理。截至2023年12月，重庆市人大常委会规范性文件融e查、全市人大数据仓、重庆市法规规章规范性文件数据库、任前法律知识考试及人大代表全渝通部分功能模块已初步建成并上线试运行。

四　地方人大数字化改革路径探析

结合重庆市人大常委会数字人大建设实践，笔者建议，从处理好业务与

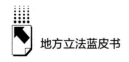

数字、顶层与基层、存量与增量、共享与安全、理论与制度的关系入手，着力解决数字人大建设面临的困境与挑战。

（一）厘清数字建设逻辑，处理好业务与数字的关系

一要强化数字共识。全体人大工作者要充分认识到数字人大建设的重要性，清晰辨别当前面临的机遇和挑战，准确把握变革重塑、数字赋能、整体智治、量化闭环的内涵要求，自觉对人大工作中的传统理念、制度、体系和手段进行系统性重塑，推动人大干部队伍的数字化技术、数字化思维、数字化认知整体提升，使人大业务通过数字赋能实现从宏观到微观、从定性到定量、从不确定到确定的整体智治。

二要紧扣核心业务。用好"V模型"，认真梳理、层层分解、审慎研判人大核心业务，自上而下将任务逐级拆分为事件、事项，直至最小颗粒，再自下而上综合集成、优化组合，形成协同推进的"一件事"。要清晰认识到核心业务既非边缘、辅助、零碎的业务，也不等同于人大的全部业务，更不是所有核心业务都一定要进行数字化改革。要聚焦解决现代化新重庆建设中最急需的关键问题，加强和改进新时代人大工作中最迫切的重大问题，迭代升级已有的应用场景，探索打造必要的应用场景，全链条、全覆盖赋能立法、监督、代表等人大核心业务。

三要把握"三张清单"。从"重大需求清单"出发，聚焦经济社会发展和民主法治建设领域的重点、难点，找准人大业务最现实、最紧迫的变革需求。从"多跨场景清单"发力，厘清市人大各专工委之间、市人大与"一府一委两院"之间的业务关系，通过核心业务紧密结合、高频业务联动贯通，实现人大工作与"一府一委两院"工作的多跨协同。从"重大改革清单"破局，筛选出改革突破口，推动改革可量化、易操作、能落地。

（二）统筹规划协同创新，处理好顶层与基层的关系

一要坚持顶层设计。信息壁垒就是缺乏顶层设计的结果。数字人大建设是一个复杂的巨系统，必须强化系统观念、用好系统方法、统一话语体系，

坚持以"系统+跑道+应用"的模式，在整体架构内搭好"四梁八柱"，优化细化立法、监督、代表、决议决定、选举任免、机关智治等数字跑道，统筹规划好各条数字跑道之下的重大应用建设，统筹规划好不同区县人大参与不同领域、不同板块的数字建设试点，避免走弯路和碎片化建设，最终实现纵向全线贯通、横向全链条联动。

二要鼓励基层创新。构建全市人大系统重大应用建设激励机制，建立领跑者标准、揭榜挂帅等机制，调动基层人大积极性，鼓励基层人大在市人大统筹下有序建设、先行探索、局部破题。健全优秀应用培育、优化、评价、推广机制，及时提炼总结区县人大依法履职的"一件事"场景和最佳应用实践，论证成熟后在全市提级推广。

（三）提升综合集成水平，处理好存量与增量的关系

一要注重集成高效。数字人大建设不是另起炉灶、推倒重来，而是优化存量、开发增量。在全面摸清底数、全面贯通谋划的基础上，牢固树立"一盘棋"思维，贯彻"一本账"要求。市人大负责数字人大重大应用建设、贯通和迭代升级，不断优化存量、谋划增量。区县人大则负责试点应用开发、落地、推广等。市人大已建或者计划建设的应用、有关区县人大试点开发的应用，其他区县人大不应再重复立项、多头建设。注重与渝快政、渝快办和市委、市"一府一委两院"、各区县人大的应用实现端口融合、模块整合，特别是人大工作的重大应用场景要加快与渝快办实现贯通，让人民群众、人大代表在渝快办 App 中实现一键智达、快捷操作，用亲身实践体验和共享数字人大建设成果。

二要坚持深度开发。同一业务的数字化改革要彻底，最大限度探索实用功能，为用户提供更为友好的操作环境。以市人大拟新建的"智慧立法综合系统"为例，前端要围绕如何导入更多用户、如何更加广泛凝聚社情民意，以便拓宽立法建议收集渠道、通过大数据智能分析立法需求、科学智能选择立法调研项目等；中端要围绕法规立项、起草、审议等环节构建多跨协同的起草工作机制，健全市人大与市政府、区县人大、基层立法联系点、人

大代表、立法专家的数字化联系，可视化辅助常委会组成人员或人大代表开展审议工作，实现各方面在地方立法中全流程、无障碍地掌握情况、提出意见、反馈交流、落实整改；末端要围绕法规实施、修改、废止等环节，智能化检查法规实施情况，预警法律法规之间的冲突抵触情况，科学及时提出修改或者废止建议等。"智慧立法综合系统"要力争从源头上最大限度地拓宽公众参与地方立法的渠道，从环节上最大限度地重塑立改废释业务流程，从制度上保障业务与数字的深度融合，推动立法过程成为满足人民需要、扩大人民参与、接受人民监督的民主实践。

三要突出特色好用。精准、审慎地围绕具有重庆人大辨识度的核心业务开展增量开发，杜绝简单、机械地把线下工作搬到线上的"伪数字化改革"，杜绝一次性、短期性、复杂化、空心化的场景建设。坚持需求导向，问计于民、问需于民，着力打造一批群众会用、管用实用、特色好用的应用场景。如针对民生实事项目人大代表票决制这一独具人大特色的工作，新建票决制系统，在项目征集、审议票决、办理实施、监督评价等环节实现数字化，便于人大代表广泛参与，将特色工作越做越好。

四要坚持界面集成。优化存量时要更加注重用户体验和操作便捷，同类型或者功能相近的应用场景要加强融合迭代，如代表工作涉及的应用场景很多，应当提前谋划为人大代表提供"同一端口进入、同一界面展示、同一逻辑操作"的便捷使用方案。又如财经监督工作要坚持做到"数据一屏展示、指标一屏分析、监督一屏联动、场景一屏透视"，最大程度减少层级贯穿。

（四）强化数据安全建设，处理好共享与安全的关系

一要加强数据集成共享。统筹推进全市人大数据库建设，坚持市、区县、乡镇三级人大数据贯通使用，常态化做好人大数据的归集、管理、开发，打造横向到边、纵向到底、综合基层的数据库。建立涉密传输和安全预警机制，打通人大与其他单位部门间的数据接口，例如争取将市政府经济调节智算、危岩地灾风险管控等已成熟的系统数据纳入数字人大建设一体化数

据平台，以便开展立法、监督工作时使用。对于全新开发的应用，要确保数源部门清晰、数据目录全面、数据使用安全，确保数据资源按需流动、高效配置、最大化共享。

二要加强数据安全保障。推进数字安全立法，要从建立全方位、多层次、一体化的安全防护体系出发，与时俱进创制和完善数据安全、数据交易、数字产权保护、个人信息保护等方面的立法，构建制度规范体系、技术防护体系、运行管理体系，提升数字人大建设的安全保障水平。实操中坚持以数据分类分级为基础，以权限管理和访问控制为核心策略，推进数字人大平台接口多层密钥加固、重点数据存储加密、数据表册水印加注等，为不同等级的数据设定不同的审批流程和使用权限，为参与建设、使用、维护的数字公司等第三方设定禁止性规定和违约责任，严防利益化倾向、私设系统"后门"等安全隐患。

（五）抓好成果提炼转化，处理好理论与制度的关系

一要加强数字人大建设理论研究。瞄准数字中国、数字重庆建设的系统部署和前沿动态，围绕数字人大建设中的最佳实践案例、重点场景设计、数字改革难题等，依托市人大制度研究会，通过理论研讨、征文比赛等形式，号召全市各级人大代表、人大工作者和专家学者参与数字研究，为数字人大建设贡献更多原创性理论成果。同时，依托市人大各专工委和区县人大常委会，通过调研视察、总结提炼等方式，聚焦立法的科学性与民主性、监督的系统性与实效性，以及代表服务常态化、民意表达便捷化、机关业务智能化，找准重大应用场景背后的底层逻辑和普遍规律，持续深入开展应用型研究，形成更多具有重庆人大辨识度的标志性成果。

二要加强数字人大建设制度构建。注重将学术研究中的理论成果、场景建设中的实践成果，上升、固化为数字改革中的制度成果。全面系统梳理各类数字人大工作规范、数据标准、操作流程，全面总结归纳各地人大优秀数字化改革典型案例，在改革进程中逐步形成一套完整的重庆数字人大建设制度体系，推动数字化改革工作从技术理性向制度理性跨越，最终实现从流程

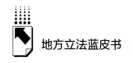

再造、数字赋能迈向更深层次、更高形态的制度重塑，不断增强数字人大建设的系统性、整体性、协同性。

参考文献

陈波：《构筑数字时代人大工作新图景》，《浙江人大》2022年第8期。

陈瑞伞：《数字时代人大代表履职能力建设：问题与强化途径》，《人大研究》2021年第4期。

何哲：《人工智能时代的治理转型》，知识产权出版社，2021。

江青：《数字中国：大数据与政府管理决策》，中国人民大学出版社，2018。

马晓东：《数字化转型方法论》，机械工业出版社，2021。

钱振华：《互联网时代的人大转型与数字赋能》，《人大研究》2022年第3期。

宋菁菁、王金红：《数字人大建设何以促进全过程人民民主发展：创新路径与前景展望》，《学术研究》2023年第2期。

张建锋：《数字政府2.0——数据智能助力治理现代化》，中信出版集团，2019。

基层治理地方立法专题

B.10
我国平安建设立法的地方实践[*]
——以 16 部平安建设综合性地方立法为样本

牛天宝^{**}

摘　要：　地方立法是我国法律规范的重要组成部分，部分省市总结平安建设的经验做法，创造性构建具有地方特色的平安建设制度规范。本报告以16部平安建设综合性地方立法为分析样本，系统回顾平安建设地方立法进程，发现平安建设地方立法正处于起步探索阶段，全国平安建设地方立法总量依然较少，立法还存在操作性不够强、地方特色不够鲜明、监督保障不够有力、责任落实不够细化等需要进一步完善之处。接下来，推进平安建设地方立法应进一步明确立法理念，细化工作任务，明确各方工作责任，突出地方特色，构建系统、协调的平安建设法治体系，在法治轨道上推进更高水平的平安建设。

---

* 本报告为重庆市社会科学规划项目"超大城市基层社会治理研究"（批准号：2023FX30）阶段性成果。

** 牛天宝，西南政法大学法学博士后，研究方向为基层社会治理、地方立法。

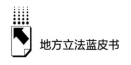

关键词： 平安建设　地方立法　立法实践　地方特色

平安是人民幸福安康的基本要求，是改革发展的基本前提。建设平安中国是以习近平同志为核心的党中央一以贯之的战略思想和基本方略。建设更高水平的平安中国，法治是根本保障。① 及时把平安建设中的成熟经验做法上升为立法或制度规定，有利于巩固平安建设成果，夯实长治久安的制度根基。部分地区制定出台平安建设条例地方立法，总结既往本地推进平安建设的经验做法，创造性构建具有地方特色的平安建设制度规范，以法治思维和法治方式推进社会治理体系和治理能力现代化，进一步夯实平安建设的良法善治根基，在法治轨道上推进更高水平的平安建设。

一　地方立法助力提升平安建设水平

法律是治国之重器，具有固根本、稳预期、利长远的基础性作用。随着平安中国建设制度体系的不断完善延展，其规范程度也得到进一步提升。在长期开展平安建设的探索实践中，各地逐渐加深了对平安建设规律的认识，积累了不少有益经验，但面对新形势新任务和党中央新部署新要求，在更高起点、更高水平推进平安建设面临一些亟待解决的问题。因此，各地紧密结合自身实际情况，制定内容完善、操作性强、符合平安建设特点的综合性地方立法十分必要、意义重大。

（一）贯彻落实党中央重大决策部署的具体举措

党的十八大以来，以习近平同志为核心的党中央高度重视平安建设，把平安中国建设置于中国特色社会主义事业发展全局中统筹谋划和推进，

---

① 张文显：《建设更高水平的平安中国》，《法制与社会发展》2020 年第 6 期。

作出建设更高水平平安中国的重大战略部署。党的十九届四中全会提出，加强和创新社会治理，建设更高水平的平安中国。党的二十大强调，坚定不移贯彻总体国家安全观，推进国家安全体系和能力现代化，建设更高水平的平安中国，以新安全格局保障新发展格局。党中央、国务院先后制定出台了关于平安中国建设的一系列规范性文件，提出明确具体要求。制定平安建设地方立法是贯彻落实党中央关于平安建设的重大战略部署、在更高起点上推进平安建设的必然要求。

（二）适应当前平安建设新形势新任务的现实要求

随着经济社会发展，人民群众对平安的需求呈现多样化、多层次、多方面的特点。"平安"已从传统意义上的生命、身体、财产安全，上升到安居、安业、安康、安心等各方面，其内涵外延正在不断扩大，要求的标准更高。[1] 当前维护社会安全稳定进入承压期、社会矛盾纠纷进入凸显期、网络安全风险进入多发期，目前的地方立法难以适应平安建设实际需要。一是社会治安综合治理立法"年久失修"。1991 年 3 月 2 日，全国人大常委会通过了《关于加强社会治安综合治理的决定》，此后全国各地陆续开展社会治安综合治理地方立法，为维护社会稳定发挥了积极作用。据统计，全国共有 29 个省（区、市）制定了社会治安综合治理的省级地方性法规，其中现行有效 17 部，被废止 12 部，大部分地方立法多年未修改，无法为平安建设提供法治供给。如《宁夏回族自治区社会治安综合治理条例》于 1990 年 12 月 28 日发布，在 1996 年 12 月 20 日修正后已经近 30 年没有作出修改。二是平安建设职责分工变化。2018 年机构改革后，承担平安建设重要职责任务的综治委（办）撤销，平安建设的外延更加丰富，地方社会治安综合治理条例无法满足新时代平安建设的制度需要。通过新的地方立法，将地方平安建设的经验和做法以法规形式固定下来，有利于以法治手段解决平安建设中的难点问题，

---

[1] 参见《党的二十大报告辅导读本》，人民出版社，2022，第 115 页。

进一步提升平安建设法治化、规范化水平，以更有效地推动平安建设各项工作。

（三）固化平安建设有益经验、推动解决实际问题的现实需要

各地深入开展平安建设并取得丰硕成果，人民群众获得感幸福感安全感显著增强。在实践中，各地各部门形成了一系列行之有效、富有地方特色的成熟经验、创新做法，需要以法规形式固定下来，以提升平安建设工作的法治化、规范化水平。同时，在实际工作中还存在相关部门平安建设职责不明晰、责任落实不到位，社会治理领域信息分割、资源分散，部门协同配合不畅、工作合力不强，基层基础薄弱、工作进展不平衡，信息化应用水平不高，综治中心实战化能力不足等问题，亟须按照依法治理的思路，在法律的框架内研究解决的办法，压实平安建设各方责任，健全完善各项制度机制，运用法治思维和法治方式防范化解矛盾风险，营造良好政治社会环境，以政治安全、社会安定、人民安宁的新安全格局服务保障高质量发展。如《浙江省平安建设条例》在第二章就明确了各级平安建设组织协调机构+平安建设成员单位的工作制度，将浙江省平安建设的经验固化，实现了党的领导和全社会共同参与平安建设的组织化、程序化、制度化、法律化。《甘肃省平安建设条例》也以法规形式明确加强社会风险防控全链条治理，将重大决策社会稳定风险评估机制以及风险防控责任清单上升为法律制度规范。

二 平安建设地方立法概况

目前全国没有关于平安建设的统一立法，各地积极探索社会治理创新，扎实推进平安建设工作，形成了一系列具有地方特色的经验做法和制度措施。平安建设地方立法的主要形式是地方性法规，包括省级地方性法规、设区的市地方性法规以及经济特区法规等，个别地方立法采用政府规章形式。以"平安建设"为主题关键词，通过在威科先行法律信息库、北

大法宝、国家法律法规数据库等平台综合检索，发现平安建设主题的地方立法共17部，其中全国第一部平安建设专门性地方立法——《深圳经济特区平安建设条例》于2020年7月3日颁布，自此拉开了平安建设地方立法的序幕。从法规名称看，已出台的17部平安建设地方立法中有16部以"条例"作为法规名称形式，只有1部为设区的市政府规章，即《绵阳市平安建设规定》以"规定"命名。从立法数量看，2020年第一部立法出台后，2022年呈现爆发增长态势，2023年没能延续增长趋势，目前全国立法总量依然较少，平安建设地方立法整体处于探索起步阶段（参见图1）。此外，重庆、河南、鄂尔多斯、昌吉回族自治州等地平安建设立法已经纳入年度的立法计划或正在征求意见。从立法形式看，省级地方性法规9部，具体是新疆、广东、西藏、天津、江西、浙江、山西、甘肃、湖北等地的地方性法规；设区的市级地方性法规6部，具体是广州、长沙、苏州、湘潭、常德、湘西土家族苗族自治州等地的地方性法规；经济特区法规1部，即《深圳经济特区平安建设条例》；设区的市政府规章1部，即《绵阳市平安建设规定》。其中，除《常德市平安建设网格化服务管理条例》专门规范平安建设网格化服务管理外，均为平安建设领域全面的综合性地方立法。① 从法规区域分布看，已出台的平安建设地方立法的省（区、市）覆盖东中西部地区，其中东部地区6部，数量占比为35%；中部地区7部（其中湖南省地级市地方性法规4部），数量占比为41%；西部地区4部，数量占比24%。单纯从立法数量来看，东中西部地区都比较重视平安建设，各地立足于统筹发展和安全的需求，以高水平地方立法护航高质量发展（参见表1）。

---

① 《常德市平安建设网格化服务管理条例》仅对网格化服务管理作出规范，不属于平安建设综合性地方立法，下文"平安建设综合性地方立法"均不包括该条例。

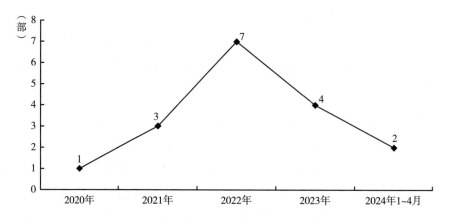

图1　平安建设地方立法颁布时间分布

说明：数据来源为威科先行法律信息库、北大法宝、国家法律法规数据库，统计时间截至2024年4月20日。

表1　部分平安建设地方立法

序号	名称	效力位阶	颁布时间	所属区域	章节体例
1	《深圳经济特区平安建设条例》	经济特区法规	2020.07.03	东部	9章59条
2	《新疆维吾尔自治区平安建设条例》	省级地方性法规	2021.09.28	西部	8章58条
3	《广东省平安建设条例》	省级地方性法规	2021.12.01	东部	8章51条
4	《广州市平安建设条例》	设区的市地方性法规	2021.12.16	东部	7章52条
5	《西藏自治区平安建设条例》	省级地方性法规	2022.06.06	西部	7章77条
6	《天津市平安建设条例》	省级地方性法规	2022.07.27	东部	7章68条
7	《长沙市平安建设条例》	设区的市地方性法规	2022.08.09	中部	9章52条
8	《苏州市平安建设条例》	设区的市地方性法规	2022.10.12	东部	6章52条
9	《江西省平安建设条例》	省级地方性法规	2022.11.25	中部	8章63条
10	《绵阳市平安建设规定》	设区的市政府规章	2022.11.25	西部	6章60条
11	《湘潭市平安建设条例》	设区的市地方性法规	2022.12.01	中部	7章50条
12	《浙江省平安建设条例》	省级地方性法规	2023.05.26	东部	9章66条
13	《山西省平安建设条例》	省级地方性法规	2023.07.29	中部	9章46条
14	《甘肃省平安建设条例》	省级地方性法规	2023.09.27	西部	7章71条

序号	名称	效力位阶	颁布时间	所属区域	章节体例
15	《常德市平安建设网格化服务管理条例》	设区的市地方性法规	2023.10.11	中部	不分章10条
16	《湘西土家族苗族自治州平安建设条例》	设区的市地方性法规	2024.02.22	中部	不分章13条
17	《湖北省平安建设条例》	省级地方性法规	2024.3.27	中部	7章53条

注：数据来源为威科先行法律信息库、北大法宝、国家法律法规数据库，统计时间截至2024年4月20日。

三　平安建设地方立法主要内容

目前各地平安建设地方立法虽然在形式上不完全一致，章节条文、突出重点等存在差异，但是地方立法的主要内容存在一定的相似性，主要体现在立法目的与立法依据、立法原则、平安建设概念、基础建设、重点防控与治理、社会参与、社会风险防控体系、监督考核等相关内容上。

（一）立法目的与立法依据

立法目的是一部法律的出发点与归宿点，是统率一部法律的灵魂。[①] 现有平安建设地方立法均在第1条说明了立法目的和立法依据。在立法目的方面，第一部平安建设地方立法《深圳经济特区平安建设条例》规定，"为了维护社会治安秩序，营造共建共治共享的社会治理格局，推进平安深圳建设"。《浙江省平安建设条例》规定，"为了高水平推进平安浙江、平安中国示范区建设，构建共建共治共享社会治理格局，维护国家安全、社会安定和人民安宁"。最近一部平安建设地方立法《湖北省平安建设条例》规定，"为了建设更高水平的平安湖北，构建共建共治共享社会治理

---

① 王顺安：《论〈社区矫正法〉的五大立法目的与十大引申意义》，《中国司法》2020年第5期。

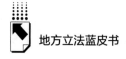
格局，维护国家安全、社会安定、人民安宁"。可以看出，各地的立法目的具有相似性，维护国家安全、社会安定和人民安宁是核心目的，核心任务是推进平安建设活动、提升社会治理水平。由于缺乏国家层面的法律法规作为参考，地方立法的法律依据主要有四种。其一是"根据有关法律、法规"，如广州、苏州等。其二是"根据有关法律法规"，如新疆、西藏、长沙、绵阳、湘潭等。其三是"根据有关法律、行政法规"，如广东、天津、江西、浙江、山西、甘肃等，此类表述最多。其四是"根据相关法律法规"。此外，《深圳经济特区平安建设条例》援引了相关依据，规定"根据《全国人民代表大会常务委员会关于加强社会治安综合治理的决定》和有关法律法规"。

（二）立法原则

对于平安建设的基本原则，地方立法均作出明确规定。例如《浙江省平安建设条例》第3条规定，"平安建设工作坚持中国共产党的领导，坚持以人民为中心，贯彻落实总体国家安全观，坚持统筹发展和安全，坚持和发展新时代'枫桥经验'，传承和践行'浦江经验'，坚持系统治理、综合治理、源头治理和专项治理相结合，坚持与法治浙江建设一体推进"；《广东省平安建设条例》第3条规定，"平安建设坚持中国共产党的领导，坚持以人民为中心，坚持统筹发展和安全，坚持共建共治共享，坚持系统治理、依法治理、综合治理、源头治理和专项治理相结合"。各地立法原则具有相似性，核心原则是坚持党的领导、坚持以人民为中心，重点是做到统筹发展和安全，达到系统治理、综合治理、源头治理和专项治理相结合的效果。但是也有一定的差异，比如在原则相关内容加入了地方特色要求，如《天津市平安建设条例》规定"筑牢首都政治'护城河'"。

（三）平安建设概念

平安建设是平安建设地方立法的核心概念，包括了维护政治安全体系、社会治安防控体系、社会纠纷解决体系、社会公平保障体系、社会德治德育体系、社会应急管理体系等一整套治理制度机制。① 目前，共有 5 部地方立法规定了平安建设的概念及具体范围。从现有的地方立法来看，平安建设主要是指组织和动员全社会力量，开展平安创建活动，加强和创新社会治理，预防和化解社会矛盾，整治社会治安，预防和减少违法犯罪，防止和减少各类安全事故，构建共建共治共享格局，保障国家安全、社会安定、人民安宁。此外，部分立法虽然没有明确界定平安建设的内涵，但是通过列举平安建设工作任务的方式对平安建设的核心任务作了规定，如《浙江省平安建设条例》第 4 条。

（四）基础建设

社会治理的重点在基层，需要以强有力的制度规范推进各类保障性基层基础建设。如《深圳经济特区平安建设条例》第三章"基础建设"专章，将社会基层治理的深圳经验上升为法律规范，作为破解基层社会治理瓶颈的创新机制。专章规定平安建设实行网格化管理，探索建立以社会基础信息大数据库为基础的智慧社会治理机制，建立健全平安建设信息共享机制，建立国家安全、社会治安和社会风险形势分析研判机制，建立健全社会治安形势预警机制、建立健全治安案件移送机制等。《绵阳市平安建设规定》也对强化平安建设基层基础作出了明确规定，提出要加强社会治安综合治理中心、网格化服务管理中心等基础平台建设，做实做细基层网格化服务管理，提升社区管理的精细化。

（五）重点防控与治理

平安建设是一项系统性工程，具体工作任务十分复杂，如果不能抓住工作重点采取防治措施，疲于奔命的应付只会让巨大的成本拖着社会止步不前。抓平安建设工作，重点是做好影响社会安全稳定的重点区域防控和重点人群的服务管理。如《甘肃省平安建设条例》第三章"重点防控与治理"

---

① 参见黄文艺《"平安中国"的政法哲学阐释》，《法制与社会发展》2022 年第 4 期。

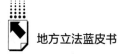

聚焦重点难点问题，对常态化扫黑除恶、打击整治突出违法犯罪、网络安全监管、重大网络舆情防控、金融风险防范、出租屋管理、流动人口管理、校园及周边安全治理、未成年人保护和预防未成年人违法犯罪、医院安全秩序管理、新业态风险防控等作出规定，明确社会治安突出问题整治和突发事件应急处置方面的要求。《苏州市平安建设条例》第三章"重点治理"主要围绕平安建设相关专项领域、突出问题排查整治和重点人群服务管理作出规定。

（六）社会参与

在社会治理中，政府、市场、社会分别扮演着不同的角色，资源手段、行为方式、责任担当等各不相同。只有科学合理地分工、各司其职形成良性互动，才能实现优势互补，共同治理好社会。[①] 深圳、新疆、广东、广州、西藏、长沙、苏州、江西、湘潭、甘肃等的条例坚持共建共治共享导向，对推进基层治理和社会参与作出规定。如《甘肃省平安建设条例》第五章"基层治理与社会参与"明确规定，鼓励村（居）民委员会完善自治机制，完善平台载体开展多种形式的基层群众议事协商活动，支持社会组织、行业协会商会等发挥自身优势参与平安建设，形成多方主体有效参与的基层治理架构。《广州市平安建设条例》第44条也作出了类似规定，支持引导符合条件的社会组织参与应急处置、社区治理等公益性、服务性、互助性平安建设活动。《新疆维吾尔自治区平安建设条例》也明确规定相关单位做好群众工作的职责，要求创新群众工作制度机制，拓宽群众参与渠道，调动居民参与平安建设的积极性。

（七）社会风险防控体系

面对现代社会层出不穷的危机，风险社会的到来已经成为一个共识。虽

---

① 参见孟建柱《深入推进社会治理创新 进一步增强人民群众安全感——学习贯彻习近平总书记关于加强和创新社会治理重要指示》，《社会治理》2016年第6期。

然社会治理需要借助多元的社会控制机制，但现代社会公共安全的保障和社会秩序的维护更多还是仰仗于法治。[1] 为切实有效预防、减少、化解社会风险，平安建设地方立法将构建多层次立体化的社会风险防控体系作为重要任务。《广东省平安建设条例》聚焦构建社会风险防控体系，对社会风险源头预防排查、研判预警、协同处置以及责任追究等作出系统的规定。其中第19条规定，建立健全重大决策社会风险评估机制和社会风险隐患排查与预警制度，明确社会风险防控责任清单，及时有效防范和处置各类社会风险。《苏州市平安建设条例》第二章"风险防范"重点从风险防范机制、网格化社会治理、矛盾纠纷多元预防调处化解、社会治安防控体系建设等方面作出系统规定，构建立体化、信息化的社会风险防控体系。

（八）监督考核

目前颁布的 16 部平安建设综合性地方立法对监督考核都作出了相应的规定，尽管规定的详略程度并不完全相同，但大多规定了平安建设的考核评价、奖惩、督导、责任追究等内容，尤其是对承担平安建设职责的相关单位及其工作人员的法律责任作出规定。如《浙江省平安建设条例》专章规定考核与责任追究，并创新性地规定"平安浙江指数"为各地平安建设情况考核的重要指标依据。同时，第65条还规定，相关单位未全面履行平安建设职责的，采取约谈、通报、挂牌督办等方式督促整改，情节严重的，依法追责。其他地区也大多作出了类似指引性的规定。此外，平安建设地方立法主要是规范党政机关推进平安建设工作，对行政相对人基本没有规定明确的法律责任，或者只是笼统作出规定，如《天津市平安建设条例》第67条对此作出宣示性的规定，违反该条例的行为如果在其他法律法规中已有处理规定的，依其他法律法规处理，构成犯罪的，依法追究刑事责任。

除规定以上共性内容外，部分地区对章节以及主要内容作出独具特色的规定，其中部分地区地方立法以重点任务为分章依据，如《江西省平安建设

---

[1] 杨知文：《风险社会治理中的法治及其制度建设》，《法学》2021 年第 4 期。

条例》第三章到第七章分别围绕维护政治安全、公共安全、网络安全、社会矛盾化解、基层社会治理等平安建设核心任务作出规定。《天津市平安建设条例》第三章到第五章聚焦维护政治安全、防范社会风险、保障公共安全等重点领域作出章节划分。《浙江省平安建设条例》着重构建平安建设机制，在第二章"工作体制"部分重点规定了相关机制建设内容，理顺平安建设相关单位职责，推动形成齐抓共管、共同建构平安建设工作的新格局。

四 平安建设地方立法基本特点

系统梳理已出台的 16 部平安建设综合性地方立法，各地立法遵循社会风险防控的内在规律，坚持问题导向，立足于更好地统筹发展和安全的现实需求，从全面构建大平安的工作格局出发，对统筹调动各类资源力量、依法开展平安建设作出制度性安排，各地立法既具有地方特色又符合时代特征。

（一）促进型立法属性定位

立法是完善以宪法为核心的中国特色社会主义法律体系的基础性工程。从发挥的作用来看，立法一般被分为两大类：一类是"管理类"，即直接为各类主体设定权利义务；另一类是"促进类"，即以提倡、激励、服务、引导以及对政府的考核评价为核心价值。与传统管理型立法相比，促进型立法在较多情况下具有内容上更加灵活、可问责性较差等特征，或者说促进型立法对相关主体的道德责任与综合素质有较高要求。① 促进型立法在完善社会治理方面具有不可替代的作用，通过立法将政府的促进责任和措施法定化并进行规制，为社会主体指明行动方向并给予支持，调动社会各方面共同参与的积极性，推动特定社会治理目标的实现。考察已出台的 16 部平安建设综合性地方立法，平安建设地方立法具有明显的促进型立法属性。地方立法的名称是地方立法重要的形式要件，直接反映出立法者的立法目标追求，也映

---

① 李艳芳：《"促进型立法"研究》，《法学评论》2005 年第 3 期。

射出地方立法的效力范围、规范事项和类别。从法规名称来看，立法者均采用"平安建设条例"的法规名称，无疑旨在通过实施一系列制度来有序推进平安建设，加强和创新社会治理。从地方立法中的条款内容来看，虽然既有义务性规范，也有鼓励性、倡导性、授权性规范，但平安建设条例更多强调的是相关单位推进平安建设的工作职责、为促进平安建设发展应履行的义务，更加注重政府工作职能的发挥。从地方立法中的立法目的条款来看，防范和化解社会风险，推进平安建设，营造共建共治共享社会治理格局，是各地平安建设的主要目的。综上，平安建设地方立法均属于推进平安建设工作的促进型立法。

（二）章节体例要素齐全

颁布出台的 16 部平安建设综合性地方立法，除《湘西土家族苗族自治州平安建设条例》外，均采取总则、分则和附则的体例，凸显了地方立法在内容结构上追求"大而全"的特点。各地立法的章节数量或内容体例有所不同，其中浙江、山西、深圳、长沙等采取 9 章体例，新疆、广东、江西等采取 8 章体例，广州、西藏、天津、湘潭、甘肃等采取 7 章体例，苏州、绵阳等采取 6 章体例（参见表 1）。虽然章节数量不尽一致，但地方立法的主要内容大体相同，均包括总则、机构和职责、基础建设、风险防控、矛盾化解、重点防治、社会参与、监督和保障、附则等章节。其中，平安建设地方立法的总则部分规定了立法目的、适用范围、立法原则、主要任务等，分则部分详细规定了工作体制、风险防控、重点防治、基层社会治理、保障措施、考核与责任追究等方面的内容，附则部分主要是规定生效施行时间。总体而言，平安建设地方立法追求立法体系完备，逐渐走上了章节要素兼备的立法模式，涵盖了平安建设方方面面的内容，可谓地方平安建设制度规范的集大成者。

（三）地方特色较为突出

地方立法的真正价值在于反映本地的特殊性，其最重要的生命力在于聚焦本地面临的实际问题和实际情况，提出具有较强针对性和可操作性的制度规范。① 地方立法的主要内容将具有本地特色的可操作可复制性经验以地方立法的形式规定下来，通过立法的形式进一步发扬经验做法，彰显制度规范的价值。目前，平安建设地方立法总体处于探索阶段，在立法的过程中可供借鉴的制度规范不多，主要是坚持问题导向，科学分析本地制度规范供给的缺口，有针对性地提炼本地工作经验，从而满足地方平安建设发展的特殊需求。我国平安建设地方立法体现了一定的地方特色，将本地平安建设的经验总结上升为法律规范，这也是地方立法得以有效执行并发挥作用的基本保证。如《湖北省平安建设条例》将服务保障流域综合治理、维护流域安全，执行难综合治理机制，未成年人权益保护和违法犯罪预防，校园及周边综合治理，平安建设联系点制度等内容纳入条文规定，充分体现湖北特色。《浙江省平安建设条例》设立"数字平安建设"专章（第六章），专门规范平安建设领域的数字化建设，打破数字流动的障碍，提升数字平安建设水平，实现平安建设业务协同。《天津市平安建设条例》突出了天津市与北京市、河北省在平安建设领域的合作与交流，并在第 10 条规定建立健全与北京市、河北省的平安建设合作与交流机制，契合了京津冀平安建设协同发展的实际需求。

（四）坚持统筹发展与安全并重

安全是发展的基础，保障安全是为了更好促进发展，必须坚持高质量发展和高水平安全良性互动，以高质量发展促进高水平安全，以高水平安全保障高质量发展，实现发展和安全动态平衡、相得益彰。各地从提升社会风险管控能力的实际出发，围绕平安建设工作中存在的重点难点问题和瓶颈短板，为保障社会和谐稳定提供有效的制度供给。各地平安建设立法强调"营造和谐稳定的社会环境""推动高质量发展""推进经济社会高质量发展""保障经济社会高质量发展""坚持统筹发展和安全""为全面建设社会

---

① 参见宋才发《地方立法的功能、权限及质量》，《社会科学家》2022 年第 3 期。

主义现代化大都市提供安全稳定的政治社会环境"，彰显了统筹发展与安全的价值追求，以高水平的平安建设地方立法服务保障高质量发展。在此立法目的指导下，分则相关章节重点突出维护经济社会发展环境的具体立法举措，如《广州市平安建设条例》突出防范化解金融风险，在第23条专门规定建立健全金融风险防范和处置工作机制，搭建金融风险监测预警平台，运用大数据等数据技术手段加强风险排查预警。《绵阳市平安建设规定》针对经济犯罪猖獗的实际情况，在第27条、第28条就统筹打击治理电信网络诈骗违法犯罪工作、防范和处置非法集资工作等明确了措施。

（五）强化平安建设监督考核

为保证平安建设各项措施任务落地见效，平安建设地方立法对考核奖惩、督导和责任追究作出规定，明确承担平安建设协调职责的机构要建立健全平安建设考核评价制度，并强化考核结果运用，提升平安建设地方立法的刚性约束力。16部平安建设综合性地方立法均专门对监督考核作出规定，如《天津市平安建设条例》第64条规定，平安建设领导机构建立健全平安建设考核评价机制，制定完善考核评价标准和指标体系。《甘肃省平安建设条例》第65同样作出了类似的规定，省级承担平安建设协调职责的机构应当建立健全平安建设考核评价制度，制定完善考核评价标准和指标体系，强化考核评价结果运用，落实平安建设工作目标管理责任制和领导责任制。《长沙市平安建设条例》第51条规定，有关单位及工作人员在平安建设及相关监督管理工作中滥用职权、玩忽职守、徇私舞弊的，依法给予相应的处分。

五 平安建设地方立法问题检视及展望

我国采用的立法体制与单一制国家结构形式相适应，考虑到各地发展不平衡及多民族等特点，采用了统一而又分层次的、具有鲜明中国特色的立法体制。地方立法一般可以分为两类，一是执行性地方立法，主要是执行法

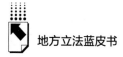

律、行政法规的规定，根据本地的实际情况进一步细化落实举措，不能突破上位法的规定；二是创制性地方立法，主要在上位法没有作出具体规定时结合本地实践探索情况，前瞻性开展地方立法，创新部分制度规范，填补法律和法规的空白。平安建设地方立法，没有直接的上位法，主要是依据党中央政策文件和散见在多部国家法律中的规定，对依法开展平安建设作出制度性安排，将近年来平安建设实践中形成的成熟经验、创新做法上升为地方立法规范。越是强调法治，越是要提高立法质量。现有的平安建设地方立法在立法探索上做了大量的工作，体现了一定的地方立法特色，为推进平安建设提供了法治保障，也为其他地区继续推进地方立法提供了参考和经验，但也要看到现有的平安建设地方立法"贪大求全"的问题，条文的地方特色和实际可操作性等还需要继续提高。

（一）倡导性条款偏多，可操作性不够强

地方立法关键是在有效管用上做文章，平安建设地方立法是否具有可操作性，能否创造性回应地方实际需求，将直接影响平安建设地方立法的质量。从现状看，大部分平安建设地方立法还存在不够精细的问题，更多是引导性或者倡导性规定，推进平安建设的指引性有待进一步加强。我国部分平安建设地方立法在用语规范方面还需要进一步提高，如地方立法中常见的"有关部门"究竟指哪些，并未予以明晰，职责主体不明确将严重影响立法的可操作性。从文本内容看，16 部平安建设综合性地方立法中的倡导性、宣示性、模糊性条款偏多，条文中大量出现"鼓励""支持""可以"等词语，如《广州市平安建设条例》全文共 10 处"鼓励"，《天津市平安建设条例》出现"鼓励""支持""引导"等共计 11 次，至于如何"鼓励"和"支持"，模糊不清，大而化之，可能导致这些立法规定在实践中还需要配套的政策才能落地。再如，《江西省平安建设条例》第 61 条规定，"对见义勇为人员应当按照有关法律、法规予以奖励和保护"。虽然并不苛求对每个条款都进行精细化，但是如果所有的倡导性条款都没有规定具体的措施，那

倡导性条款在社会生活中发挥的功用将严重受限。[①] 作为平安建设专门性地方立法，该条例对"见义勇为"仅有一句原则性的指引规定，没有作出任何实质性的规定，立法的宣示价值远大于实际操作价值，激励见义勇为行为的含金量大打折扣。为提升平安建设地方立法质量，未来平安建设地方立法应适当提升实质性条款的比例，尽量减少宣示性的模糊规定，增强制度创设性，以良法善治促进平安建设。

（二）部分条款同质化，地方特色不够鲜明

地方特色是衡量地方立法质量高低的重要标准之一，也是检验地方立法能力和立法水平的试金石[②]。如果某一项地方立法不能彰显本地的地方特色，就称不上是一项成功的地方立法，也就失去了指导实践的生命力。各地立法相继实现"从无到有"的突破，"人民群众对立法的期盼，已经不是有没有，而是好不好、管用不管用、能不能解决实际问题"[③]。这对地方立法提出了更高的要求，地方立法不仅要实现"量的增长"，而且要推动"质的提升"。然而，近年来在数量爆发式增长的同时，地方立法之间也表现出较为明显的同质化现象，在法规名称、调整范围、主要制度设计、法规条文等方面存在较高的相似度。[④] 目前，我国平安建设地方立法总体上显得比较保守，存在未能完全根据地方具体情况和实际需要设置条款、借鉴兄弟省市（城市）立法有余而基于本地需求创设法律规范不足的共性问题。如《湘潭市平安建设条例》（2023 年 1 月 1 日公布）共 50 条，其中有 24 条与《长沙市平安建设条例》（2022 年 10 月 1 日）高度吻合，仅对部分内容作出增删，部分条文内容几乎完全一致。推进平安建设地方立法，要充分考量本地区的经济发展水平、法治环境、人文背景、民俗风情等实际状况，坚持问题导

---

① 参见郭秉贵《设区的市地方立法精细化问题研究》，《河南财经政法大学学报》2020 年第 1 期。
② 参见田成有《激发地方立法的"地方性""原创性"活力》，《人大研究》2022 年第 3 期。
③ 习近平：《论坚持全面依法治国》，中央文献出版社，2020，第 20 页。
④ 参见孙莹《如何认识地方立法"同质化"现象》，《人民之声》2021 年第 7 期。

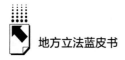

向，把本地区平安建设的实情分析清楚，找准立法所要规范的目标和所能解决的问题，而不能因"贪大求全"、面面俱到而丧失了地方立法的优势和特色，影响法规的可操作性。

（三）保障措施规定较为原则，监督保障不够有力

平安建设涵盖维护国家政治安全、打击各类违法犯罪、加强安全生产、健全网络综合治理、健全基层社会治理等多方面，需要以强有力的制度集成推进各类保障性措施落地。关于平安建设的保障，部分地方立法设有专章规定，保障措施的具体内容也包括了宏观的财政、人员、装备、平台建设等各方面，但是在更具体实操层面的规定稍显不足。部分地区虽然未专章规定"保障"的内容，但也通过明确对具体平台、系统建设的支持为平安建设工作提供保障措施，凸显保障措施的重要性。但也有部分地方立法忽视了平安建设保障措施，没有专门对保障措施作出规定，只在总则条文里规定将平安建设纳入国民经济和社会发展规划与年度计划，将平安建设工作经费列入本级财政预算。推进地方立法精细化，是实现良法善治的重要抓手，也是实现全面依法治国的必然要求。[①] 在未来的平安建设立法实践中，应加强对平安建设的保障，提供明确具体的制度支持，加强平安建设平台建设，完善平安建设协调机制，突出人才队伍保障，提升地方平安建设的专业化水平。

（四）法律责任细化不足，责任落实不够明确

法律责任是保障法律法规有效施行的重要部分，法律责任作为法律规范的基本要素在其中占有一席之地，[②] 相关规定的明确性与可操作性直接影响对违法行为的规制及矫正。平安建设地方立法关于法律责任的规定大多遵循比较原则，没有作出明确的可操作性规定。部分地方立法对法律责任的规定过于简单，在规定政府部门及其工作人员的违法责任时，大多数是采用

---

① 张锦莉：《地方立法精细化的实现路径探析》，《人大建设》2021年第10期。

② 参见薛智胜、胡超光《地方科技立法中法律责任比较研究》，《科技与法律（中英文）》2022年第6期。

"滥用职权、玩忽职守、徇私舞弊"的概括性表达，仅作出"国家机关工作人员在平安建设及相关监督管理工作中滥用职权、玩忽职守、徇私舞弊的，依法给予处分；构成犯罪的，依法追究刑事责任"这一宣示性的原则规定，并没有实质列举具体的违法行为类型和对应的法律后果，条文的宣示意义远大于其法律适用价值。另外，除对政府工作人员的法律责任规定外，也缺少对其他主体的违法后果的规定，即使指引适用其他的规范，也未具体列明，法律责任规定模糊。法律的灵魂在于实施，实施的关键在于责任。推进平安建设地方立法应加强法律责任的细化规定，明确相关单位和人员的职责分工及相应法律后果，通过压实工作责任破解平安建设工作中存在的职责不明晰、责任落实不到位等难题。

结　语

平安建设涉及面广、牵涉的单位多，各方面工作互相联系、互相影响，是一项系统工程，需要坚持和贯彻大平安理念，整体谋划、系统推进。[1] 各地对平安建设地方立法进行了广泛的实践探索，部分地区通过地方性法规、政府规章以及规范性文件等方式初步搭建了平安建设的制度框架，但难以克服自身承载能力有限的固有局限，地方立法文本内容没能发挥立法的优势，在立法理念、可操作性、本地特色、保障措施、法律责任等方面还存在进一步改善的空间。未来推进平安建设，地方应进一步明确融贯立法理念，构建平安建设工作体系，细化平安建设工作任务，明确平安建设参与各方责任，突出平安建设立法的地方特色，构建系统、协调的平安建设法治体系，为平安建设提供有力保障。

---

① 林培：《积法治之势保平安建设》，《中国建设报》2023年7月28日，第4版。

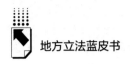

参考文献

付子堂主编《中国地方立法报告（2023）》，社会科学文献出版社，2023。

黄文艺：《"平安中国"的政法哲学阐释》，《法制与社会发展》2022年第4期。

杨知文：《风险社会治理中的法治及其制度建设》，《法学》2021年第4期。

张文显：《建设更高水平的平安中国》，《法制与社会发展》2020年第6期。

郑泰安、郑文睿等：《立法理论研究与实证分析》，社会科学文献出版社，2021。

B.11
物业管理地方立法中的
疑难问题与解决路径

——以《成都市物业管理条例》修订为样本

孟甜甜 张 睿*

摘 要: 物业管理立法是地方立法中的一大难题,因其既关涉民事基本制度,又离不开行政管理手段,存在民行交叉的现象。其中,关于物业管理基本概念的界定、业主范围的界定、物业管理委员会制度、既有住宅增设电梯、业主共有资金等重大问题,在立法过程中存在较大争议。因此,有必要对这些问题进行论证和剖析,找到合法合理的解决路径,在《民法典》等上位法框架下,厘清有关概念范围,保障业主基本权益,同时又能推动行政管理手段的落实,以推动实现高质量的业主自治。

关键词: 物业管理 业主 增设电梯 共有资金

《成都市物业管理条例》(以下简称《成都条例》)自 2008 年 1 月实施以来,对规范成都市物业管理活动起到重要作用,作为建筑物区分所有权制度确立以后国内首批关于物业管理的地方立法,该条例也为兄弟城市开展物业管理立法提供了较好的样本。但是,随着经济社会快速发展,社区治理持续深入,群众法治意识不断加强,物业管理发展迎来新机遇和新挑战,尤其是《中华人民共和国民法典》(以下简称《民法典》)出台以

---

* 孟甜甜,成都市人大常委会法工委法规处副处长,研究方向为立法实务;张睿,成都市住建局物业服务管理处处长,研究方向为物业管理实务。

后，业主共同决定事项的表决规则发生了重大变化，并且将物业服务合同作为一种有名合同增设了专章，相关物业管理法规很有必要在上位法框架下作出适应性修订。2022 年至 2024 年，成都市人大常委会历时两年，完成该项法规的修订工作。在修订过程中，遇到了不少争议和疑难问题，本报告以问题为导向，聚焦争议焦点，从法学理论和物业管理实践等方面分析这些争议问题、现状以及解决的路径，以期为物业管理地方立法工作提供参考。

一 物业管理的基本概念选择问题

《民法典》对物业小区这一区域采用了"建筑区划"的概念，而国务院《物业管理条例》采用了"物业管理区域"的概念。各地关于物业管理的地方性法规，有采用"物业管理区域"的，也有采用"物业服务区域"的。那么，这几个概念之间究竟有什么区别，地方立法中采用哪个概念更为准确，有必要进行梳理。

（一）当前国内立法现状

"建筑区划"是《物权法》所采用的概念，被《民法典》沿用了下来，其实不管是用"建筑区划"还是用"物业管理区域"、"物业服务区域"，所指代的范围都应当是"物业小区"或者"住宅小区"。但是具体采用哪个名词更准确，则要从物业管理的基本概念开始讨论。首先，采用"建筑区划"在理论上是准确的，但是《民法典》并未对"建筑区划"进行定义，且"建筑区划"的表述过于学术化，对于社会大众来说难以理解，因此，地方立法大多并未采用该表述。那么采用"物业管理区域"和"物业服务区域"哪个更准确，这一问题的答案在于物业管理和物业服务的概念范围的界定。当前国内地方立法采用基本概念范围界定的主要情况如表 1 和表 2 所示。

表1　各地对基本概念的采用情况

采用"物业管理区域"概念的城市	采用"物业服务区域"概念的地区
北京市、上海市、天津市、重庆市、深圳市、杭州市、青岛市、厦门市、武汉市、大连市等	福建省、山东省、四川省、甘肃省、广州市、汕头市、长春市、济南市等

表2　各地对基本概念范围的界定情况

代表性城市	对"物业管理"的概念范围的界定
广州市、武汉市、青岛市、济南市、长春市、大连市	委托物业服务人管理和自行管理
天津市、杭州市	委托物业服务人管理
上海市	委托管理+其他形式

目前，国内各地在物业管理立法中对"物业管理"这个基本概念的范围界定，有些为"委托物业服务人管理和自行管理"，有些为"委托物业服务人管理"。结合表1和表2，《广州市物业管理条例》《济南市物业管理条例》《长春市物业管理条例》等将物业管理界定为委托管理和自行管理，但是采用了物业服务区域的概念；《天津市物业管理条例》和《杭州市物业管理条例》将物业管理界定为委托物业服务人管理，进而采用了物业管理区域的概念。但我们认为，前述两种方式均存在一定程度上的不严谨问题。

（二）成都立法解决路径

根据《民法典》第284条的规定，业主可以自行管理建筑物及其附属设施，也可以委托物业服务企业或者其他管理人管理。由此可见，业主对物业的管理分为委托管理和自行管理两种。而委托管理则是通常所称的委托"物业服务人"进行管理，这种模式也被称为物业服务。《民法典》出台后，国务院《物业管理条例》一直未进行修订，尤其是关于基本概念，比如第2条仍规定"本条例所称物业管理，是指业主通过选聘物业服务企业，由业主和物业服务企业按照物业服务合同约定，对房屋及配套的设施设备和相关场地进行维修、养护、管理，维护物业管理区域内的环境卫生和相关秩序的活动"，将物业管理范围仍然停留在委托物业服务企业进行管理的方式，显然是落后于《民法典》第284条立法精神的。根据《民法典》的立法精神以及第284条的定位，其置于物权编的"建筑物区分所有权"一章，可知"物业管理"是一个物权概念，代表业主行使其共同管理权的方式；而"物业服务"则是一个债权概念，其置于合同编的"物业服务合同"一章，并且从过去的无名合同发展到了现在的有名合同，代表着履行合同的行为。按照这一逻辑，"物业服务区域"自然指代的是采用委托管理方式的住宅小区，而"物业管理区域"才指代的是采用委托管理和自行管理等方式的住宅小区，后者范围比前者更大。

因此，我们可以看到，广州、济南、长春等地将物业管理界定为委托管理和自行管理是正确的，但是采用了物业服务区域的概念，前后出现了概念范围不一致的情况；再比如天津和杭州，将物业管理界定为委托物业服务人进行管理，进而其采用的物业管理区域概念也存在概念不周延的问题，因其忽略了自行管理这一模式。

基于各地立法现状的对比，结合上位法立法精神，《成都条例》在修订时，学习了北京、深圳等地的立法模式，将物业管理的范围界定为委托管理和自行管理两种，同时采用物业管理区域的基本概念，物业管理区域则自然包含了委托管理和自行管理两种模式下的物业小区，这种表述在逻辑上更加严谨。

二　车位所有权人能否作为业主拥有共同管理权

《民法典》第二编第六章提到了"业主"这个概念，但并未对"业主"下定义，也未规定业主的范围。国务院《物业管理条例》第6条规定："房屋的所有权人为业主。"《四川省物业管理条例》第17条第2款规定："不动产登记簿记载的房屋所有权人为业主。"按照行政法规和四川省法规，以及北京等地地方性法规的规定，只有房屋的所有权人才是业主，那么仅拥有车位的所有权人是不是业主，能否参与业主大会决策，是否具备投票权？如果具备投票权，是否应当对其投票权加以限制，要求其仅在与车位相关的事项中参与决策？

（一）当前国内立法现状

《最高人民法院关于审理建筑物区分所有权纠纷案件适用法律若干问题的解释》第 1 条第 1 款规定："依法登记取得或者依据民法典第二百二十九条至第二百三十一条规定取得建筑物专有部分所有权的人，应当认定为民法典第二编第六章所称的业主"，第 2 条第 1 款规定："建筑区划内符合下列条件的房屋，以及车位、摊位等特定空间，应当认定为民法典第二编第六章所称的专有部分：（一）具有构造上的独立性，能够明确区分；（二）具有利用上的独立性，可以排他使用；（三）能够登记成为特定业主所有权的客体。"按照最高人民法院的司法解释，车位属于专有部分，依法登记取得所有权的车位所有权人就是业主。各地地方性法规，均未对业主范围作出过多细化的规定，也未对仅拥有车位的所有权人是否有投票权进行明确。但是，在成都修法过程中，基层群众的众多呼声要求就这一问题在地方性法规中予以明确。

（二）成都立法解决路径

该问题的关键在于无房产的车位所有权人是否应当被认定为业主。根据全国人大常委会法工委《民法典释义》和最高人民法院司法解释，业主是指享有建筑物专有部分所有权的人。根据《最高人民法院关于审理建筑物区分所有权纠纷案件适用法律若干问题的解释》第 1 条第 1 款和第 2 条第 1 款，从车位的性质上来说，建筑区划内规划用于停放汽车的车位、车库通常具有构造上、利用上的独立性，能够明确区分，可以排他性使用，且也有相应的产权登记，因此可以认定为专有部分，作为专有部分所有权人的业主，当然享有投票权。车位所有权人对车位的专有部分、小区的共有部分（小区的道路、设施等）同样享有权利，因此车位所有权人应拥有与其他业主

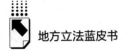

同等的权利。从维护车位所有权人合法权益的角度来说,《民法典》第278条规定的业主共同决定事项与车位所有权人的利益息息相关,如"改建、重建建筑物及其附属设施"等将对车位产生直接影响,必然涉及车位产权人的处分权和收益权,从公平、平等保护角度考量,车位产权人也应当享有投票权。

关于是否对车位所有权人的投票权进行限制,从两方面进行考量。一是投票权是成员权、身份权,与专有部分的数量、面积无关。二是实践中存在大量仅拥有住宅而无车位的业主,其投票权不因其无车位受到限制,同理,仅拥有车位的业主的投票权也不应受到限制。但是实践中也存在几种例外或者争议情况。一是车位为人防车位。人防车位本质上是人防工程,是建设单位对国家履行法定义务的结果,按照《人民防空法》第5条规定,建设单位只享有使用权和收益权。实践中,因登记制度不完善,存在大量人防车位被登记为单个业主所有的情况,应当依法予以排除,并且对这种非法登记的人防车位所有权人的投票权予以限制。二是建设单位自持产权车位的。《民法典》第275条规定,建筑区划内规划用于停放汽车的车位、车库的归属,通过出售、附赠、出租等方式约定。建设单位不出售的则产生自持的结果。建设单位是前期物业服务人的选定人,建设单位因持有车位所有权反对业主大会解聘前期物业公司和选聘新的物业公司,在实践中已成为小区业主自治的重大矛盾来源。因建设单位出售房屋仅保留车位的,更多的是享有车位出租的收益权,并不真正参与小区治理,对这种情况下的所有权人——建设单位的表决权予以限制,具有法律正义价值和实践意义。三是建设单位非法出售给非业主车位的。《民法典》第276条规定,建筑区划内规划用于停放汽车的车位、车库应当首先满足业主的需要。部分建设单位由于其他原因将车位出售给非业主或者基于担保等原因给非业主办理了车位所有权证,不符合法律对车位物权的特殊规定,非业主取得"所有权"可能无效或被撤销,这种情况下也应当限制其表决权。为了避免出现前述状况,确保落实《民法典》关于车位首先满足业主需要的规定,《成都条例》在修订时,也作出限制性规定,即建设单位不得将规划配比内的车位出售给业主以外的单位或者个人，出租给业主以外的单位或者个人的不得超过六个月。但是，业主表决权涉及民事基本制度，囿于地方立法权限，《成都条例》并未对以上几种情况进行规定。我们认为，依据最高法的司法解释等，厘清业主范围边界有助于满足当下业主自治的基本需求。

三　物业管理中行政权力如何合理恰当介入业主自治活动

在面临业主大会召开难、业委会成立率低、业委会缺位失能等问题时，寻求另一个"组织者"来组织动员小区业主顺利行使自治权十分必要。中共中央、国务院印发的《关于加强和完善城乡社区治理的意见》（中发〔2017〕13号）明确提出"改进社区物业服务管理，加强社区党组织、社区居民委员会对业主委员会和物业服务企业的指导和监督"。《民法典》第277条第2款规定，地方人民政府有关部门、居民委员会应当对设立业主大会和选举业主委员会给予指导和协助。那么，在业主自治水平良莠不齐的现状下，以地方政府部门、居（村）民委员会为代表的公权力，如何及时介入协助业主自治，又不过分干涉业主自治权，如何把握监督指导与自治的界限，在制度设计中既显得迫切又仍需谨慎。

（一）当前国内立法现状

目前，国内大城市中，由政府部门介入协助居民行使自治权的模式大概有三种，第一种是北京、广州、成都等地采用的物业管理委员会与业主大会筹备组并行的制度。筹备组正常履行筹备首次业主大会会议的职能，但是当法定的几种情形出现，如不具备成立业主大会条件或者具备成立条件但是成立有困难的，又或者业主委员会未成立、需要换届等，由镇政府或者街道办事处组建物业管理委员会，行使筹备组的职能来召开业主大会会议，或者按照业主共同决定，代行业主委员会职能；第二种是杭州采用的直接以物业管理委员会替代业主大会筹备组的模式，在这种模式下，首次业主大会会议由

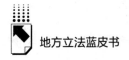

物业管理委员会组织召开，物业管理委员会担当了筹备组、业委会换届小组、业委会等多重角色；第三种是深圳采用的居民委员会代替业主委员会行权的模式，未依法成立业主大会和选举产生业委会的物业管理区域，可以指定社区居委会召集业主对共同决定事项进行表决，并代行选聘、续聘、解聘物业服务企业等业主大会和业委会职责。

（二）成都立法解决路径

以上几种模式，其产生或者组建基本有着共同的原因：一是需要组织召开业主大会会议；二是需要选举产生业主委员会；三是需要代行业主委员会职能。通过考察深圳的具体做法，发现深圳的居民委员会代替业委会行权的做法，对于内地城市来说，存在立法权限和落地实施上的困难。由于居民委员会属于基层自治组织，《城市居民委员会组织法》通过法律的形式赋予了居民委员会相应职责，地方立法不能对基层自治组织的职责作出突破性规定，深圳是经济特区，在立法上具有先行先试的特区立法权，这是普通的设区的市所不具备的。此外，社区居委会所辖小区众多，而居委会工作人员有限，在承担社区治理等多项繁重工作之余，难以兼顾多个小区代行业委会职能。与之不同的是，物业管理委员会的制度设计更加科学合理，委员会的组成由镇（街）、居委会、派出所、建设单位、业主代表等组成，充分发挥基层政府的组织动员能力，能更加高效地实现"组织者"或"筹备组"的目的。

虽然物业管理委员会的力度在某种程度上来说，可能比业主委员会的力度更大、效率更高，但是必须要把握好物业管理委员会组建的目的，尊重其"组织者"的角色，不可长期替代业主委员会。物业管理委员会的目的仍然是协助业主将业委会组建起来，提高小区业主自治的效率。因此，《成都条例》也学习各地做法，作出了物业管理委员会任期不得超过两年的规定，期满仍未成功组织召开业主大会会议或者选举产生业委会的，需要解散后重新组建，同时要求只要成功组建业主委员会，物业管理委员会就应当立即停止履行职责，办理移交手续后解散，及时还权于业主委员会。

四 既有住宅加装电梯的表决范围
是本栋还是全体业主

2023 年 9 月 1 日，《无障碍环境建设法》正式施行。该法律明确提出：
"国家支持城镇老旧小区既有多层住宅加装电梯或者其他无障碍设施，为残
疾人、老年人提供便利。"随着我国老龄化社会的到来，既有住宅加装电梯
是解决居家养老基础设施供给不足问题的重要实践，是建设全龄友好社会、
加快推进社会适老化改造的题中应有之义。然而，加装电梯是对既有房屋的
改造建设，不可避免会对相关业主的生活产生重大影响，不同业主基于不同
的生活习惯、居住楼层等，对加装电梯事项存在很大争议，尤其是低层住户
和高层住户的利益冲突最为典型。按照《民法典》第 278 条的规定，既有
住宅加装电梯是"改建、重建建筑物及其附属设施"，属于应当由业主共同
决定的重大事项。虽然《民法典》明确了具体的表决比例，但是关于表决
范围是电梯所在单元、楼栋业主还是所在小区全体业主的问题，国家并未作
统一的规定，由此产生的争议乃至诉讼屡见不鲜。既有住宅加装电梯占用道
路、绿化带等是比较常见的，那么，表决范围是限定于电梯所在的单元、楼
栋，还是需要小区全体表决呢？

（一）当前国内立法现状

2022 年 7 月 28 日，最高人民法院在对十三届全国人大五次会议第 6150
号建议的答复中提到，"实践中，虽然《民法典》未明确加装电梯属于哪一
类业主共同决定事项，但认为加装电梯事项属于《民法典》第 278 条规定
的'改建、重建建筑物及其附属设施'的意见在实践中占据主流，各地在
加装电梯事项表决时基本按照《民法典》此条规定进行操作。关于表决范
围是电梯所在单元、楼栋还是所在小区的问题，各地根据具体情况都在进行
有益探索，均有一定合理性。从各地法院司法实践看，各地法院对于老旧小
区加装电梯这一关系民生的事项也是大力支持的。……加装电梯事项表决范

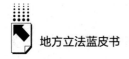

围应当如何确定，还有赖于实践中进一步摸索和尝试。"显然，最高人民法院并未给出明确的答案。经过检索，江苏省、安徽省、武汉市、苏州市、黄山市等地的物业管理条例中对既有住宅加装电梯作出了规定，并明确提出"既有多层住宅需要使用共有部分加装电梯的，应当经本幢或者本单元房屋专有部分面积占比三分之二以上的业主且人数占比三分之二以上的业主参与表决，并经参与表决专有部分面积四分之三以上的业主且参与表决人数四分之三以上的业主同意"。但是，对加装电梯占用了小区道路、绿地的情况如何表决，目前，国内尚无地方立法作出规定。

（二）成都立法解决路径

《成都条例》在修订过程中，也咨询请教了其他先发城市。有观点认为，老旧小区加装电梯占用道路、绿地等场地，是否需要全体业主表决，取决于被占用的道路、绿地是否属于全体业主的共有部分，并且有些城市在实践中把"是否具备商品房性质"作为判断上述问题的标准，认为具备商品房性质的老旧小区业主因支付了公摊面积价款而获得了对共有部分所占土地的使用权，进而获得了对共有部分共有和共同管理的权利；而在房改房、拆迁安置房等非商品房性质的小区中，道路、绿地等公共场所占用的土地通常为划拨用地，业主未支付相应土地使用价款，因此对场地不享有共有和共同管理的权利。为统一政策执行标准，有些城市对"商品房性质的老旧小区"作出定义，即"由房地产开发企业以出让方式取得国有土地使用权，进行开发建设并公开销售的住宅小区"；但对于实践中同一个物业管理区域同时存在商品房性质和非商品房性质的老旧小区加装电梯占用道路、绿地时如何表决的问题，这些城市并未作出明确规定。

2023年，成都市武侯区人民法院受理的一起老旧小区加装电梯纠纷入选了最高人民法院和住建部发布的典型案例。该案例就是加装电梯占用了小区的公共绿地，虽然本栋本单元表决通过，但相邻的其他楼栋业主以电梯加装占用公共绿地、侵犯业主共有权为由提起了诉讼。法院判决认为，建筑物区分所有权意味着小区业主对专有部分以外的共有部分享有共有权和共同管理权，这种权利相比专有权，在排他效力上明显不同于其他物权。共同管理权的设置目的即促进共同生活在一个小区的业主按照最有利于生活、生产的方式对共有部分进行管理和利用。因此，涉案单元加装电梯占用公共绿地面积较小，从物的效用最大化发挥角度，尚属于共有人容忍义务的合理范围。在未能举证说明涉案单元加装电梯会导致当事人在采光、通行、安全等方面受到不利影响且生活品质因此明显降低的情形下，应秉持善良风俗的要求，不得妨碍电梯施工。该案件的处理兼顾了法理和人情，倡导既有住宅加装电梯占用共有部分时，在占地位置、面积合理的情况下，若加装电梯行为不会对他人带来不利影响，相关业主应当秉持有利生产、方便生活的原则，给予加装电梯以便利。

《民法典》第 291 条规定，不动产权利人对相邻权利人因通行等必须利用其土地的，应当提供必要的便利。根据《民法典》的规定以及《无障碍环境建设法》的立法精神，我们认为，地方立法应当从物尽其用的角度出发，对既有住宅加装电梯秉持鼓励支持态度。基于以上原因，《成都条例》并未对加装电梯的表决范围作出限制性规定，而是授权由主管部门通过规范性文件的方式来调整，给予加装电梯更大的探索空间和实践可能。

五　物业费能否纳入业主共有资金范畴进行管理

在《成都条例》的修订过程中，有意见提出，为了更好实现业主对小区的自治管理，应当将物业费纳入业主共有资金进行管理，这样业主可以实时监督物业费的收支明细，实现业主真正地当家作主。那么，《民法典》中的"物业费"的性质究竟是什么，是否能够在地方立法中作为业主共有资金加以规定？

（一）当前国内立法现状

《民法典》对业主共有资金范围并未给出明确规定，仅规定了"建设单位、物业服务企业或者其他管理人等利用业主的共有部分产生的收入，在扣除合理成本之后，属于业主共有"。我们通常称之为"共有收益"。除了共

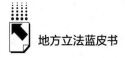

有收益，地方立法一般还将业主缴纳的建筑物及其附属设施维修资金、自行管理的管理费、共有资金孳息等列为业主共有资金范畴。通过对比全国各地物业管理立法，仅有深圳以特区立法的形式，在深圳条例中将"物业管理费"纳入共有资金范畴，并明确了物业管理费可以用于"物业服务费"、业主委员会津贴等支出。根据国家发展改革委、原建设部《物业服务收费管理办法》第9条规定，酬金制是指在预收的物业服务资金中按约定比例或者约定数额提取酬金支付给物业管理企业，其余全部用于物业服务合同约定的支出，结余或者不足均由业主享有或者承担的物业服务计费方式。深圳将"物业管理费"和"物业服务费"作为两个概念分离，无疑是通过地方立法形式，强制推行酬金制物业费的计费模式。除深圳作为特区作出了前述规定外，其他各地均未见将物业费纳入业主共有资金范畴予以管理的立法先例。

（二）成都立法解决路径

从法律关系上来看，全国人大常委会法工委副主任黄薇主编的《民法典合同编释义》对《民法典》第944条的解释，对物业费下了定义："物业费，即物业服务费用，是指物业服务人按照物业服务合同的约定，对物业服务区域内的建筑物及其附属设施、相关场地进行维修、养护、管理，维护相关区域内的环境卫生和秩序，而向业主收取的报酬。"简言之，物业费是业主支付的，物业服务人提供服务的对价。根据全国人大常委会法工委的权威解释，我们可以判断，物业费的性质是一种债权关系的资金，虽然是全体业主按照专有部分面积缴纳的，但并不影响其合同对价的根本性质。而业主共有资金，主要指业主基于建筑物区分所有权中共有权和共同管理权关系之上的资金，体现的是一种物权关系。基于两种资金体现的是不同的法律关系，各地并未将物业费纳入业主共有资金范畴。

从物业费的计费模式来看，深圳将物业费的概念衍生为"物业管理费"和"物业服务费"，前者范围大于后者。也就是说，从物业管理费中提取一定比例的资金作为物业服务费，支付给物业服务人，这种模式被称为"酬金制"物业费计费模式。深圳通过立法的方式，在全市强制推行酬金制，据了解，法规生效前签订了包干制合同的，在合同到期后，也必须采取酬金制计费模式。我们认为，不管是包干制、酬金制还是各地创新的其他计费模式，均属于物业服务合同中物业费的付费方式，选择使用哪种模式，是由业主大会与物业服务企业，双方作为平等民事主体协商的结果，属于民事权利意思自治的范畴，应当交由业主大会自行选择，行政权力不宜干涉。虽然深圳在人员结构、居民自治能力等方面，都具备推行酬金制的条件，但是采取什么样的计费模式，应当是业主自治的重要内容之一，不应当通过地方立法剥夺业主的自由选择权。

从物业管理实践来看，首先，物业管理区域的规模有大有小，区域内建筑物及其附属设施有多有少，在规模不大、建筑物及附属设施不太多的情形下，包干制即可满足业主需求；其次，业主自治水平有高有低，如果业主们不擅长或不愿过多参与物业管理，通过包干制的方式可以使得管理更为节省精力、简便易行；再次，包干制所收取的物业费往往较低，酬金制的费用可能在新建小区前几年费用支出不明显，但随着设施设备的不断老化，需要支出的费用会与日俱增，随之而来的就是物业费的逐年攀升。立法时应当考虑到本地区长期适用包干制的历史影响和社会稳定性，尊重人们的生活习惯。若采用"一刀切"的方式，将"物业费"规定为"共有资金"，进而排除包干制的适用，则会违背民事立法包容审慎的基本原则，限制了业主和物业服务人等民事主体的自主权利。

从立法后果来看，一旦将物业费自动归入共有资金账户予以管理，对业主和物业服务人均会产生法律适用的困扰，容易造成之后的法律纠纷。具体解释为两点。其一，业主逾期不交物业费的维权主体不明。根据《民法典》第944条第2款，"业主违反约定逾期不支付物业费的，物业服务人可以催告其在合理期限内支付；合理期限届满仍不支付的，物业服务人可以提起诉讼或者申请仲裁。"在传统模式下，业主不交物业费时，物业服务企业基于与业主签订的物业服务合同成为诉讼主体；而一旦规定物业费系业主共有，那么不交物业费的行为是否损害了全体业主的利益？是否应当由业主大会或者业委会向欠费业主追缴物业费，而物业服务企业则丧失了要求业主缴纳物

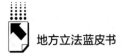

业费的请求权？即使物业服务企业并未丧失请求权，那么此时欠交的物业费作为共有资金，物业服务企业应当向谁追缴，是向业主个人还是向业主大会追缴？此时产生的债务是否为连带债务，全体业主是否需要为欠费的业主承担连带责任？其二，物业费收缴使用的表决门槛提高。如果将物业费纳入共有资金管理，那么物业费的收缴使用应当属于有关共有和共同管理权的重大事项，适用《民法典》第278条第9项规定，首先应当由专有部分面积占比三分之二以上的业主且人数占比三分之二以上的业主参与表决，并且应当经参与表决专有部分面积过半数的业主且参与表决人数过半数的业主同意。这会提高物业费的使用门槛，与《民法典》适当降低业主共同决定事项表决门槛的立法初衷相悖，在实践中也难以操作。①

基于以上情况，《成都条例》在修订过程中，并未采取深圳模式将物业费纳入业主共有资金的做法。在《民法典》的基本制度框架下，即使地方立法将物业费纳入共有资金来管理，在产生诉讼纠纷时，地方性法规的规定也不具有对抗效力，因此，应当尊重民事主体意思自治的基本原则，尊重物业费的债权属性，在物业管理立法中，更多地关注物业费的信息公开、审计等制度，以立法规范来提升物业服务质量，使业主支付的物业费能达到质价相符，如此才是真正实现了物业管理立法的目的。

参考文献

曹海晶、王岩：《地方立法权限》，社会科学文献出版社，2023。

董国健：《物业管理地方立法的几个法律问题探析》，《当代法学》2001年第9期。

付子堂、张善根：《地方法治建设及其评估机制探析》，《中国社会科学》2014年第11期。

黄武双：《物业管理自治机构的完善》，《法学》2002年第2期。

向立力：《地方立法发展的权限困境与出路试探》，《政治与法律》2015年第1期。

---

① 四川大学法学院王蓓教授、成都市委党校白杨副教授对本观点有贡献。

B.12
基层立法联系点制度的
运行机制与完善路径

杨 冰*

摘 要： 基层立法联系点制度是深入推进科学立法、民主立法的重要举措，其功能的实现依赖于合理的运行机制。通过考察基层立法联系点制度的运行机制，其在选点布局上注重多样性和代表性，在组织结构上建立立法信息采集网络，在管理制度上规定保障机制和考评机制，在工作情况上侧重于征询草案意见以及参与立法调研。但同时也存在选点布局有待优化、信息反馈机制较为笼统、缺乏相应的激励机制、参与立法阶段不够完整等问题。为完善基层立法联系点制度，需在选点布局注重资源整合、收集环节细化反馈机制、管理机制增设激励内容、参与阶段向立法前后扩展四个方面对其运行机制进行改进。

关键词： 基层立法联系点 科学立法 民主立法 公众参与

党的十八届四中全会（2014年10月）通过了《关于全面推进依法治国若干重大问题的决定》（以下简称《决定》），提出为了"深入推进科学立法和民主立法"，需要"建立基层立法联系点制度，推进立法精细化"①。全国人大常委会（法工委）在2015年7月建立了首批基层立法联系点，此后各个省级和市级人大（常委会）、政府也开始了基层立法联系点的试点实

---

* 杨冰，重庆市江北区人民法院，研究方向为法理学、立法学、民事诉讼法学。

① 《中共中央关于全面推进依法治国若干重大问题的决定》，载《〈中共中央关于全面推进依法治国若干重大问题的决定〉辅导读本》，人民出版社，2014，第11页。

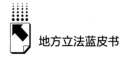
践。经过多年的实践探索、经验总结，目前全国人大常委会法工委基层立法联系点共 45 个，带动省、市两级人大设立基层立法联系点 6500 多个。①

基层立法联系点制度是解决现存立法部分难题，提高立法质量，推进立法精细化的重要举措。与数量规模上的扩张趋势相比，基层立法联系点制度在实践中的功能实现情况有待改善。立法机关与基层社会之间无法形成有效的互动，基层立法联系点的运行现状与其设立初衷相背离。其运行机制是否合理，能否达到提高立法质量等目的，需从理论和实践层面进行综合研究。

一　基层立法联系点制度的运行机制

基层立法联系点制度的功能在实践中能否实现以及在多大程度上实现，需要考察其在实践中的运行机制是否科学、合理。本报告从选点布局、组织结构、管理制度以及工作情况四个方面对基层立法联系点制度的运行机制进行了分析。

（一）选点布局

基层立法联系点的设立主体与我国《立法法》规定的享有立法权限的机关紧密相关。实践中设立基层立法联系点的主体可以分为中央和地方两个层面。中央层面指的是全国人大常委会法工委。地方层面从各地的实践来看，主要是地方人大常委会以及地方政府，依据行政区划的类别可以进一步细分为省级和设区的市（自治区）。而根据基层立法联系点设立的地点或区域分布，可以划分为三类：权力机关类、街道企业类以及院校机构类。其一，权力机关类指的是各地人大常委会、政府及其部门机构、司法机关和行政机关等，此外，人大主席团、"人大代表之家"等与之存在紧密联系的组

---

① 《全国人大常委会法工委已设立 45 个基层立法联系点》，新华网，http://www.news.cn/politics/20240308/b474f073cad64f6e9d7aa669e98221a1/c.html，最后访问日期：2024 年 7 月 4 日。

织或机构也归于权力机关这一类别之下。① 其二，街道企业类指的是街道办事处、村民委员会、居民委员会以及企业、协会等组织，如上海市虹桥街道办事处、海南省三亚市崖州湾科技城。其三，院校机构类指的是与法学存在紧密联系的高等院校和科研机构，如全国人大常委会在中国政法大学设立了立法联系点。

全国人大常委会法工委先后在全国各地建立了 45 个基层立法联系点。② 将这些基层立法联系点按照上述的选点布局分类标准进行统计，结果如表 1 所示。

表 1　全国人大常委会法工委设立的基层立法联系点分布情况

年份	权力机关类（个）	街道企业类（个）	院校机构类（个）
2015	3	1	0
2020	5	0	1
2021	11	1	0
2022	6	4	0
2023	12	1	0
总计	37	7	1

在省级层面，上海市具有代表性。全国人大常委会 2015 年首批设立的 4 个基层立法联系点之一便是位于上海市的虹桥街道办事处。自此上海市便在基层立法联系点制度的实践中探索，总结出了丰富的经验和做法。2020

① 例如实践中，甘肃省临洮县人大常委会、聊城市司法局、天津市和平区小白楼街道办事处、河北省正定县正定镇"人大代表之家"和福建省上杭县才溪镇人大主席团等机关或组织机构都设立了基层立法联系点。

② 《全国人大常委会法工委 2023 年新增基层立法联系点情况》，中国人大网，http：//www.npc.gov.cn/npc/c2/c30834/202401/t20240117_434312.html，最后访问日期：2024 年 7 月 4 日。需要说明的是，根据《全国人大常委会法制工作委员会基层立法联系点工作规则》第 3 条规定，全国人大常委会法工委设立的联系点包括两类：基层立法联系点与立法联系点。立法联系点指设立在"高等院校、科研机构等单位"的联系点。然而，在各个省份出台的（基层）立法联系点相关规定中，并没有严格区分两者之间的差别。此外，从全国人大常委会法工委设立的（基层）立法联系点的实践情况来看，"立法联系点"数量较少。限于本报告的研究旨趣，并未严格区分基层立法联系点和立法联系点。

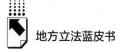

年，上海市又新增一批基层立法联系点，联系点数量从 10 个增至 25 个①，集中在权力机关类与街道企业类。重庆市人大常委会 2020 年设立 5 个基层立法联系点②，2022 年又增设 5 个基层立法联系点③。这些联系点主要集中在权力机关类与街道企业类，值得注意的是，2022 年在西南大学国家治理学院设立基层立法联系点，丰富了重庆市基层立法联系点的多样性。在设区的市层面，泸州市政府在 2019 年设立 13 个基层立法联系点④，也是集中在权力机关类以及街道企业类。2023 年，泸州市政府对基层立法联系点数量进行扩充。⑤ 对基层立法联系点数量进行扩充的现象并不罕见。中山市在2020 年设立 25 个基层立法联系点，主要集中在街道企业类以及院校机构类，没有设立在权力机关类。⑥ 从 2023 年中山市公布的 52 个基层立法联系点名单可以看出，中山市沿袭了 2020 年的标准，重点在街道企业类以及院校机构类扩充基层立法联系点。⑦ 对全国人大常委会法工委以及省级和设区

① 黄景源：《普通市民如何参与立法？记记牢上海 25 个基层立法联系点》，界面新闻，https：//www.jiemian.com/article/5150639.html，最后访问日期：2024 年 7 月 4 日；《上海：基层社区里的立法建议"直通车"》，新华网，http：//www.news.cn/local/20240627/2e034f9be4f0481eadd6cf79d8b7726e/c.html，最后访问日期：2024 年 7 月 4 日。

② 这 5 个基层立法联系点分别设立在涪陵高新技术产业开发区管理委员会、沙坪坝区石井坡街道中心湾社区居民委员会、荣昌区盘龙镇人大常委会办公室、石柱土家族自治县西沱镇人民政府和重庆市律师协会。参见颜若雯《深化开门立法"原汁原味"收集立法意见，市人大常委会 5 个基层立法联系点正式运行》，《重庆日报》2020 年 7 月 10 日，第 2 版。

③ 这 5 个基层立法联系点分别设立在铜梁区社会治理创新中心、开州区法院汉丰湖法庭、彭水自治县保家镇政府、广阳湾智创生态城建设发展指挥部办公室、西南大学国家治理学院。参见颜若雯《重庆增设 5 个基层立法联系点》，重庆日报网，https：//cqrb.cn/content/2022-03/26/content_374009.htm，最后访问日期：2024 年 7 月 4 日。

④ 魏冯：《立法有了基层"直通车"！请记下泸州这 13 个联系点》，四川在线，https：//sichuan.scol.com.cn/scol_sc_m/201911/57387655.html，最后访问日期：2024 年 7 月 4 日。

⑤ 《泸州第二批 13 个单位被授予基层立法联系点》，四川法制网，http：//www.scfzw.net/msguanzhu/90/89744.html，最后访问日期：2024 年 7 月 4 日。

⑥ 《中山市人民政府关于立法工作基层联系点名单的公告》，中山市人民政府网站，https：//www.zs.gov.cn/zwgk/gzdt/tzgg/content/post_1818412.html，最后访问日期：2024 年 7 月 4 日。

⑦ 《中山市人民政府关于中山市人民政府立法（规范性文件）工作基层联系点的公告》，中山市人民政府网站，https：//www.zs.gov.cn/zwgk/gzdt/tzgg/content/post_2347322.html，最后访问日期：2024 年 7 月 4 日。

的市（自治区）的相关主体设立的基层立法联系点的实践分布情况进行分析，发现其具有以下特点。

第一，在选点布局上具有多样性。基层立法联系点在实践中的分布区域十分广泛，总的来说涵盖了权力机关类、街道企业类和院校机构类等组织或区域。这样的机制安排有着重要的现实基础。我国幅员辽阔，各个地方的社会发展情况、地理位置、风俗人情等因素都存在很大的差异。法律在制定过程中必须充分考虑这些差异性，如果将不契合当地实际情况的法律强行施加于该地区的人民，无疑会适得其反，造成严重的后果。因此，各个地方在制定或适用法律的时候，不可避免地要对法律进行某种程度的修改，从而使其更加契合当地的实际情况。同样地，在同一个地区，不同行业或区域的情况也存在较大差异，在立法中不能只顾其中某些领域及相关人群，而对其他领域及人群的权利和利益视而不见。

第二，全国人大常委会法工委与地方相关主体几乎都注重在权力机关类组织或区域设立基层立法联系点。在全国人大常委会法工委设立的基层立法联系点中，设立在权力机关类的数量最多，其占比为82%。在全国人大常委会法工委设立的权力机关类基层立法联系点中，大多是设立在与当地人大及其常委会有关的组织或区域。而地方相关主体设立的权力机关类基层立法联系点并不局限于当地的人大及其常委会，从实践情况可以看出，在当地的政府、法院和检察院等机关组织中设立基层立法联系点并不是个别现象。

第三，设立在街道企业类组织或区域的基层立法联系点主要存在于地方层面。全国人大常委会法工委设立的街道企业类基层立法联系点有7个，占比为16%。从其数量和所占的比例可以看出，全国人大并没有在街道企业类组织或区域设立过多的基层立法联系点。而从地方设立的基层立法联系点的实践分布情况来看，街道企业类基层立法联系点数量众多，所占比例也很高。

第四，设立在院校机构类的基层立法联系点数量较少。全国人大常委会法工委设立在院校机构类的基层立法联系点是中国政法大学。而在地方设立

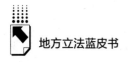

的基层立法联系点中，院校机构类基层立法联系点的数量和比例也是少数，明显少于权力机关类和街道企业类的基层立法联系点。

（二）组织结构

基层立法联系点设立在某个具体的组织或单位，其涉及的主体或部门类别较多，形成了以设立主体（例如立法机关）为核心的立法信息采集网络。

基层立法联系点的设立主体。实践中，基层立法联系点的设立主体主要分为两类，其一是与人大常委会紧密相关的组织或部门，例如人大常委会法工委；其二是政府及其部门，例如司法局。基层立法联系点的设立主体主要负责组织、管理、任务分配等工作，同时也给予其指导培训和物质保障等方面的支持。基层立法联系点收集到的意见和建议需要向其设立主体汇报和反映。在实践中，基层立法联系点的设立主体往往会协同当地的有关部门共同负责管理基层立法联系点的日常工作，为其提供业务指导培训等方面的帮助。这一点在《全国人大常委会法制工作委员会基层立法联系点工作规则》中也有所体现。[①]

基层立法联系点的所在单位。基层立法联系点设立在某个具体的单位或组织，具有相对固定的场所和人员。在某个单位或组织设立基层立法联系点，意味着该单位或组织应该按照设立单位关于联系点的相关规定，履行相应的工作职责。这份职责并非该单位或组织原本所具有的，而是在原有职责的基础上新增的一项义务。[②] 因此，实践中，负责基层立法联系点的工作人员具备一定的兼职属性。

立法信息采集点。立法信息采集点在某种意义上而言是基层立法联系点的延伸。通过立法信息采集点，可以让基层立法联系点收集到更多的立法信

---

① 《全国人大常委会法制工作委员会基层立法联系点工作规则》第 26 条规定："全国人大常委会法工委加强与联系点所在省（自治区、直辖市）人大常委会及其法制工作机构的联系，协同推进联系点建设，解决联系点工作中遇到的困难和问题。"

② 上海人大工作研究会课题组：《上海市基层立法联系点工作制度研究》，《人大研究》2021年第 6 期，第 22~28 页。

息和建议，对基层立法联系点日常工作的开展起着重要的补充作用。实践中，为基层立法联系点设置相应的立法信息采集点的举措在多地得到了尝试和落实。例如，设立在上海市虹桥街道的基层立法联系点在 16 个居民区和 50 家区域单位设立了立法信息采集点。[①]

立法信息员。立法信息员是基层立法联系点工作职责的主要承担者，主要负责立法信息收集，了解社会客观现实和社会需求。在实践中，担任立法信息员的人员类别多种多样、来自各行各业，例如社区居民、教师、退休职工、在职法律工作者等。一般而言，加入立法信息员队伍的人员热心于立法工作，虽然其职业不一定与法律相关、不具备系统的法学知识，但是往往素质较高，受过良好的教育，对身边的事务较为关切。例如，设立在上海市虹桥街道的基层立法联系点拥有 280 名不同职业的立法信息员。

从实践情况来看，作为立法机关在基层的"感应器"，基层立法联系点并非单独"作战"，多个基层立法联系点在实践探索中总结出一套行之有效的信息收集体系。这种信息收集机制，整合了基层立法联系点周边各种可利用的资源，使得基层立法联系点的工作开展更加高效。同时这也体现了每个基层立法联系点的独特性，表明基层立法联系点不是"千篇一律"的，也具有自身的特性。

（三）管理制度

管理制度是指基层立法联系点在设立与运行的过程中所应遵循的一系列规定。《全国人大常委会法制工作委员会基层立法联系点工作规则》以及大部分设立了基层立法联系点的省市都制定和颁布了相关管理措施，主要包括保障机制、考评机制等内容。

在保障机制上，内容主要包括以下方面。其一，人员培训和业务指导。从制度规定的内容来看，立法机关普遍重视对基层立法联系点工作人员的业

---

① 郭敬丹：《上海基层立法联系点：开启接地气、察民情、聚民智"直通车"》，新华网，http://www.xinhuanet.com/politics/2019-12/01/c_1125295223.htm，最后访问日期：2024 年 7 月 4 日。

务能力培训和指导。重庆市提出在业务培训与交流中邀请一定数量的法律顾问以及立法评审委员参与基层立法联系点的相关工作。① 其二，经费保障。基层立法联系点由立法机关设立，其经费等费用支出一般也由立法机关负责。例如，重庆市提出在政府立法经费中安排一定的费用补助基层立法联系点。② 其三，组织领导。明确了基层立法联系点的领导机制，但责任主体有差异。有的以基层立法联系点所在单位为责任主体，③ 有的以设立基层立法联系点的立法机关为责任主体。④

在考评机制上，内容主要包括以下方面。其一，规定了考评主体。从制度规定来看，立法机关一般是考评主体。例如成都市规定由市人大常委会法工委具体负责对基层立法联系点的考评。⑤ 其二，规定了考评内容。有的省市对此进行了较为细致的规定。例如重庆市提出对基层立法联系点的组织管理、调研论证以及意见征集反馈等情况进行考评。⑥ 其三，明确了考评后

---

① 参见《重庆市人民政府办公厅关于建立市政府基层立法联系点制度的通知》。

② 《重庆市人民政府办公厅关于建立市政府基层立法联系点制度的通知》提出要完善经费保障，"根据工作需要在政府立法经费中安排一定费用适当补助市政府基层立法联系点，有关区县（自治县）政府和有关单位予以统筹配套。工作经费应当专项用于市政府基层立法联系点有关工作"。与此相关的规定，例如《广东省人大常委会基层立法联系点工作规则》第11条规定："联系点运作经费主要用于以下支出：（一）联系点硬件设施配备、日常办公等支出；（二）从事本规则所列各项工作产生的支出，包括调研费、会议费、差旅费、专家咨询费、印刷费、资料费、非国家机关工作人员误工或者误餐补助等支出；（三）培训费等支出；（四）基层立法联络单位建设和工作经费补助等支出；（五）其他用于联系点建设和开展立法工作有关的支出。联系点运作经费应专款专用，不得截留或者挪作他用。联系点应当按照省级财政部门的要求于每年12月25日前向省人大常委会办公厅报送经费使用情况。"

③ 《重庆市人民政府办公厅关于建立市政府基层立法联系点制度的通知》规定："市政府基层立法联系点所在单位要加强组织领导，建立相关工作制度，明确工作责任。"

④ 《恩施土家族苗族自治州人大常委会基层立法联系点工作办法》第12条第1款规定："州人大常委会法制工作委员会根据本办法，负责基层立法联系点的设立及日常联系、指导、服务等有关具体工作，及时为基层立法联系点提供与其履行职责相关的立法工作信息和资料。"

⑤ 《成都市人大常委会基层立法联系点管理办法（试行）》第18条第1款规定："市人大常委会法工委应当建立对联系点的考评机制，于每年第一季度组织对联系点上一年度工作情况进行考评。"

⑥ 《重庆市人民政府办公厅关于建立市政府基层立法联系点制度的通知》规定："每年第一季度组织对市政府基层立法联系点上一年度组织管理、调研论证、意见建议反馈等工作情况进行评估。"

果。根据考评结果反映出来的情况考量相应的基层立法联系点能否满足工作要求，并以此作为调整或撤销基层立法联系点的依据。① 此外，考评结果也可以作为对基层立法联系点工作人员奖励的依据。②

全国人大常委会法工委以及大部分省市发布的有关基层立法联系点管理制度的内容总体而言比较细致与合理，在实践中也能得到较好的贯彻和落实，对规范基层立法联系点的设立与运行起到一定的保障和促进作用。但是也应看到，现行的管理制度偏向于基础保障以及考评机制，对基层立法联系点的激励机制的相关规定较少。③

（四）工作情况

地方层面制定发布的关于基层立法联系点制度的相关文件也对其工作职责进行了规定，内容与全国人大常委会法工委制定的规则基本保持一致。现统计部分地区的有关规定，如表 2 所示。

表 2   部分地区对基层立法联系点工作职责的规定

重庆市	广东省	湖北省	成都市	恩施土家族苗族自治州
反映群众立法需求，配合开展立法评估	通过座谈会等方式，直接听取基层干部群众意见	反映基层组织、社会公众提出的立法意见建议	—	收集和反馈有关立法工作方面的意见和建议
征求立法规划、计划的建议	征求立法规划、计划的建议	征求立法规划、计划的建议	征求立法规划、计划的建议	征求立法规划、计划的建议

---

① 例如《成都市人大常委会基层立法联系点管理办法（试行）》第 18 条第 3 款规定："对于连续两年考评不合格、不能履行工作职责的联系点，经市人大常委会党组会议通过，撤销该联系点资格。"

② 例如《成都市人大常委会基层立法联系点管理办法（试行）》第 18 条第 2 款规定："对于在推进联系点工作中成效明显的区（市）县人大、联系点及工作人员，市人大常委会可以给予表扬。"《重庆市人民政府办公厅关于建立市政府基层立法联系点制度的通知》规定考评结果"作为奖励和调整市政府基层立法联系点主要依据，并向各基层立法联系点及有关区县（自治县）政府通报"。

③ 湖北省规定在"面向基层招考机关工作人员时，同等条件下优先考虑基层立法联系点"，这对于基层立法联系点的工作人员而言，无疑起到了一定的激励作用。

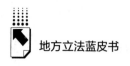

续表

重庆市	广东省	湖北省	成都市	恩施土家族苗族自治州
对法规规章等文件提出意见和建议	征求法律法规草案的意见	征求法律法规草案等文件的意见	征求法律法规草案的意见	征求法律法规草案等文件的意见
参与政府立法调研和课题研究	开展立法调研	开展立法调研	立法调研、法规评估等工作	开展立法调研
收集汇总行政法规、地方性法规、市政府规章、行政规范性文件施行情况	跟踪了解地方性法规实施情况	开展对法律法规实施情况的检查、评估	跟踪了解地方性法规实施情况	对州自治法规、地方性法规在本区域、本行业内的执行情况进行调查
—	法治宣传	法治宣传	法治宣传	法治宣传
对法治政府工作的其他建议	其他立法意见和建议	其他立法意见和建议	其他立法意见	其他工作

资料来源：《重庆市人民政府办公厅关于建立市政府基层立法联系点制度的通知》、《广东省人大常委会基层立法联系点工作规则》第 5 条、《湖北省人大常委会基层立法联系点工作规定》第 10 条、《成都市人大常委会基层立法联系点管理办法（试行）》第 8 条、《恩施土家族苗族自治州人大常委会基层立法联系点工作办法》第 8 条。

实践中，基层立法联系点偏向于向公众征求对法律法规草案的意见、建议，参与立法调研，而对立法准备阶段的立法计划、规划，以及立法完善阶段收集法律实施情况的关注度较低。① 基层立法联系点在意见征询和立法调研中具有以下特点。

第一，基层立法联系点的任务主要由设立机关分配，其很少主动确定某项任务。是否要针对某项法律法规草案进行意见征询，或者针对某个问题是否有开展立法调研的必要，主要是由设立机关来决定。

---

① 例如，重庆市荣昌区盘龙镇人大办公会基层立法联系点设立于 2020 年 5 月，截至 2021 年 9 月，共计为 27 部法律法规草案提出 153 条意见建议。参见《走进荣昌这个基层立法联系点，这次有啥重点？》，搜狐网，https://www.sohu.com/a/489024372-121117476，最后访问日期：2024 年 7 月 4 日。

第二，某些基层立法联系点立足当地的实际情况，整合各类资源，建立或组织立法联系单位、立法信息采集点以及立法信息员等，形成立法信息采集网络。例如，重庆市沙坪坝区基层立法联系点自建立以来，已经形成了完备的立法信息采集网络：首先，将社区人大代表工作站作为意见征集场所，利于群众的立法意见、建议及时反映到立法机关；其次，将周边的专业资源进行整合，如沙坪坝区人民法院、人民检察院、司法局，以及重庆大学法学院、中钦国彦律师事务所等单位，为基层立法联系点提供专业性支撑；最后，立足当地实际，吸纳大量热心人士并组织培训，组建立法信息采集员队伍。① 这样的情况并非个例，设立在上海市虹桥街道的基层立法联系点也整合了当地的资源优势，构建了一个完备的立法信息采集网络。该立法信息采集网络以立法信息员为主体，同时建立了顾问单位和专业人才库，因此也被形象地称为"一体两翼"工作架构。这样一来，区人大、高校、法院以及律师事务所等资源都被整合在一起，依据其专业优势为基层立法联系点提供论证与建议。

第三，在征求意见环节，未系统学习过法律知识的普通公众提出的意见获采纳的数量较少和比例较小。有学者对某个特定的基层立法联系点做过数据统计②，结果显示：（1）村居企业提出的意见获采纳的比例较小，占比为28.6%，而具有法学知识储备的专家、顾问以及权力机关的职能部门等提出的意见获采纳的情况占71.4%，远高于村居企业；（2）从数量统计来看，村居企业参与意见征询的人数较少，而且提出的意见数量也处于较低水平，有个别社区参与人数虽然相对较多，但只提出了数条建议，最终也未被采纳。

第四，无论是意见征询还是立法调研，专家都广泛参与其中。专家参与基层立法联系点各项工作任务具有重要意义。法律以社会为基础，社会客观情况和人们的立法需求是立法的事实前提和出发点。立法要想契合社会，当

① 《践行全过程人民民主丨基层立法联系点：开启民意"直通车"》，重庆人大网，https://www.cqrd.gov.cn/article? id=255500957278277，最后访问日期：2024 年 7 月 4 日。

② 杨海涛、李梦婷：《基层立法联系点参与立法征询工作的完善进路——以上海市嘉定工业区管理委员会为例》，《人大研究》2021 年第 9 期，第 51~52 页。

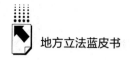

然需要立法机关全面、客观地了解社会现实，基层群众的参与为此提供了丰富的信息来源。同时，立法也具有专业性和技术性，需要专家等具备法学专业知识的人才参与其中，增强法律的合理性和可操作性。①

二　基层立法联系点制度的困境剖析

通过对基层立法联系点制度的运行机制进行分析，发现其在选点布局、参与阶段、信息反馈以及工作主动性和常态性方面存在待优化之处。

（一）选点布局有待优化

实践中，基层立法联系点在选点布局上主要考虑的是多样性和代表性。需要肯定的是，在选点布局上遵循多样性和代表性的原则具有一定的合理性。各地或各个行业的客观发展情况具有差异性，因此在设立基层立法联系点时，必须考虑这一现实因素，在选点布局上使基层立法联系点的触角能够延伸到具有差异性的地区或行业。实践中的做法往往是在差异性较大的区域或行业分别设立基层立法联系点以契合这种差异性，这种思路必然使基层立法联系点的数量大大增加。此外，为了实现多样性和代表性的要求，除了增加基层立法联系点的数量，也考虑到设立基层立法联系点的单位或组织的类型。从上文的分析可知，基层立法联系点的类型可以分为权力机关类、街道企业类和院校机构类。显然，在不同组织或区域设立基层立法联系点也是考虑到差异性的客观发展情况。②

然而，问题是增加数量和类型能否实现基层立法联系点制度的建立初衷

---

① 王锡锌、章永乐：《专家、大众与知识的运用——行政规则制定过程的一个分析框架》，《中国社会科学》2003 年第 3 期。虽然该文章主要是对行政规则制定过程进行分析，但是对于法律、地方性法规的制定过程而言，专家所具备的知识特征也能发挥作用。

② 这在各个省市关于基层立法联系点选点布局的规定中几乎都有体现。例如《湖北省人大常委会基层立法联系点工作规定》第 6 条规定："设立基层立法联系点应当兼顾城市与农村、平原与山区、少数民族地区与边远地区、国家机关与企业和社会组织等不同地域、领域的立法需求。"

或其所应发挥的功能。答案是：能，但作用有限。因为数量和类型的增加只是扩大了基层立法联系点的广度，但是忽略了基层立法联系点的深度。所谓的"深度"，就是要求基层立法联系点彰显其基层特性，扎根社会一线，与社会深度融合，真正成为立法机关观察社会的"眼睛"。例如，设立在权力机关类单位（实践中一般是人大常委会）的基层立法联系点，怎样才能使它的功能在实践中得到最大化实现？因为基层立法联系点本身就是立法机关（如人大常委会）在社会中的感应器，是立法机关为了更好地了解社会情况而设立的一个组织或平台。那么把基层立法联系点设立在立法机关之内，就相当于把本应放在所欲观察的对象身上的"眼睛"置于进行观察的主体身上，这使得基层立法联系点和立法机关在地理空间意义上融为了一体。当然，在人大常委会设立基层立法联系点也具有一定的合理性，但是上述疑虑也应被认真对待。

（二）立法信息采纳情况反馈不畅

反馈机制是立法机关在收集到大众、专家提出的意见、建议之后，经过分析和考量将决定是否纳入正式法律文本的情况和理由向外界公布和说明的程序。在逻辑链条上，意见反馈机制是对信息收集机制的回应。在程序启动之初，既然向大众和专家收集了相关的意见和建议，希望借助大众和专家的知识储备和经验感受来加深对社会的了解，从而促进立法的科学性和民主性，那么，在收集到相关信息之后，经过分析与考量，将采纳情况向社会公布就是应有之义。

然而，基层立法联系点制度在意见反馈机制规定上存在缺陷，具体表现为以下方面。首先，立法机关与基层立法联系点之间的反馈机制规定较为笼统。立法机关与基层立法联系点之间的反馈可以分为两种情况，一种是基层立法联系点将收集到的立法信息向立法机关汇总反馈，另一种是立法机关将收集到的立法信息的采纳情况反馈给相应的基层立法联系点。针对前一种情况（基层立法联系点向立法机关反馈），现有规定总体而言较为细致。例如，广东省规定，基层立法联系点应该将收集到的立法建议报送省人大常委会法工委，以及当地地级以上市人大常委会。^① 与此相反的是，立法机关向基层立法联系点反馈的内容规定具有概括性和随意性。实践中，往往是基层立法联系点通过对比正式的法律文本，将获采纳的意见、建议反馈给相关的社会公众。^② 其次，缺少立法机关向社会公布采纳情况的规定。向社会公布一方面是对程序公开性和透明性要求的贯彻。向社会公开，对立法机关来说是一种监督。通过向社会公布，让社会大众来分析和评判立法机关采纳与否的理由是否具有正当性与合理性，这是全过程人民民主的必然要求。然而，现有的反馈机制对此没有涉及。有的强调在"有关立法调研报告、审议意见或者说明中予以反映"^③，但这些文件的公开力度较弱，社会公众难以获取，显然代替不了立法机关向社会公布采纳情况的反馈机制。最后，缺乏基层立法联系点向相关大众和专家反馈采纳情况的规定。相比立法机关而言，基层立法联系点与参与立法活动的大众、专家联系更为密切。因此，规定基层立法联系点向相关大众和专家反馈采纳情况具有现实合理性。然而，现有的反馈机制并没有体现该环节的重要性，对此几乎没有规定。实践中，基层立法联系点是否向相关人员反馈意见、建议采纳情况完全依靠自由考量，没有制度作为规范和指引。

（三）工作开展缺乏主动性和常态性

实践中，往往是立法机关具体下达某项任务，基层立法联系点便开始制定方案，展开相应的工作。如此一来，基层立法联系点在立法活动中的作用

---

① 《广东省人大常委会基层立法联系点工作规则》第 8 条第 2 款规定："联系点对收集到的各方面意见建议，及时归纳整理，报送省人大常委会法制工作委员会，同时抄报所在地级以上市人大常委会。"

② "实践中，基层立法联系点需自己对比最终通过的地方性法规，从而理清该法规吸收了该立法联系点立法征询中的哪些意见建议，并且将统计意见反馈给市人大常委会相关工作机构，这容易造成信息的不对称和重复低效工作。"参见杨海涛、李梦婷《基层立法联系点参与立法征询工作的完善进路——以上海市嘉定工业区管理委员会为例》，《人大研究》2021年第 9 期，第 51~52 页。

③ 《湖北省人大常委会基层立法联系点工作规定》第 15 条第 2 款规定："省人大各专门委员会、常委会各工作机构应当充分重视基层立法联系点所提出的意见建议，在有关立法调研报告、审议意见或者说明中予以反映。"

就被大大限制，难以发挥该制度所具有的功能。由立法机关下达任务、基层立法联系点具体承办，对于基层立法联系点而言具有一定的被动性。同时，这也让基层立法联系点在工作开展上不再是常态性，而是临时性的，违背了基层立法联系点制度建立的初衷。如果没有接到立法机关的任务，基层立法联系点在实践中基本上处于"待机"状态。基层立法联系点制度发挥其功能的重要影响因素是大众广泛参与，然而，这也带来了一个潜在的问题，即如何才能让大众积极参与到立法活动中来。此外，大众在参与中面临被边缘化的情形时，其参与的积极性也在随之减退，还要采取措施保障其持续参与的热情。

虽然现有的基层立法联系点制度在规定上涵盖了激励条款，但内容过于笼统和简略，在实践中很难发挥激励机制该有的作用和功能。首先，激励对象的范围规定得较为狭窄。现有的规定限于基层立法联系点及其工作人员，关于对在立法活动中提出意见、建议的大众和专家到底该不该进行激励并没有明确规定。其次，激励的内容含糊不清。既有的规定虽然提到了要对表现良好的基层立法联系点及其工作人员进行表扬或奖励，然而具体的内容，比如该如何进行表扬和激励，却没有涉及。这样笼统的规定，在实践中难以得到落实，立法机关具有高度的自由裁量权，以至于规定形同虚设。最后，激励标准没有明确。对于大众、专家和基层立法联系点及其工作人员，激励标准是不是应该统一，还是应该根据他们各自的知识类型或者工作性质进行差异化设置。

（四）参与立法阶段不够完整

基层立法联系点在实践中的运行情况与其制度的初衷和功能在一定程度上发生了偏离。基层立法联系点制度本应该在立法全过程发挥其功能和作用，不仅是正式立法阶段，还包括立法准备阶段和立法完善阶段。然而实践中，基层立法联系点主要是在立法中针对法律草案征求或提出立法意见或建议，对立法前和立法后的关注较少。

从内容上分析，在立法准备阶段，基层立法联系点应该针对立法计划和

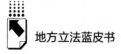

规划向公众征求意见和建议；在立法完善阶段，其应该了解法律的实施情况，发现其在实践中存在的问题，并收集完善法律的相关建议。立法计划和规划决定着哪些项目应该进行立法，与立法需求存在紧密联系。而了解社会的立法需求，并不像针对法律草案征求意见建议那样有一个明确的文本作为依托，更多的是需要基层立法联系点深入基层，了解各个行业或地区在发展过程中到底面临哪些问题，以及分析这些问题是否应该通过立法来解决。同样地，在立法完善阶段跟踪了解法律实施情况也需要基层立法联系点深入基层，往往还需要通过调研、问卷等方式才能获取客观的实施情况。总体而言，基层立法联系点在立法准备阶段和立法完善阶段所承担的任务较为复杂、耗时较长且难度较大，需要基层立法联系点投入更多的精力才能顺利完成，同时这也对基层立法联系点的人力和业务能力水平提出了较高的要求。

然而，基层立法联系点的工作往往具有兼职性，即工作人员除了要负责基层立法联系点交办的任务，还有其本职工作需要处理。[①] 这样一来，无论在时间上还是在精力上，其都难以应对更为复杂的立法准备阶段的征求立法计划和规划、立法完善阶段的了解法律实施情况的职责安排。而向公众收集法律草案的意见建议，一方面由立法机关分派任务因而具有被动性和临时性，另一方面由于可以在较短时间内完成立法意见建议收集工作从而具有阶段性。向公众收集法律草案的意见建议所具有的被动性和临时性以及阶段性，与基层立法联系点工作的兼职属性较为契合，既能保证工作人员能够顺利完成基层立法联系点交办的任务，同时也不至于耽误其原来的工作，从而实现双方兼顾。因此，对于基层立法联系点而言，实践中主要针对法律草案展开工作，而对立法准备阶段和立法完善阶段关注较少，并非其不愿开展相关活动，而是存在客观因素限制以至于难以广泛而有效地完成相应工作。

---

① 上海人大工作研究会课题组：《上海市基层立法联系点工作制度研究》，《人大研究》2021年第 6 期，第 22~28 页。

三 基层立法联系点制度的完善路径

基层立法联系点在运行机制上存在的多个问题，需要通过不同的举措进行完善。具体而言，需要从优化选点布局、细化反馈渠道、提高工作的积极性以及拓展参与阶段等方面入手。

（一）选点布局注重资源整合

基层立法联系点制度主要是通过吸引或引导数量众多的大众和专家参与立法活动来提高法律的民主性和科学性。为了能够让众多主体都直接地参与立法活动并和立法机关进行互动，基层立法联系点将点位建立在基层，结合当地的实际情况，通过资源整合，在现行的人员配置里再增配适量负责信息收集的人员并设立固定的立法信息采集点。实践中，已有多个基层立法联系点采取了这种模式，建构了一个立法信息收集网络，并因此取得了较好的工作成果，收集到了不少立法建议和意见。

首先，应结合当地实际，吸引符合条件的大众加入立法信息收集队伍。人员队伍的增配需要以当地的实际情况为基础，加入信息收集队伍的一般是生活在当地的人员。这些人员在当地生活，对周边情况能够有一定的了解，对法律的具体实施情况以及存在的社会问题才能有切实的感知。而且信息收集工作是一个常态化、兼职性工作，具有一定的机动性和灵活性。当立法机关发布相关任务清单，基层立法联系点便能够动员信息收集员及时收集信息。[①]

[①] 全国人大曾提出"联系点要结合实际，拓展基层人民群众的参与度，在工作中注意吸收一批有实践工作经验、热心国家立法事业的人员参加，组建相对固定的立法联络员或信息员队伍，形成稳定的工作机制和网络"。参见上海人大工作研究会课题组《上海市基层立法联系点工作制度研究》，《人大研究》2021年第6期，第22~28页。《广东省人大常委会基层立法联系点工作规则》第7条第2款也有类似的规定："联系点应当结合实际，积极发挥本地区各级人大代表的作用，鼓励和吸收一批有一定法律基础知识、有实践工作经验、热心立法工作的人员参与立法工作，形成稳定有效的工作机制。"

其次，在人员配置上应该注重资源整合，把专家、学者等专业人士吸纳进信息收集网络。经过实践和探索，目前有些省市的基层立法联系点已经有这样的人员配置尝试。上海市长宁区虹桥街道基层立法联系点的做法特色鲜明，具有参考价值和实践意义。该基层立法联系点在实践中形成了"一体两翼"的组织架构，即以信息员为主体，以顾问单位和专业人才库为两翼补充。信息员由社区推荐产生，并配置了相应的联络员。"两翼"则涵盖了人大、司法局、法院以及高校专家等专业法学人才。① "一体两翼"的组织架构，在整合当地资源的基础上，实现了大众、专家以及立法机关三者之间的沟通与互动。

最后，设置立法信息采集点。立法信息采集点的建立一方面是为了减轻基层立法联系点的信息收集负担。因为基层立法联系点在设立点位上考虑的是该点是否具有代表性，能不能反映当地的实际情况。在关注代表性的同时，可能忽视基层立法联系点的辐射范围。而在基层立法联系点的辐射区域内建立多个立法信息采集点，便可以缓解信息收集压力，利于提高信息收集效率和质量。另一方面，通过设置立法信息采集点，公众能够更加便捷地参与立法活动，是对"开门立法"理念的贯彻与落实。② 目前，上海市基层立法联系点在这方面作出了探索与尝试，且取得了较好的效果，并将其在制度上进行了规定。③ 例如，上海市普陀区曹杨新村街道办事处基层立法联系点共设立了 35 个线下采集点，涵盖所有居民区；七宝镇人大基层立法联系点设立了 12 个信息采集站，覆盖镇机关、党建服务中心、邻里中心等区域。④

---

① 参见王海燕《长宁：立法联系点 听取最接"地气"声音》，今日头条，http://toutiao.com/article/6268693723844968961/? wid=1740102603729，最后访问日期：2024 年 7 月 4 日。

② 郭敬丹、杨恺：《"开门立法"：上海基层立法诠释全过程民主》，《新华每日电讯》2021 年 8 月 4 日，第 10 版。

③ 上海市人民政府办公厅印发《关于进一步加强市政府基层立法联系点建设的意见》的通知，规定"联系点要根据实际，以村居委、社区、楼组、企事业单位或单位部门等为单位，设置立法信息采集点"。

④ 参见张维炜《上海：打造"全过程人民民主"最佳实践地》，中国人大网，http://www.npc.gov.cn/npc/kgfb/202108/9feaa09e60ca4f8f85b8a1cc697bec74.shtml，最后访问日期：2024 年 7 月 4 日。

（二）收集环节细化反馈机制

基层立法联系点从大众或专家处收集到的立法信息，经过整理最终汇总到立法机关。立法机关经过分析和论证，对这些立法信息进行采纳或舍弃，最后只有一部分内容能够在正式法律文本中得到体现。反馈机制便是基于立法机关对立法信息进行取舍而产生的，反馈内容主要是立法信息的采纳或舍弃情况及其解释说明。

1. 明确反馈的主体与对象

建构反馈机制首先需要明确，到底谁负有反馈的责任或义务（反馈主体），以及应该对谁进行反馈（反馈对象）。立法机关是立法信息最终的汇集处，同时也是作出采纳或舍弃的主体。因此，对于采纳或者舍弃的原因，立法机关最为清楚，由立法机关作为反馈主体并无太大疑问，这也是现行基层立法联系点制度最普遍的规定。然而，仍有一个问题未能得到明确阐释和回应，那就是立法机关该向谁反馈，即谁是反馈对象？从立法信息收集过程的参与主体类别进行分析，主要涉及两类人员或组织：一类是大众和专家；另一类是基层立法联系点。现行制度中的反馈机制条款，一般只规定了立法机关向基层立法联系点进行反馈。[①] 立法机关除了应向基层立法联系点反馈，也应向社会公布相关情况。此外，基层立法联系点也负有一定的反馈义务或责任。

首先，立法机关应向基层立法联系点反馈信息采纳情况。在社会公众、基层立法联系点、立法机关三者之间，基层立法联系点处于媒介地位。立法机关向基层立法联系点反映立法信息的采纳情况，一方面是因为基层立法联系点的媒介地位；另一方面也是考虑到经济与效率因素，因为参与立法的人数很多，如果由立法机关逐个进行反馈，将会耗费大量的时间，并且效率十分低下。立法机关将采纳情况反馈给相应的基层立法联系

---

① 例如《成都市人大常委会基层立法联系点管理办法（试行）》第17条第1款规定，市人大常委会法工委"定期向联系点反馈法律意见建议的采纳情况"。

点，再由基层立法联系点反馈给相关的社会公众，能够起到分散反馈压力的作用，既减少了反馈成本，又提高了反馈效率。不过需要注意的是，立法机关向基层立法联系点反馈的内容是采纳情况，并不包括舍弃的情况（即未被采纳的内容）。这是因为，将积极的采纳情况反馈给基层立法联系点和（立法机关间接地反馈给）社会公众，将有助于提高基层立法联系点和社会公众的荣誉感和参与感，对其能够起到一定的激励作用。[1]而未被采纳的意见和建议等往往数量众多，没有必要像被采纳的信息那样有针对性地反馈给特定对象。对于未被采纳的信息可以通过其他渠道进行反馈或公布。

其次，立法机关应向社会反馈信息的取舍情况。需要明确的是，立法机关向社会反馈的信息包括两种类型：采纳的和舍弃的。经过上文论述，采纳的情况已经反馈给相应的基层立法联系点和社会公众，为何还要向社会公布采纳情况？向社会公布采纳情况在某种意义上而言是对法律文本内容的解释说明，不需要明确被采纳的意见、建议的提出主体。换言之，立法机关向社会公布采纳情况并非对向基层立法联系点反馈采纳情况的简单重复，在某种意义上而言经过了一定的简单化处理。在解释为何需要向社会反馈舍弃的情况之前，需要说明一个前提问题，即意见、建议既然已经被舍弃，为何还要对其进行反馈？原因在于，虽然这些被舍弃的意见、建议未能形成正式的法律文本内容，但是对它进行反馈并作解释说明，具有重要意义：一方面体现了立法机关对大众、专家的尊重以及对基层立法联系点制度的重视；另一方面是出于监督的目的，立法机关在公布舍弃的内容时需要进行解释说明，接受社会的监督和评判，这种机制设计能够对立

---

[1] 据报道，公众在得知自己在座谈会上的建议被反馈到全国人大常委会法工委，并在正式出台的法律中得以采纳时特别高兴。这是具有参与感和自豪感的体现，能起到一定的激励作用和示范作用，鼓励和吸引更多的公众积极地参与到立法活动中。参见曹音《基层立法联系点："小"站点的"大"担当》，中国人大网，http：//www.npc.gov.cn/npc/c30834/202111/0deffd 8d96f84094900ddc70a94d0c2a. shtml，最后访问日期：2024年7月4日。

法机关形成制度约束。①

最后，基层立法联系点应向社会公众反馈信息采纳情况。经过上文分析，对基层立法联系点提出的反馈要求，在一定程度上是为了分担立法机关的反馈责任和义务。基于行政区划的设计和基层立法联系点的设立情况，一个立法机关往往有多个基层立法联系点为其完成立法信息收集工作。而每一个基层立法联系点所辐射的参与主体数量众多，因此，收集到的立法信息的数量往往很多，其中被采纳的意见、建议虽然只占一小部分，但从数量上看，也并非一个小数目。② 因此，由立法机关向特定的大众或者专家反馈并不具有现实合理性，可行的办法是，充分发挥基层立法联系点的媒介作用，将获得采纳的意见、建议进行分流，从而提高效率、降低成本。

2. 细化反馈的内容

立法机关对社会公众提出的立法建议、意见的采纳或舍弃所作的解释和说明，在某种意义上而言就是与社会公众在知识层面上进行协商、互动的过程。③ 通过不同类型知识的交涉，各种价值观念、方案设计得到权衡和验证，最终达成一种共识，并在正式的法律文本中得到体现。协商过程的核心是通过理性说服，即向对方说明理由，并通过论证、推理证明自己的观点的

---

① "行使立法意见权所广泛表达的民意是公众各种利益主张的汇集，它有赖于行政机关认真了解、消化整合并将合理的成分吸收为立法内容，而这一收集和处理过程通常是行政机关的内部工作过程，其能否认真、公正地对待立法意见，公众在外部难以知晓，这便需要赋予公众获回应的权利，建立行政机关对民意处理的公开反馈机制以形成制度约束。"参见方世荣《论行政立法参与权的权能》，《中国法学》2014年第3期，第111~125页。虽然该文讨论的是行政机关处理民意的情形，但是其与立法机关对公众提出的立法建议、意见的反馈所蕴含的精神理念是一样的，即民主或协商民主。
② 据报道，"截至2021年10月，全国人大常委会法工委基层立法联系点先后就126部法律草案、年度立法计划等征求基层群众意见建议7800余条，这些意见建议都得到了国家立法机关的尊重和认真研究，2200余条意见建议被不同程度采纳吸收，其中1300余条真知灼见被直接反映在法律条文之中"。参见张炎良《从4到22，基层立法联系点开启国家立法"直通车"》，中国人大网，http://www.npc.gov.cn/npc/c30834/202111/29be8e60f93b43ff8c4f73e1f77b0f57.shtml，最后访问日期：2024年7月4日。
③ 王锡锌、章永乐：《专家、大众与知识的运用——行政规则制定过程的一个分析框架》，《中国社会科学》2003年第3期，第113~127页。

优势所在或对方的观点存在的缺陷。① 因此，说明理由是反馈内容的关键所在。其一，对事实问题应着重说明其科学性。事实问题指的是与价值领域无密切联系或关联不大的客观问题，具体内容可以分为两个方面：一方面是社会事实，即社会的客观情况、发展现状，它是法律内容的事实基础；另一方面是实现法律特定目标的可能性方案、手段，它关乎目标实现的方法设计。科学性在社会事实问题上体现为准确反映社会客观情况。其二，对于价值问题应关注其正当性。价值问题涉及人的主观层面，因此带有一定的主观性。在现代多元社会，价值分歧是常态，因此很难论证说某个价值观念就是正确的或者错误的。② 价值分歧的广泛存在，要求我们不能像对待事实问题那样着眼于对与错，而要对正当性这一重要评判依据加以重视。在分析立法建议、意见背后所蕴含的价值问题时，应该考虑社会既已存在的共识，两者之间应该具有内在一致性。

（三）管理机制增设激励内容

为了实现联系点的功能与目标，需要考虑参与主体的"经济人"与"社会人"双重面向。所谓"经济人"是在市场经济环境下对行为人的一种假设（homo economicus），是指个体做出行为的出发点和目标是追求自身的利益，以最小的成本实现利益最大化。该假设由亚当·斯密最早设计并运行，在经济分析法学领域适用甚广。③ 人们不仅有物质上的追求，也还有"社会和心理需求"，人的行为除了会受到物质利益驱使，也会受到社会和心理因素的影响，这就是"社会人假设"。④ 可行的办法是建立激励机制。

第一，激励标准上，应采取行为激励与结果激励并重的模式。行为激励

---

① 王锡锌：《公众参与：参与式民主的理论想象及制度实践》，《政治与法律》2008年第6期，第8~14页。
② 陈景辉：《法律的内在价值与法治》，《法制与社会发展》2012年第1期，第3~25页。
③ 朱力宇：《论"经济人"假设在法学研究中运用的问题》，《法学家》1997年第6期，第19~24页。
④ 吕炳斌：《著作权法的理论前提：从"经济人假设"到"社会人假设"》，《当代法学》2020年第6期，第109~119页。

是指，当行为人实施了相应的行为，就满足了激励所需的条件，对结果如何在所不问。与行为激励不同的是，结果激励不仅关注行为人是否实施了相应的行为，该行为带来的结果也成为是否采取激励措施的重要依据。

第二，激励内容上，物质激励与精神激励相结合。激励内容是指，当行为人满足相应标准或条件时，应该给予行为人的具体激励形式。以激励形式是否为具体的实物形式为标准，可以分为物质激励与精神激励。物质激励对应的是以实物形式作为激励手段，例如金钱、具备一定价值的物品。而精神激励并不将实物作为具体的激励方式，相反，它是对行为人授予"具有象征意义的符号"，例如赞赏、认可以及颁发荣誉证书等形式。① 这两种激励方式在一定意义上回应了联系点工作人员及社会公众具有的"经济人"和"社会人"两种不同面向，因此将两种类型的激励结合起来是最为恰当的模式。在制定具体的激励内容时，需要注意两者的比重关系。一方面，从整体来看，应该保证参与基层立法联系点工作所获得的物质利益和精神利益之和大于所付出的成本。另一方面，应注重提高精神利益的比重，即应采取相应的措施提升行为主体在参与立法中的获得感和荣誉感等精神方面的收益，使其在参与立法的过程中获得精神上的满足与鼓舞，有利于培养其公民意识、主人翁意识。

第三，注重将外附激励转化为内滋激励。外附激励与内滋激励的划分依据是对行为人产生激励的动力来源的不同，其中前者来源于外界，后者来源于行为人自身。② 精神激励与内滋激励两者之间存在相似性，激励的内容都是精神性的，但是前者是外界给予的，而后者是主体自身产生的。内心的认同感和义务感是内滋激励的关键。把外附激励转化为内滋激励，需要增强行为主体的内心认同和责任担当。认同感就是"个体承认、同一群体或组织的目标，进而产生一种肯定性的情感和积极态度，甚至迸发出一种为实现某一目标的驱动力"。同样地，义务感也是行为人内心的一种精神动力，"使

① 郑杭生等：《社会运行导论——有中国特色的社会学基本理论的一种探索》，中国人民大学出版社，1993，第418~420页。
② 唐子畏主编《行为科学概论》，湖南大学出版社，1986，第64~65页。

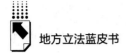

人心甘情愿地付出一定代价"。① 因此，在将外附激励转化为内滋激励的具体内容上，应注重让参与主体感受到内心认同和义务担当。

（四）参与阶段向立法前后扩展

实现基层立法联系点制度的功能，不仅需要关注法案到法阶段，同时也要重视立法准备阶段和立法完善阶段，具体参与立法的各个环节。首先，在人员配置上安排专职工作人员。向公众征求立法计划和规划的意见、建议需要建立在对社会的立法需求有一个准确、全面把握的基础上。而立法需求的获取一方面需要基层立法联系点的工作人员深入基层，了解不同行业或地区所面临的现实问题，对此可能需要开展立法调研；另一方面，也需要通过问卷或座谈会等方式向公众了解其客观需求。这个过程显然比收集法律草案的意见建议要复杂和困难，需要工作人员付出较多的精力和时间。因此，安排专门负责基层立法联系点日常工作的人员具有现实合理性。② 其次，在参与方式上充分发挥立法信息收集网络的优势。相对于征求法律草案的意见建议而言，无论是向公众收集对立法计划和规划的建议，还是跟踪了解法律的实施情况，所耗费的时间都比较长，且需要对社会有深入的了解。一部法律制定施行，其存在的问题往往会在施行后的一段时间才暴露出来。为了更好地参与到立法前与立法后的过程，发挥基层立法联系点的制度功能，必须充分发挥立法信息收集网络的优势，增强立法机关与社会的直接联系。最后，在管理机制上增加业务能力培训。实践中，基层立法联系点的工作侧重在法律草案的意见建议收集上，对立法前后阶段的关注较少。而基层立法联系点在实践中把参与阶段向立法前和立法后拓展时，无疑会对其工作人员的业务能力提出较高的要求。因此，应增加相应的培训，提高其业务能力。

---

① 付子堂：《法律的行为激励功能论析》，《法律科学》1999 年第 6 期，第 21~28 页。
② 有实务工作者提出 "要有专门的人员常年负责并坚持做这项工作"。参见王锡明《做好地方立法联系点工作的几点认识》，《人大研究》2016 年第 1 期，第 40~41 页。

结　语

　　基层立法联系点是立法领域内的一项制度创新，对于深入推进科学立法和民主立法、提高立法质量和精细化程度而言，具有重要意义。基层立法联系点制度从建立到实践有近十年时间，还处于试验和推广阶段。基层立法联系点制度正逐渐成为立法领域中的一个研究热点，相关的学术论文和报道在数量和质量上都有很大的提升，这对于进一步分析和研究该制度的运行机制和内容完善具有重要意义。此外，随着基层立法联系点在实践中的探索和实验，人们对该制度的认识会更加全面和深入。

　　目前对基层立法联系点制度的研究要么是在全过程人民民主的理论背景下分析其理论意义，要么是从实践运行情况出发观察其存在的不足。从某种意义上讲，制度的内容机制应该围绕其功能建构。而目前对基层立法联系点制度的功能定位关注太少，以至于对其在立法中应该发挥什么功能缺乏清晰、统一的认识。只有先对基层立法联系点制度的功能进行界定，并以此为出发点考察其在实践中的运行情况，然后分析现状背后暴露出的制度缺陷，才能提出行之有效的对策。

参考文献

　　冯玉军：《立法联系人民——基于五个"国字号"基层立法联系点的实证研究》，《甘肃政法大学学报》2024 年第 1 期。

　　冯玉军：《中国法律规范体系与立法效果评估》，《中国社会科学》2017 年第 12 期。

　　林尚立：《论以人民为本位的民主及其在中国的实践》，《政治学研究》2016 年第3 期。

　　刘松山：《国家立法三十年的回顾与展望》，《中国法学》2009 年第 1 期。

　　刘作翔、冉井富主编《立法后评估的理论与实践》，社会科学文献出版社，2013。

　　〔美〕P. 诺内特、〔美〕P. 塞尔兹尼克：《转变中的法律与社会：迈向回应型法》，张志铭译，中国政法大学出版社，2004。

莫纪宏：《在法治轨道上有序推进"全过程人民民主"》，《中国法学》2021 年第 6 期。

裴洪辉：《合规律性与合目的性：科学立法原则的法理基础》，《政治与法律》2018 年第 10 期。

孙龙、秦博文：《基层立法联系点制度的起源与历史演进》，《甘肃政法大学学报》2024 年第 1 期。

周旺生主编《立法学》（第 2 版），法律出版社，2009。

B.13
创制性立法的探索与实践

邹　毅*

摘　要：　创制性立法是高质量立法的鲜明体现，是破解当前重复立法、盲目立法、立法质量不高等问题的重要路径和关键举措。本报告系统总结各地创制性立法的探索与实践，科学界定创制性立法的内涵，对需要重点关注的问题进行深刻剖析，并就探索推进创制性立法从优化评价机制、强化调查研究、健全立项论证、提高立法技术、注重人才队伍建设五个方面提出对策建议。

关键词：　创制　创制性立法　立法质量

立法作为一门社会科学，对其功能价值的孜孜追求往往是通过优化立法方式方法来实现。探索创制性立法，创造性地开展立法工作，不断丰富和创新提高立法质量的新方法新举措，发挥不同立法形式在完善中国特色社会主义法律体系中的作用，是新时代加强和改进地方立法工作的重大课题。

一　创制性立法的界定

"创制"一词，就语义来看，通常指"初次制定"，其对象"多指法律、文字等"；就特征来说，强调行为的首创性、独立性。立法是国家通过法定

---

* 邹毅，重庆市人大财政经济委员会办公室副主任，研究方向为立法实务。

程序将国家意志制度化、法律化，创制法律规则的重要政治活动①。

基于《中华人民共和国立法法》的有关规定②，地方立法的"创制"主要存在于：一是属于地方性事务需要制定地方性法规的事项；二是除国家专属立法权事项，其他国家尚未制定法律或者行政法规的、地方根据实际需要制定地方性法规的事项。立法实践中，从地方立法的职责来看，一些地方性法规是与国家法律、行政法规配套的，具有实施性、补充性特点；一些地方性法规是根据实际需要制定的，具有创制性、探索性特点。从地方立法的设计初衷来看，地方立法发挥着"上通下达"的作用，既要实现国家立法在地方的有效实施，又要解决国家立法不能独立解决或暂时不宜解决的问题，解决应当由地方自主解决的问题，为国家立法提供"先行先试"的经验。

关于创制性立法③，学界和实务界众说纷纭、观点不一。有的观点认为，创制性立法是指立法主体根据法律法规的授权，就法律法规尚未规定的事项创制新的法律规范。④也有的观点认为，创制性立法是指地方立法机关就上位法和其他地方尚未立法的事项，或者根据地方特色事务需要，进行法律制度创新的活动。⑤还有的观点认为，创制性立法即"创新性立法"，特

---

① 参见乔晓阳《〈中华人民共和国立法法〉导读与释义》，中国民主法制出版社，2015。
② 《立法法》第81条规定："设区的市的人民代表大会及其常务委员会根据本市的具体情况和实际需要，在不同宪法、法律、行政法规和本省、自治区的地方性法规相抵触的前提下，可以对城乡建设与管理、生态文明建设、历史文化保护、基层治理等方面的事项制定地方性法规，法律对设区的市制定地方性法规的事项另有规定的，从其规定。"《立法法》第82条明确："地方性法规可以就下列事项作出规定：（一）为执行法律、行政法规的规定，需要根据本行政区域的实际情况作具体规定的事项；（二）属于地方性事务需要制定地方性法规的事项。除本法第十一条规定的事项，其他事项国家尚未制定法律或者行政法规的，省、自治区、直辖市和设区的市、自治州根据本地方的具体情况和实际需要，可以先制定地方性法规。"
③ 需要明确的是，我国实行统一而分层次的立法体制，中央立法因其本身是最高层级的立法，不存在比中央立法更高级别的上位法，因而也就不存在"创制性"问题。
④ 参见陈金霞、袁任新《地方立法的新境界——创制性立法》，《公民与法治》2016年第9期。
⑤ 参见余文斌《创制性立法——创造性开展地方立法的重要举措》，《学习时报》2022年9月。

指地方性法规章节条款内容上的创新①。这些探讨，各有侧重、不一而足，但具启发意义。受益于学界对创制性立法法理基础和存在依据的深度研究，特别是对创制性立法本质特征的深入探讨，我们对创制性立法的认知更为全面、科学、准确。

笔者认为，地方立法可依据有无直接上位法、中央和地方立法事权的划分、立法目的以及立法事项②的差异，划分为执行性立法和创制性立法。这里，创制性立法是与执行性立法相对应的立法类型。其中，执行性立法基于发挥功能的不同可分为实施性立法③和补充性立法④；创制性立法基于立法事项层级的差异，分为自主性立法⑤和先行性立法⑥（有的地方还包括试验性立法、变通性立法）。这里，自主性立法和先行性立法共同构成狭义上的创制性立法。

从广义上讲，创制性立法是指地方立法机关基于地方特色事务需要，为解决地方具体实际问题，在立法权限范围内，针对缺乏上位法或者上位法尚未规定的事项，运用地方立法权创造性开展立法活动的总称。受篇幅所限，本报告所探讨的创制性立法，其对象范围为地方人大及其常委会⑦所创制的地方性法规。

需要注意的是，地方性法规或多或少都具有一定的创制性，但地方性法规并不是只要具备"创制性"，就属于创制性立法，而必须是具备某些特征、满足一定条件的地方性法规，才属于创制性立法⑧。自主性立法和先行

① 参见吴天昊《社会主义法律体系形成后的地方立法创新》，《政治与法律》2012 年第 3 期。
② 可以将立法事项依据权限划分为中央立法事项、地方立法事项、中央与地方共同立法事项以及其他立法事项。
③ 所谓实施性立法，是对上位法延续细化进行立法。
④ 所谓补充性立法，是针对上位法规定不全面的地方，进行拾遗补阙。
⑤ 所谓自主性立法，是为解决制约本地区改革发展稳定的突出问题进行立法。
⑥ 所谓先行性立法，是对上位法尚未立法或不可能立法的地方事务进行立法。
⑦ 改革开放 40 多年来特别是党的十八大以来，地方立法体制日臻完善，立法主体、立法权限逐步扩大，立法程序更加健全。目前，我国地方立法主体共 354 个，包括 31 个省（区、市），289 个设区的市，30 个自治州以及 4 个不设区的地级市。
⑧ 部分学者将"创制性立法"理解为"立法的创制（新）性"或"具有创制（新）性的立法"，其实这种理解并不科学和严密。

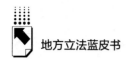

性立法是最典型的创制性立法，而执行性立法中也存在创制性的内容，体现的是立法的创制性，我们把这样的内容称为"创制性条款"①。

二　创制性立法的探索与实践

近年来，地方人大以创新、担当、作为精神，探索开展一系列创制性活动，推出一批创制性立法，推动地方性立法活动的理论和实践创新，活跃了地方立法的工作格局。笔者整理了近年来全国各地所出台的创制性立法（重点是首创性的地方性法规，见附表1、附表2），通过对其数量、层级、具体事项、体例结构进行对比，就其特点作出分析思考，旨在寻找共同规律，得出经验启示。

（一）注重解决带有特殊元素的立法实践问题

创制性立法聚焦地区特有问题，针对性较强，调整范围较小，有助于解决国家立法"无法触及"的问题。比如，上海在家庭农场新型农业经营方面探索多年，通过发展家庭农场，推动农业经营方式的创新，破解"谁来种地"的问题，有必要在实践中总结固化其在促进家庭农场发展中好的经验做法。《上海市促进家庭农场发展条例》的出台，增强了本市农业经营主体的活力。又如，杭州是城市大脑建设的先行者和实践者，城市大脑是赋能城市治理的新方式，国家和省市均缺少城市大脑相关的制度设计和标准规范。《杭州城市大脑赋能城市治理促进条例》首次明确城市大脑的范畴、定位和功能，明晰数据质量权属和安全管理，针对部分特殊群体存在"被数字化"困境的现状，通过立法规定完善线下服务和救济渠道，保障公民选择传统服务方式的权利，推动城市大脑建设在法治轨道上长效运行。从附表

---

① 比如，《湖北省实施〈中华人民共和国中小企业促进法〉办法》明显属于执行性立法，其中第18条关于省人民政府建立和完善信用信息与融资对接机制的规定，在上位法《中华人民共和国中小企业促进法》中并无涉及，属于"创设"的内容，具有创制性，是创制性条款。

（见附表1、附表2）可见，陕西就秦腔艺术传承发展、内蒙古就额济纳胡杨林保护、广西就柑橘黄龙病防控等进行立法，皆聚焦"特殊元素"，解决实际问题，促进地方治理方式和治理效能的提升。

（二）推动地方法律制度不断完善

我国各地情况不同，国家统一立法往往很难适应各地实际需要。这就要求地方立法机关根据本地区实际情况制定地方性法规，对适合本地区的法规大胆创新，特别是对国家没有规定而地方事务又必须解决的事项进行立法，以达到拾遗补阙、填缝补白的效果。比如，2017年《湖北省社会信用信息管理条例》问世，这是我国第一部关于社会信用信息管理的地方性法规，对于推进"信用湖北"建设具有重要意义。截至目前，共有31个省份和城市（见表1）制定社会信用地方性法规，进一步夯实社会信用基础法规制度体系。再如，2019年山西出台红色文化遗址保护利用条例，这是全国首部保护红色资源的省级地方立法，旨在推动构建红色文化遗址保护利用新格局。山东、上海、广西、江西、陕西、重庆等35个省份和城市（见表2）先后出台红色资源保护传承相关条例，让社会主义核心价值观入法入规，依法弘扬社会主义道德规范。创制性立法既可以让地方更加妥善地处理地区特色事务，提高立法效益，同时还可以为地方法律制度的完善提供基础和支撑。

表1 社会信用立法概况

序号	法规名称	效力位阶	通过时间
1	湖北省社会信用信息管理条例	省级	2017年3月
2	上海市社会信用条例		2017年6月
3	河北省社会信用信息条例		2017年9月
4	河南省社会信用条例		2019年11月
5	山东省社会信用条例		2020年7月
6	天津市社会信用条例		2020年12月
7	广东省社会信用条例		2021年3月
8	重庆市社会信用条例		2021年5月

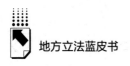

地方立法蓝皮书

续表

序号	法规名称	效力位阶	通过时间
9	江苏省社会信用条例	省级	2021 年 7 月
10	吉林省社会信用条例		2021 年 9 月
11	陕西省社会信用条例		2021 年 11 月
12	甘肃省社会信用条例		2021 年 11 月
13	江西省社会信用条例		2021 年 11 月
14	辽宁省社会信用条例		2021 年 11 月
15	湖南省社会信用条例		2022 年 5 月
16	山西省社会信用条例		2022 年 5 月
17	黑龙江省社会信用条例		2022 年 5 月
18	贵州省社会信用条例		2022 年 10 月
19	云南省社会信用条例		2022 年 11 月
20	广西壮族自治区社会信用条例		2023 年 3 月
21	宿迁市社会信用条例	设区的市级	2018 年 10 月
22	南京市社会信用条例		2019 年 12 月
23	哈尔滨市社会信用体系建设促进条例		2020 年 10 月
24	大连市社会信用条例		2021 年 2 月
25	四平市社会信用条例		2021 年 5 月
26	邢台市社会信用促进条例		2022 年 3 月
27	杭州市社会信用条例		2022 年 3 月
28	克拉玛依市社会信用条例		2022 年 4 月
29	宁波市社会信用条例		2022 年 12 月
30	厦门经济特区社会信用条例	经济特区	2019 年 4 月
31	深圳经济特区社会信用条例		2022 年 12 月

注：表中法规文本来源于北大法宝、国家法律法规数据库，统计时间截至 2023 年 9 月 30 日。

表 2　红色资源保护传承立法概况

序号	法规名称	效力位阶	通过时间
1	山西省红色文化遗址保护利用条例	省级	2019 年 9 月
2	山东省红色文化保护传承条例		2020 年 11 月
3	上海市红色资源传承弘扬和保护利用条例		2021 年 5 月
4	四川省红色资源保护传承条例		2021 年 6 月
5	湖南省红色资源保护和利用条例		2021 年 7 月
6	天津市红色资源保护与传承条例		2021 年 11 月

260

续表

序号	法规名称	效力位阶	通过时间
7	安徽省红色资源保护和传承条例	省级	2021 年 11 月
8	重庆市红色资源保护传承规定		2022 年 6 月
9	广西壮族自治区红色资源保护传承条例		2022 年 7 月
10	福建省红色文化遗存保护条例		2022 年 11 月
11	甘肃省红色资源保护传承条例		2023 年 5 月
12	龙岩市红色文化遗存保护条例	设区的市级	2017 年 9 月
13	吴忠市红色文化遗址保护条例		2017 年 10 月
14	固原市红色文化遗址保护条例		2019 年 10 月
15	长治市红色文化遗址保护利用条例		2019 年 12 月
16	临沂市红色文化保护与传承条例		2020 年 4 月
17	宁德市红色文化遗存保护条例		2020 年 4 月
18	梅州市红色资源保护条例		2020 年 9 月
19	牡丹江市红色文化遗存保护利用条例		2020 年 9 月
20	潍坊市红色文化资源保护条例		2021 年 4 月
21	南京市红色文化资源保护利用条例		2021 年 4 月
22	揭阳市红色资源保护传承条例		2021 年 5 月
23	信阳市红色资源保护条例		2021 年 6 月
24	山南市红色文化资源保护利用条例		2021 年 6 月
25	定西市红色资源保护传承条例		2021 年 7 月
26	达州市红色文化遗存保护利用条例		2021 年 8 月
27	阳泉市红色文化资源保护传承条例		2021 年 10 月
28	潮州市红色文化资源保护利用条例		2021 年 10 月
29	三门峡市红色资源保护利用条例		2022 年 9 月
30	河池市红色文化遗址保护条例		2022 年 9 月
31	韶关市红色资源保护条例		2022 年 10 月
32	临汾市红色文化资源保护传承条例		2022 年 11 月
33	南充市红色资源保护传承条例		2022 年 11 月
34	阿坝藏族羌族自治州红色资源保护传承条例		2022 年 12 月
35	梧州市红色文化遗存保护利用条例		2023 年 2 月
36	金华市红色资源保护利用条例		2023 年 4 月

注：表中法规文本来源于北大法宝、国家法律法规数据库，统计时间截至 2023 年 9 月 30 日。

（三）为国家立法提供有益借鉴

创制性立法针对具有区域特殊性的地方事务，出台一些适应地方发展实际且适度创新的法规来满足其发展需求，通过不断探索、试错和创新，为国家立法提供试验和制度创新的场所。特别是创制性法规颁布施行后，国家可以基于地方实践效果，总结实践经验，避免国家立法可能存在的风险，降低国家立法的"试错"成本。以数字经济为例，其作为新兴事物，在发展过程中存在诸多未知，对其适用的治理规则尚需不断摸索，莽然诉诸国家立法往往很难对其微观领域和具体治理规则进行精准把握，客观上也无法了解真实法治需求。故而有关数字经济国家立法暂付阙如，但地方立法机关可以通过先行先试的方式制定相关法规，为促进地方数字经济高质量发展保驾护航。2020 年 12 月，国内首部数字经济法规——《浙江省数字经济促进条例》出台，数字经济地方立法拉开序幕，截至 2023 年 8 月，国内已有 11 个省份和城市（见表 3）出台数字经济地方性立法。系统梳理已出台的数字经济法规，精准提炼总结其经验、问题和规律，可为国家制定数字经济国家立法提供有益借鉴①。

表 3　数字经济地方立法概况

序号	法规名称	效力位阶	通过时间
1	浙江省数字经济促进条例		2020 年 12 月
2	广东省数字经济促进条例		2021 年 7 月
3	河南省数字经济促进条例		2021 年 12 月
4	河北省数字经济促进条例	省级	2022 年 5 月
5	江苏省数字经济促进条例		2022 年 5 月
6	北京市数字经济促进条例		2022 年 11 月
7	山西省数字经济促进条例		2022 年 12 月

① 十四届全国人大常委会立法规划明确将制定数字经济促进法列为第二类项目，即需要抓紧工作、条件成熟时提请审议的法律草案。

序号	法规名称	效力位阶	通过时间
8	广州市数字经济促进条例	设区的市级	2022 年 4 月
9	南昌市数字经济促进条例		2022 年 12 月
10	深圳经济特区数字经济产业促进条例	经济特区	2022 年 9 月
11	汕头经济特区数字经济促进条例		2023 年 8 月

注：表中法规文本来源于北大法宝、国家法律法规数据库，统计时间截至 2023 年 9 月 30 日。

三 推进创制性立法需重点关注的几个方面

（一）关于问题导向与价值引领

创制性立法看重问题导向，先由问题引导立法，再由立法解决问题，更好发挥其引领作用。因此，创制性立法对其所需要解决的问题要清晰而明确，所提供的方案要管用而有效。个别立法工作者，不理解立法的宗旨和目的，对如何提高立法质量、推进创制性立法缺乏深度思考。有的将创制性立法作为"政绩工程"，把创制性立法作为显示亮点、寻求加分的途径，没有出于实际需要，采取适当形式，花大力气打磨法规内容；有的秉持法律万能主义观念，以创制性立法之名介入立法本不需要介入的领域，导致立法效果不佳，所立法规沦为案头之法。比如，有的地方就使用公筷、公勺等进行立法，而事实上使用公筷、公勺只是一种基本的社会公德，通过宣传、教育即可达到目的。这些认识和做法，本身就是立法主体缺乏创新能力的表现，虽然本意上是为了处理好地方实际问题，但实践中耗费大量人力物力财力，所立法规缺乏针对性和可操作性，违背了创制性立法解决地方实际问题的初衷。这种片面追求创制性立法之"形"、忽视解决实际问题之"实"，只注重行为过程而忽视实际效果、脱离实际需要的形式主义，使得诸多名为"创制性"的立法变得虚有其表，造成立法资源的浪费。

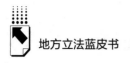

（二）关于人大主导与政府依托

立法实践中同样存在问题，一是人大对法规立项的主导作用发挥不够。往往是"部门提什么、人大审什么"，一些聚焦解决区域突出问题的探索性、引领性法规很难进入立项范围，人大在"立什么"的问题上把握不够。个别部门甚至将创制性立法作为地方主体追逐部门利益的工具，以创制立法之名行保护部门利益之实。这在立法理念上已然出现偏差，这样的创制性立法无助于解决地方实际问题。二是调查研究在立法中的基础性作用发挥不够。创制性立法要真正解决具体实际问题，必须加强调查研究，克服立法中的主观主义倾向。实践中，由于深入一线不够，研究问题不透彻，基层情况摸不准，立法要解决的问题不清晰，缺乏独立见解，总结提炼不出具有地域特色的东西。三是立法的前瞻性思考发挥不够。随着新产业、新业态的发展，人工智能、大数据、云计算等衍生出许多新型社会关系，亟须立法予以规范。在这些方面，地方立法机关的立法预判性研究、前瞻性思考不够，相关基础性研究工作特别是立法选题明显滞后，探索性、试验性立法不多，总希望在国家层面制定法律或外省市立法后跟进学习借鉴，宁可照搬照抄，也不愿先行先试。四是立法工作队伍创新作用发挥不够。创制性立法关注专项领域，聚焦具体问题，相比于其他立法更需精细化、专业化，这在客观上要求立法队伍必须持续拓展专业能力特别是创新能力。

（三）关于法制统一与先行先试

在立法实践中，一方面，个别法规在创新过程中存在"过度创新"倾向，脱离地方实际，或违背上位法的原则和精神，以致破坏法制统一，制定的法规无法发挥效用。比如，全国首部促进乡村振兴战略实施的地方性法规——《湖北省乡村振兴促进条例》，早于中央在2021年通过的《中华人民共和国乡村振兴促进法》。但《湖北省乡村振兴促进条例》在发展乡村教

育事业方面就存在过度创新的问题。该条例第 49 条第 3 款①之规定引发广泛
热议：在乡村发展学前教育有无必要，乡村教育空心化背景下发展职业教育、
继续教育、特殊教育是否会造成资源浪费等。该条款的问题就是过度创新，
脱离地方事务发展实际需要，造成社会治理难题。另一方面，有的法规保守
有余而创新不足，其先行性、示范性不显，存在内容雷同、特色不明的问题，
这就违背了国家授予地方立法权的初衷，很难称为创制性立法。比如，近年
来不少地方都出台了文明行为促进条例，可是对比发现，这些条例在条文内
容上都罗列相似文明倡导行为，同时设置包含不文明行为的重点治理清单，
条文重复度极高，同质化倾向严重。这些问题，在本质上反映了实践中在
"不抵触"原则下拓展创制性立法的空间自由度还存在相当的难度，在把控创
制性立法"不抵触"与"有特色"二者的契合点、发挥其先行示范作用上依
然任重道远。因此，地方立法机关应当严格遵循"不抵触、有特色、可操作"
的原则，科学把控创新的"度"，真正发挥创制性立法的先行示范作用。

四　探索开展创制性立法的建议

创制性立法是符合立法创新、有特色的立法形式。笔者结合从事人大工
作的思考和体会，就重庆探索形成具有重庆特色的适应创制性立法需求的立
法工作制度体系提五点建议。

（一）优化评价机制，树立正确的立法观

习近平总书记指出，"人民群众对立法的期盼，已经不是有没有，而是
好不好、管用不管用、能不能解决实际问题"。② 有效管用是评价创制性立
法的硬性指标。创制性立法好不好，关键要看所立法规在推进地方治理与服

---

① 《湖北省乡村振兴促进条例》第 49 条第 3 款规定："发展乡村学前教育，提高高中阶段教
　育普及水平，发展面向乡村的职业教育和继续教育，加强乡村特殊教育。"
② 中共中央宣传部、中央全面依法治国委员会办公室：《习近平法治思想学习纲要》，人民出
　版社、学习出版社，2021，第 81 页。

务本地群众的过程中管用不管用、有没有解决实际问题,获得了怎样的社会评价。要遵循立法数量与质量相统一、立法速度与立法效益相兼顾的原则,引导立法工作者树立正确立法观,实现地区创制性立法由数量型向质量型转变,由"有没有"向"好不好"转变。

(二)强化调查研究,找准摸清问题症结

一要针对创制性立法所具有的创新性、前瞻性、地域性等特点,进一步完善立法调研机制,全流程做好选题立项调研、起草论证调研、审议修改调研、实施评估调研等各环节工作。二要注重发挥基层立法联系点、人大代表之家、专家咨询库的作用,广泛运用各类座谈会、专题研讨会、蹲点调研等方式收集各方面的资料,摸清创制性立法调整事项的现状、问题、方案。调研中①更注重听取管理相对人、利益相关群体和基层群众意见。可针对"一事一例一对策"开展"微调研",确保对策准、效果好。三要加强调研成果转化运用,总结提炼自身特色、亮点,包括好的做法经验,将其凝练成法言法语,扩大原创性内容比例,将调研获取的信息尽可能充实进法规中,努力追求法规内容的创新,进而实现立法创新。

(三)健全立项论证,科学确定立法项目

一要注重提前介入。认真把握人大在立项论证、项目取舍等方面的主导权,在发挥部门立法积极性的同时,相关专门委员会要提前介入、全面了解对口部门和有关单位的计划总结、工作进展、问题困难等,根据中央和市委关于该领域的部署安排,依照法律法规的规定自主形成立法选题的初步安排。常委会综合部门、政策研究部门要认真研学分析中央和地方党代会、市委全会、年度经济工作会议、年度工作要点等会议、文件精神,筛查整理出基本立法选项。

---

① 比如,在《浙江省快递业促进条例》立法中开展"沉浸式"调研,法工委承办人员化身快递小哥真实体验收寄工作,更好地了解快递从业人员和消费者的需求,掌握第一手资料,取得了非常好的社会效果。

二要强化立项论证。征集到的立法建议项目不能直接进入立法程序，必须对其合法性（是否与上位法相抵触）、必要性（是否适应当前经济社会发展需要）、可行性（包括文本质量、主要制度设计等是否可行）等内容进行充分论证。只有满足要求的立法建议项目才能列入立法规划或计划。可在法规立项前组织常委会组成人员实地视察、调研、座谈讨论，掌握第一手资料，在适当时举行听证会，听取社会各方意见。

三要加强前瞻谋划。重点围绕转型升级创新发展、民营经济高质量发展、缩小"三大差距"、生态文明绿色发展等领域，有序推进先行示范立法、作出创制性规定。在编制立法规划、确定年度立法计划时①，要充分兼顾创制性立法项目安排，突出自主性立法和先行性立法，在数量和比例上适当考虑和倾斜，确保每年都有一定数量的法规审议通过。

四要重视风险评估。对创制性法规所涉及的重大制度创新，要运用成本收益分析、博弈论分析等方法，围绕制度合法性、合理性、可控性等进行综合评估。对存在合法性和重大合理性问题或者出台后可能引发不良社会影响的，要及时修改完善，把握好出台时机。②

（四）提高立法技术，强化立法基础支撑

一是在文本结构设计上，要改变过去起草一般法规时"先文本—后修改"的模式，倡导推行"先问题—后文本"的模式，即先梳理地方发展中需要立法解决的问题，然后研究提出解决具体问题的思路和举措，根据立法内容的需要确定文本框架结构和法规条文。按照精准、精简、精细的原则，在创制性立法中推行简易体例，不盲目追求大而全、小而全，坚持有几条立几条，成熟几条立几条。

---

① 河北省人大针对影响地方性法规质量的主要环节和存在的突出问题，制定、修订了立法计划项目论证工作的规定、地方性法规制定全过程质量责任的若干规定、进一步提高立法质量的意见等20多项制度，为地方立法有序有效推进提供了工作遵循和制度保障。

② 在保障"最多跑一次"改革规定和民营企业发展促进条例立法过程中，浙江同步开展专项督察和专题询问，围绕改革发展中的重大问题作出科学的制度安排，使立法更加精准、管用。

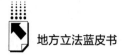

二是在条文内容设计上，立足实用、确保管用，为具体问题提供要求明确、方法具体、切实可行的解决方案，注重针对关键问题和薄弱环节搞好制度安排和体例创新，注重用具体、可量化的标准和叙述代替笼统、粗放的原则性要求，注重加大保障条款和法律责任条款的比重，注重结合地区实际作出具有地方特色或民族特色的规定。

三是在语言文字表述上，要尽可能精确、精准、简练，力求达到表词达意的规范性和简洁性，做好政策性语言与法言法语之间的转化，更多采用设定权利义务责任的表述方式，避免使用"提倡""引导""鼓励"等政策性词语，增强法规制度的刚性色彩。

（五）培育工匠精神，注重人才队伍建设

一要提高思想认识，把加强队伍建设作为一项基础性、战略性任务来抓，树立前列意识，采取有力举措，打造政治坚定、业务精通、务实高效、作风过硬、清正廉洁的高素质立法队伍。二要重视人大法制工作委员会力量配备，加强法制工作委员会工作机构建设，配强配齐法制工作委员会工作力量。三要创新立法人才任用机制，探索以聘任制公务员形式，从律师、专家学者中公开招聘高级立法专员，进一步充实人大和政府专业立法人员。同时多渠道选拔和吸收理论功底深厚、法治实践经验丰富、具有奉献精神的优秀立法人才，注重从执法和司法队伍中选调工作人员。四要强化立法干部业务培训，注重围绕立法理念、立法程序、立法技术等方面，提升队伍的立法需求识别能力、地方特色反馈能力、立法计划执行能力。五要持续锤炼队伍严谨细致的工作作风，重视、发现并掌握优秀年轻立法干部，采取有效措施加大培养、选拔和使用力度。

参考文献

陈金霞、袁任新：《地方立法的新境界——创制性立法》，《公民与法治》2016 年第

9 期。

李林、田禾主编《中国地方法治发展报告（2022）》，社会科学文献出版社，2022。

吴天昊：《社会主义法律体系形成后的地方立法创新》，《政治与法律》2012 年第 3 期。

习近平：《习近平谈治国理政》（第四卷），北京外文出版社，2022。

《习近平著作选读》（第一、二卷），人民出版社，2023。

肖金明、王婵：《关于完善地方立法质量保障体系的思考》，《理论学刊》2022 年第 1 期。

附表 1

部分省、自治区、直辖市开展创制性立法情况（2018 年至 2023 年 9 月）

序号	法规名称	通过时间	意义
1	北京中轴线文化遗产保护条例	2022 年 5 月	首次对中轴线及其环境实行整体保护
2	北京市国际交往语言环境建设条例	2021 年 11 月	国内在国际交往语言环境建设方面的第一部地方性法规
3	北京市接诉即办工作条例	2021 年 9 月	国内第一部规范接诉即办工作的地方性法规
4	北京市生态涵养区生态保护和绿色发展条例	2021 年 4 月	国内首部省级层面对特定功能区立法
5	天津市家庭医生签约服务若干规定	2022 年 12 月	国内首部家庭医生签约服务地方性法规
6	天津市人民代表大会常务委员会关于加强城市重点区域天际线管控的决定	2022 年 7 月	国内率先出台对城市重点区域天际线进行管控的地方性法规
7	天津市促进智能制造发展条例	2021 年 9 月	我国首部促进智能制造地方性法规
8	天津市碳达峰碳中和促进条例	2021 年 9 月	全国首部以促进实现碳达峰、碳中和目标为立法主旨的省级地方性法规
9	天津市网络虚假信息治理若干规定	2020 年 12 月	全国率先制定网络虚假信息治理若干规定
10	天津市知识产权保护条例	2019 年 9 月	全国首部省级知识产权保护的综合性地方性法规
11	天津市预防和治理校园欺凌若干规定	2018 年 11 月	全国首部规范校园欺凌预防和治理的地方性法规

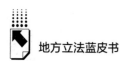

续表

序号	法规名称	通过时间	意义
12	河北省人民代表大会常务委员会关于深入推进农村改厕工作的决定	2019年5月	全国首部专门针对农村改厕制定的地方性法规
13	山西省农业生产托管服务条例	2021年9月	全国首部相关领域地方性法规
14	山西省一枚印章管审批条例	2021年3月	全国第一部关于行政审批制度改革的省级地方性法规
15	山西省机关运行保障条例	2020年9月	我国第一部以机关运行保障命名的地方性法规
16	山西省禁止公共场所随地吐痰的规定	2020年5月	全国首部专门聚焦治理公共场所随地吐痰问题的省级地方性法规
17	山西省红色文化遗址保护利用条例	2019年9月	全国首部红色文化遗址保护利用领域的省级地方性法规
18	山西省企业投资项目承诺制规定	2019年5月	经济类创制性法规
19	辽宁省行政审批中介服务管理条例	2018年10月	全国第一部专门针对规范行政审批中介服务的地方性行政法规
20	吉林省黑土地保护条例	2018年3月	全国首部保护黑土地的地方性法规
21	黑龙江省农产品气候品质评价促进条例	2023年4月	全国首部农产品气候品质评价促进方面的省级法规
22	黑龙江省农村集体经济组织条例	2020年8月	农村集体产权制度改革后，国内首部关于农村集体经济组织方面的综合性地方性法规
23	上海市人民建议征集若干规定	2021年6月	全国第一部由省人大常委会制定的、专门促进和规范人民建议征集工作的法规
24	上海市促进家庭农场发展条例	2020年11月	全国首部针对家庭农场的创制性立法
25	上海市会展业条例	2020年3月	全国首个会展业地方性法规，设立"进博会服务保障"专章
26	江苏省基层卫生条例	2023年5月	全国首部基层卫生领域的省级专项立法
27	江苏省哲学社会科学促进条例	2022年7月	全国哲学社会科学领域首部综合性地方性法规
28	江苏省行政程序条例	2022年7月	全国首部规范行政程序的地方性法规
29	江苏省知识产权促进和保护条例	2022年1月	全国首部知识产权促进和保护的省级地方性法规

序号	法规名称	通过时间	意义
30	江苏省电动自行车管理条例	2020 年 5 月	全国首批关于电动自行车管理的省级地方立法
31	江苏省促进政务服务便利化条例	2020 年 5 月	全国第一部促进政务服务便利化地方性法规
32	江苏省海洋经济促进条例	2019 年 3 月	全国首部促进海洋经济发展的地方性法规
33	浙江省促进中小微企业发展条例	2023 年 1 月	以具有浙江辨识度的创制性法规护航中小微企业高质量发展
34	浙江省公共数据条例	2022 年 1 月	全国首部公共数据省级地方性法规
35	浙江省哲学社会科学工作促进条例	2022 年 7 月	全国首部哲学社会科学综合性法规
36	浙江省民生实事项目人大代表票决制规定	2022 年 9 月	全国首部民生实事项目人大代表票决制法规
37	浙江省综合行政执法条例	2021 年 11 月	全国首部"大综合一体化"行政执法改革法规
38	浙江省医疗保障条例	2021 年 3 月	全国首部医疗保障领域的综合性创制性法规
39	浙江省乡村振兴促进条例	2021 年 7 月	"三农"领域首部基础性、综合性、系统性的法规，专设"数字乡村"一章
40	浙江省快递业促进条例	2021 年 9 月	全国首部以促进快递业发展为主题的省级地方性法规，专设"数字快递"一章
41	浙江省人民代表大会常务委员会关于网络虚假信息治理的决定	2021 年 9 月	2021 年度有辨识度有影响力法治建设成果
42	浙江省电子商务条例	2021 年 9 月	全国首部电子商务领域地方性法规
43	浙江省民营企业发展促进条例	2020 年 1 月	全国首部省域层面促进民营企业发展的地方性法规
44	浙江省电动自行车管理条例	2020 年 5 月	全国首批电动自行车省级地方性法规
45	浙江省数字经济促进条例	2020 年 12 月	全国首部以促进数字经济发展为主题的地方性法规
46	浙江省无人驾驶航空器公共安全管理规定	2019 年 3 月	全国首部无人驾驶航空器公共安全管理地方性法规
47	浙江省农村生活污水处理设施管理条例	2019 年 9 月	全国首部农村生活污水处理设施管理领域的地方性法规

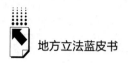
续表

序号	法规名称	通过时间	意义
48	浙江省保障"最多跑一次"改革规定	2018 年 11 月	全国"放管服"改革领域首部综合性地方性法规
49	浙江省粮食安全保障条例	2018 年 11 月	首次将促进粮食产业发展纳入粮食安全保障范畴
50	安徽省粮食作物生长期保护规定	2022 年 7 月	首件粮食作物生长期保护规定
51	福建省禁止中小学幼儿园学生携带手机进入课堂的规定	2022 年 7 月	全国首部规范学生在校使用手机的地方性法规
52	福建省传统风貌建筑保护条例	2021 年 5 月	全国首部专门保护传统风貌建筑的地方性法规
53	江西省山茶油发展条例	2022 年 11 月	全国首部专门为促进油茶产业发展制定的法规
54	江西省矿山生态修复与利用条例	2022 年 7 月	全国首部专门规范矿山生态修复与利用管理的法规
55	江西省人民代表大会常务委员会关于支持和保障碳达峰碳中和工作促进江西绿色转型发展的决定	2021 年 11 月	全国省级人大常委会作出首个支持保障"双碳"工作的决定
56	江西省候鸟保护条例	2021 年 11 月	我国首部针对某一类野生动物保护的立法
57	江西省革命文物保护条例	2021 年 11 月	全国首部明确以革命文物为立法对象的省级地方性法规
58	山东省残疾预防和残疾人康复条例	2022 年 9 月	全国首部残疾预防和康复地方性法规
59	山东省规划环境影响评价条例	2021 年 12 月	全国首部省级层面关于规范规划环境影响评价工作的法规
60	山东省公共法律服务条例	2020 年 9 月	全国首部以公共法律服务为主题的省级专项法规
61	山东省医疗废物管理办法	2020 年 3 月	全国首部省级层面的医疗废物管理办法
62	山东省反家庭暴力条例	2018 年 11 月	国内第一部省级反家庭暴力地方性法规
63	河南省科学院发展促进条例	2022 年 7 月	在全国率先为科研单位立法
64	湖南省居民自建房安全管理若干规定	2022 年 11 月	全国首部专门规范居民自建房安全管理的地方性法规

序号	法规名称	通过时间	意义
65	湖南省先进制造业促进条例	2022 年 1 月	全国首部推动先进制造业发展的地方性法规
66	湖南省网络安全和信息化条例	2021 年 12 月	全国首部地方性网络安全和信息化条例
67	广东省地理标志条例	2022 年 11 月	全国首部地理标志保护地方性法规
68	广东省版权条例	2022 年 9 月	全国首部以推动版权事业和产业高质量发展为立法目的的法规
69	广东省铁路安全管理条例	2018 年 9 月	全国首个规范铁路安全管理的地方性法规
70	广西壮族自治区柑橘黄龙病防控规定	2019 年 9 月	全国首个专门针对柑橘黄龙病防控制定的地方性法规
71	海南自由贸易港游艇产业促进条例	2022 年 3 月	我国第一部针对游艇产业的地方性立法
72	海南自由贸易港公平竞争条例	2021 年 9 月	全国第一部公平竞争条例
73	海南自由贸易港反消费欺诈规定	2021 年 9 月	全国首个反消费欺诈领域专项地方立法
74	海南经济特区禁止一次性不可降解塑料制品规定	2019 年 12 月	国内首部省级层面的专项禁塑地方性法规
75	中国（海南）自由贸易试验区商事登记管理条例	2018 年 12 月	率先在全国实现商事登记"全岛通办"、简化简易注销公告程序、信用修复、减免商事主体负面信息公示事项、外国（地区）企业直接登记等五个方面的制度创新
76	贵州省长征国家文化公园条例	2021 年 5 月	全国首部涉及长征国家文化公园的地方性法规
77	云南省生物多样性保护条例	2018 年 9 月	全国生物多样性保护的首部法规
78	宁夏回族自治区眼角膜捐献条例	2020 年 7 月	全国首部专门探索规范眼角膜捐献的地方性法规

注：表中为既没有专门上位法、外地也没有出台相应法规，而属于首创性的地方性法规。

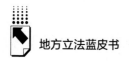

附表 2

部分经济特区、设区的市、自治州开展创制性立法情况（2018 年至 2023 年 9 月）

序号	法规名称	通过时间	意义
1	南京市社会治理促进条例	2021 年 1 月	全国社会治理领域的首部地方性法规
2	南通市义务教育优质均衡发展条例	2020 年 9 月	全国首个义务教育优质均衡发展地方条例
3	杭州市城市大脑赋能城市治理促进条例	2020 年 10 月	我国第一部数智城市的地方立法
4	杭州市淳安特别生态功能区条例	2021 年 7 月	全国首部生态"特区"保护法规
5	宁波市菜市场管理条例	2021 年 3 月	全国首部菜市场地方立法
6	温州市"两个健康"先行区建设促进条例	2021 年 11 月	全国首部以"两个健康"为主题的促进型地方立法
7	金华市无偿施救规定	2020 年 7 月	全国首部关于无偿施救方面的立法
8	衢州市围棋发展振兴条例	2021 年 11 月	国内唯一正式立法的围棋法规
9	衢州市人大代表联络站工作条例	2022 年 11 月	全国首部关于人大代表联络站工作的地方性法规
10	龙港市社区治理条例	2023 年 7 月	全国唯一一部规范"市管社区"的地方性法规
11	安庆市长江江豚保护条例	2020 年 11 月	全国首部保护长江江豚的地方性法规
12	深圳经济特区智能网联汽车管理条例	2022 年 6 月	中国首部规范智能网联汽车管理的法规
13	深圳经济特区人工智能产业促进条例	2022 年 8 月	全国首部人工智能产业专项立法
14	德阳市绵竹年画保护条例	2019 年 9 月	国内首部针对年画保护的地方性法规

注：附表 2 集中整理了既没有专门上位法、外地也没有出台相应法规，而属于首创性的地方性法规。

权益保障地方立法专题

B.14

乡村振兴地方立法的
现状考察与完善路径*

——基于对 26 部地方性法规的实证分析

王强强**

摘　要：　乡村振兴地方立法的质量直接关乎乡村振兴战略实施的成效。乡村振兴地方立法不仅是国家立法形式上的地方实施媒介，也是乡村振兴地方特色经验的法律转化，更是对乡村振兴地方难点痛点问题的法律回应。对26部乡村振兴地方性法规进行实证研究发现，表面上看乡村振兴地方立法对国家立法进行了有效贯彻，对地方实际问题进行了积极回应，实则存在立法范式机械化、立法技术粗糙化、立法内容模糊化等问题。立足乡村振兴地

---

* 本报告基金项目：国家社会科学基金西部项目"刑事司法数据安全保护视域下缔结《联合国打击网络犯罪公约》研究"（项目编号：23XFX024）、海南省法学会法学研究课题"海南自贸港安全治理现代化研究"〔项目编号：HNFX（WT）2023-01〕。

** 王强强，西南政法大学国家安全学院博士研究生，西南政法大学总体国家安全观研究院研究人员，研究方向为社会治理。

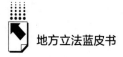

地方立法蓝皮书

方立法的这一现状，应更新乡村振兴地方立法理念，推进立法范式从机械化迈向实效化、立法技术从粗糙化迈向精细化、立法内容从模糊化迈向精确化。具体而言，可以立法后评估制度为抓手对法律进行适时修正，以督促检查制度监督各级政府及职能部门依法履职尽责，以创新奖励制度鼓励地方细化规范内容、总结地方特色经验，系统提升地方立法的可操作性。

关键词： 乡村振兴 地方立法 可操作性评估 促进法

　　乡村振兴是中华民族伟大复兴的重要组成部分，实施乡村振兴战略是中国式现代化建设的重大任务，也是一项基础性工程。党的十九大首次提出"实施乡村振兴战略"①。在此之后，中共中央、国务院陆续印发了《关于实施乡村振兴战略的意见》《乡村振兴战略规划（2018—2022 年）》等一系列政策性文件，为乡村振兴战略的实施作出了完备的顶层设计。党的政策是国家法律的先导和指引，而法治是治国理政的基本方式。② 将乡村振兴战略和相关政策纳入依法治国的框架，转化为国家法律，实现乡村振兴政策的法律化，可以为乡村振兴战略的具体实施提供坚实的法治保障。③ 2021 年 4 月 29 日，全国人大常委会通过的《中华人民共和国乡村振兴促进法》（以下简称《乡村振兴促进法》）即把党中央关于新时代乡村振兴的重大决策部署，包括乡村振兴的任务、目标、要求和原则等，转化为法律规范，确立了新时代实施乡村振兴战略的法律框架。

　　作为全国性立法，《乡村振兴促进法》的视角较为宏观，其立法规范较为原则和概括，这就需要地方立法结合各地方实际予以细化实施，截至

---

① 习近平：《决胜全面建成小康社会 夺取新时代中国特色社会主义伟大胜利》，《人民日报》2017 年 10 月 28 日，第 1 版。

② 张忠军：《法治是治国理政的基本方式》，《理论视野》2017 年第 7 期。

③ 朱智毅：《论乡村振兴立法的功能定位与基本原则》，《中国农业大学学报》（社会科学版）2020 年第 2 期。

2023 年 12 月 31 日，全国各地已陆续出台 26 部乡村振兴地方性法规（含经济特区法规、自治条例和单行条例）。乡村振兴地方立法的质量直接关乎乡村振兴战略实施的成效，全面系统地分析已制定出台的乡村振兴地方立法文本及具体实践，对不断提高乡村振兴地方立法质量，进而保障乡村振兴战略的实施，具有重要的理论意义和实践意义。学界现有研究已经关注到了乡村振兴地方立法的质量问题，[①] 也有学者对乡村振兴地方立法进行了个案解剖，[②] 但整体上研究成果并不多，存在乡村振兴地方法质量评估标准不明确、实证研究不全面、可操作性问题不聚焦等问题，尚未形成乡村振兴地方立法质量提升的理论指引和操作指南。鉴于此，本报告拟分析乡村振兴地方立法的功能定位，对 26 部地方性法规的文本进行整体性实证分析，检视现行乡村振兴地方立法存在的问题与缺漏，进而提出对策建议。

一　乡村振兴地方立法的功能定位

明确法律的功能定位是一部法律得以科学制定的前提。《乡村振兴促进法》作为全国性立法，其功能定位主要是夯实涉农法律体系的法治基础、保障乡村振兴目标的如期实现。[③] 与视角较为宏观的全国性立法不同，乡村振兴地方立法的视角更加微观，其既是乡村振兴全国立法的实施性立法，也是乡村振兴地方经验的法律转化，更是对乡村振兴地方实践难点痛点问题的法律回应。

（一）聚焦"实施性"的乡村振兴地方立法

从立法模式演进的脉络来看，"设范型立法""管理型立法""促进型立

---

① 孟庆瑜、王耀华：《乡村振兴地方立法的文本检视与进路完善》，《北方法学》2023 年第 4 期。

② 马涛：《乡村振兴地方立法的功能价值定位——以〈河北省乡村振兴促进条例〉为例》，《中国司法》2022 年第 11 期。

③ 代水平、高宇：《〈乡村振兴法〉立法：功能定位、模式选择与实现路径》，《西北大学学报》（哲学社会科学版）2019 年第 2 期。

法"共同构成我国的法律调整体系。① 其中，"促进型立法"通常是指立法标题有"促进"字样，将调整机制重心放在鼓励、奖励，追求更优的价值目标，以政府责任兜底的法律。② 作为乡村振兴战略法治化的专门性、基础性法律，《乡村振兴促进法》是乡村振兴战略的实施从政策引导型向法治保障型转变的重要依据。③ 从法律性质看，《乡村振兴促进法》主要不是管理型立法而是促进型立法，其承接政策要素更多、涵盖"三农"事务范围更广。从具体内容来看，《乡村振兴促进法》的法律文本中原则性规定、激励扶持类规范、宣示宣言类规范更多。

"促进型立法"的立法模式和全国性立法的宏观定位共同决定了《乡村振兴促进法》的强抽象性和弱实施性。比如，《乡村振兴促进法》第58条规定政府"应当"优先保障用于乡村振兴的财政投入，"确保"投入力度"不断增强、总量持续增加"，但是并没有规定应当增加投入的具体比例，这种规定方式不利于法律的具体实施，甚至可能会导致各地方实施层面的任意性以及履职结果数据造假等问题。基于当前区域经济社会发展不平衡不充分的主要矛盾，④ 要确保《乡村振兴促进法》在全国各地的有效实施，必须由地方立法机关立足地方实际，对《乡村振兴促进法》的原则性规定进行具体细化，进而增强其地方针对性和实际操作性，保障乡村振兴战略的真正落地。所以，乡村振兴的地方实施性立法是《乡村振兴促进法》的实施媒介。

（二）聚焦"创制性"的乡村振兴地方立法

从理论上讲，地方立法主要分为两类。一类是上位法的实施性立法。地方立法主体结合地方实际，将上位法的内容予以细化。另一类是地方

① 陈旭屹：《论"促进型立法"的形成背景》，《北京行政学院学报》2005年第1期。
② 刘风景：《促进型立法的实践样态与理论省思》，《法律科学》2022年第6期。
③ 冯兆蕙：《乡村振兴法治化的时代价值、基本框架与实现机制》，《法律科学》2022年第6期。
④ 习近平：《决胜全面建成小康社会 夺取新时代中国特色社会主义伟大胜利》，《人民日报》2017年10月28日，第1版。

创制性立法。地方立法主体根据《立法法》规定的立法权限，针对地方的特殊问题进行立法调整。具体到乡村振兴地方立法，其既具有实施性也具有创制性，实施性上文已有分析，其创制性主要体现在两个方面：一是对乡村振兴地方特色经验的总结；二是对乡村振兴地方难点问题的法律回应。

1. 作为经验总结的地方创制性立法

党的十八大以来，我国在推进农业和乡村产业融合发展、推动农业和农村全面绿色发展、加强基础设施和公共服务体系建设、促进城乡融合和区域协调发展等方面取得了巨大成就。[①] 乡村振兴战略的改革举措涉及广大农民和合作社、农场、农业企业等新型农业经营主体的利益，面临复杂的价值判断和利益平衡。全国各地结合地方实际认真贯彻落实乡村振兴战略，对乡村振兴战略实施进行总体设计和阶段谋划，在乡村振兴产业发展、人才支撑、文化传承、生态保护等方面形成了很多创新性做法，积累了诸多特色经验。比如河北省将乡村振兴战略与京津冀协同发展战略相融合，专设脱贫巩固章节；[②] 海南省依托生态优势重点发展生态产业，把乡村生态产业化，将"绿水青山"转化为"金山银山"[③]。为确保乡村振兴战略实施的稳定性，各地需要将乡村振兴战略实施过程中成熟的行之有效的地方政策和特色经验通过地方立法进行法律转化，[④] 从而形成明确且具有普遍约束力的制度体系，保障乡村振兴战略在法治轨道上行稳致远。与此同时，为其他地方的乡村振兴实践提供具体参照。

2. 作为问题回应的地方创制性立法

近年来，在党中央的坚强领导和有力推动下，全国各地乡村振兴工作均取得了明显成效。但调研发现，各地在乡村振兴战略实施过程中仍然存在一

---

① 宋洪远、江帆、张益：《新时代中国农村发展改革的成就和经验》，《中国农村经济》2023年第3期。

② 马涛：《乡村振兴地方立法的功能价值定位——以〈河北省乡村振兴促进条例〉为例》，《中国司法》2022年第11期。

③ 傅国华：《海南生态产业化和产业生态化动向研究》，《今日海南》2022年第5期。

④ 李蕊：《乡村振兴地方立法的逻辑进路》，《地方立法研究》2022年第7期。

些难点痛点堵点问题，比如农村产业发展的质量不高、乡土人才流失严重、农村数字基础设施建设不足等问题，而且各种问题在不同区域呈现不同的样态。我国幅员辽阔，不同区域的自然资源禀赋不同。在长期的历史演进过程中，不同区域形成了不同的风俗文化。乡村振兴战略的全面顺利实施迫切需要挖掘地方本土文化资源和智慧，采取大量的制度创新和改革举措予以综合保障。"重大改革于法有据"是习近平法治思想的核心要义之一，[①]挖掘地方资源，以地方立法的形式进行制度创新，明确乡村振兴的相关改革举措，进而形成明确且具有普遍约束力的制度规范体系是在法治轨道上推进农业农村现代化的必由之路。《乡村振兴促进法》作为国家立法，显然无法面面俱到回应地方的特殊问题，这就需要立足地方实际，在乡村振兴地方立法中予以回应、解决。因此，乡村振兴地方立法应直面地方的难点痛点问题，将各方参与主体的权利和义务确定下来，为其提供稳定的心理预期和明确的行动导向，为"三农"相关领域矛盾和纠纷的解决提供必要的指引，降低相关改革举措推行的阻力。[②]

综上，《乡村振兴促进法》作为全国性立法，其功能在于将乡村振兴相关政策法律化，为乡村振兴战略的实施提供法律依据。乡村振兴地方立法与之不同，其功能定位有二，一是聚焦"实施性"，将《乡村振兴促进法》的法律规范予以细化，为乡村振兴战略的实施提供具体的操作指引；二是聚焦"创制性"，将地方已有特色经验转化为法律规范，与此同时，通过立法回应地方的难点问题。

二　乡村振兴地方立法的现状分析与问题检视

2021 年《乡村振兴促进法》出台之后，全国各地密集进行了乡村振兴

---

① 沈国明：《"重大改革于法有据"：习近平法治思想的重要论断》，《学术月刊》2021 年第 7 期。

② 朱智毅：《论乡村振兴立法的功能定位与基本原则》，《中国农业大学学报》（社会科学版）2020 年第 2 期。

的地方立法。通过分析已有的乡村振兴地方立法，本报告发现，当前乡村振兴的地方立法存在宣示性有余但实施性不足、继承性有余但创制性不足的问题。

（一）乡村振兴地方立法现状的整体性分析

以北大法宝为主要检索工具，将标题设定为"乡村振兴"、效力位阶设定为"地方性法规"、时效性设定为"现行有效"，通过检索发现，截至2023年12月31日，我国现已公布26部乡村振兴地方性法规（含经济特区法规、自治条例和单行条例）①，总体来看，已经出台的26部乡村振兴地方立法都严格遵循立法程序，满足合法性的要求，内容上也不存在与上位法冲突的情况。乡村振兴地方立法在颁布时间、地域空间、名称规范、结构规范等方面表现出一定的整体性特点与趋势。

1. 以中央政策和《乡村振兴促进法》为依据，地方立法密集出台，形式上为乡村振兴战略实施提供了有效法律支撑体系

从立法数量变化来看，2021年以前出台的乡村振兴地方性法规仅有《湖北省乡村振兴促进条例》。随着2021年《乡村振兴促进法》的颁布，乡村振兴地方立法密集出台，乡村振兴地方立法出台数量2021年为8部、2022年为12部、2023年为5部，其中汕头和阿坝藏族羌族自治州的地方立法为经济特区法规和民族自治地方单行条例，尚未制定乡村振兴地方性法规的省份为山西、辽宁、黑龙江、海南、云南、北京、内蒙古。从名称来看，

---

① 《青海省乡村振兴促进条例》《宁夏回族自治区乡村振兴促进条例》《汕头经济特区乡村振兴实施条例》《阿坝藏族羌族自治州乡村振兴促进条例》《陕西省乡村振兴促进条例》《甘肃省乡村振兴促进条例》《江苏省乡村振兴促进条例》《湖南省乡村振兴促进条例》《贵州省乡村振兴促进条例》《安徽省实施〈中华人民共和国乡村振兴促进法〉办法》《河北省乡村振兴促进条例》《上海市乡村振兴促进条例》《重庆市乡村振兴促进条例》《西藏自治区乡村振兴促进条例》《广东省乡村振兴促进条例》《广西壮族自治区乡村振兴促进条例》《新疆维吾尔自治区乡村振兴促进条例》《河南省乡村振兴促进条例》《吉林省乡村振兴促进条例》《四川省乡村振兴促进条例》《福建省乡村振兴促进条例》《天津市乡村振兴促进条例》《浙江省乡村振兴促进条例》《山东省乡村振兴促进条例》《江西省乡村振兴促进条例》《湖北省乡村振兴促进条例》。

除安徽省使用《安徽省实施〈中华人民共和国乡村振兴促进法〉办法》外，其他地方立法均使用《××乡村振兴促进条例》的文字表述。从立法依据看，《湖北省乡村振兴促进条例》和《江西省乡村振兴促进条例》在《乡村振兴促进法》出台前即已制定，所以并没有明确写明"根据《乡村振兴促进法》制定本条例"。后续的地方立法均在《乡村振兴促进法》出台后制定，因而在立法目的部分明确了"以《乡村振兴促进法》为立法根据"。整体来看，形式上各地方主动对标中央，密集出台地方立法为乡村振兴战略实施提供了有效的法律支撑。

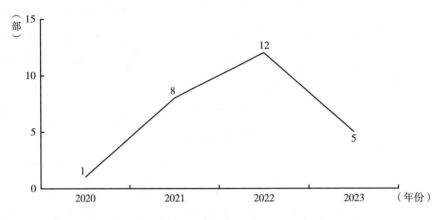

图1　2020~2023年我国乡村振兴地方立法出台情况

2. 乡村振兴地方立法文本结构和条文数量趋同，总体上与《乡村振兴促进法》保持一致

从法律文本的结构看，多数乡村振兴地方立法的文本结构与《乡村振兴促进法》保持一致，除陕西和湖南没有按照章节进行编排外，其他各地立法均按照章节进行编排。《乡村振兴促进法》有10章74条，多数乡村振兴地方立法章的数量在8~12章，大部分为10章和11章；条的数量在56~96条，大部分在70条左右。其中条文数量最少的是《湖南省乡村振兴促进条例》，仅有25条。最多的是《河北省乡村振兴促进条例》，为96条。乡村振兴地方立法中各章的名称与《乡村振兴促进法》基本一致，包括总则、产业发展、人才支撑、文化繁荣、生态保护、组织建设、城乡融合、扶持措施、监督检查、附则等内容。

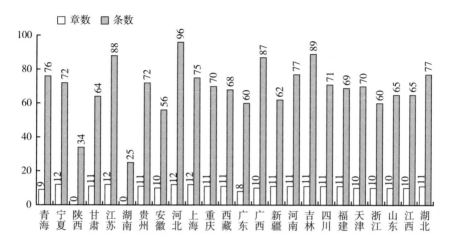

图2　乡村振兴地方立法章节与条文数量情况

（二）乡村振兴地方立法的问题检视

从形式上看，地方密集出台配套立法，为乡村振兴战略和《乡村振兴促进法》的实施提供了法治保障。但从实质内容看，乡村振兴地方立法整体上宣示性有余但实施性不足、继承性有余但创制性不足，具体表现为立法范式机械化、立法技术粗糙化、立法内容模糊化。

1.立法范式机械化

2015 年《立法法》将立法权限扩展到所有的设区的市之后，我国地方立法的数量迅速增长。由于全国不同区域的立法能力存在较大差异，很多地方立法机关缺乏有效应对错综复杂的经济社会发展格局的立法能力，出现大量的抄袭性立法、重复性立法现象①，甚至有的地方立法机关直接将中央立法已有的规定机械地复制移植到地方立法之中，在浪费立法资源的同时降低

① 屈茂辉：《我国上位法与下位法内容相关性实证分析》，《中国法学》2014 年第 2 期。

了地方立法的实效性①。重复性立法的本质是立法范式的机械化，地方立法范式的机械化使地方立法工作遭到了诸多质疑②。与地方立法工作存在"立法范式机械化"的普遍问题相类似，当前的乡村振兴地方立法也存在"立法范式机械化导致创制性不足"的发展态势，其主要表现是对中央层面《乡村振兴促进法》的机械"抄袭"，很多乡村振兴地方立法在一定程度上是对中央立法的加工复制，无论是立法体例、立法结构、立法目的还是其他内容，都与《乡村振兴促进法》高度相似，存在重复立法的嫌疑③。

乡村振兴地方立法是《乡村振兴促进法》实施的重要媒介，因而其必须保持与中央立法的高度一致。但这种"一致"是内在精神层面的一致，并不是具体条文的一致。乡村振兴地方立法作为乡村振兴战略在地方实施的具体法律依据，应对《乡村振兴促进法》的原则性、概括性条文予以细化，与此同时，对地方特色经验进行总结，对地方难点堵点问题进行回应。只有如此，乡村振兴地方立法才能成为《乡村振兴促进法》的重要补充，为法律实施提供具体的操作指引。当前立法范式的机械化导致乡村振兴的地方立法存在相当程度的概括性、原则性，在一定程度上侧重于对《乡村振兴促进法》的承继，宣示性有余但创制性不足，不利于地方立法的具体实施，也无法为乡村振兴战略提供相应的法治保障。

2. 立法技术粗糙化

立法的技术逻辑是立法的核心和精髓，旨在将立法者意念中的法律转化为执法者、司法者、守法者可以理解的规则，进而现象化为社会秩序的现实。④ 长期以来，传统法学理论指引下的"管理型立法"注重法律的消极惩罚功能，对应的立法技术也更加成熟。立法机关在设定消极惩罚所需的法律义务或法律责任时，往往会用审慎精细的程序来约束决策，认真推敲、反复推演、严格把关。与"管理型立法"不同，"促进型立法"更加注重法律的

① 梁西圣：《立法"真理"与"方法"之辩》，《政法论丛》2021 年第 5 期。
② 尹奎杰：《地方立法中的问题及其破解思路》，《学术交流》2019 年第 10 期。
③ 孙波：《试论地方立法"抄袭"》，《法商研究》（中南财经政法大学学报）2007 年第 5 期。
④ 杨鹏：《立法技术的现状与愿景》，《行政法学研究》2021 年第 3 期。

积极引导功能，注重通过奖励机制、行政指导等相对柔性的合作的方式引领法律的实施。与"管理型立法"相比，"促进型立法"的工作机制更加复杂，这增加了立法的难度，对立法技术提出了更高的要求。

《乡村振兴促进法》具有典型的"促进型立法"特征，其不是单纯地通过设置惩罚措施来约束乡村振兴的参与主体，而是指出当前乡村振兴工作的薄弱环节，凝聚乡村振兴的价值共识，明确乡村振兴各项工作的具体目标，将乡村振兴政策中的相关举措法律化，进而引导各参与主体按照法律规定作出相应的行为。对于乡村振兴的地方立法来说，立法技术是将乡村振兴地方特色经验有效转化为法律规范的关键。地方立法有特色是地方立法保持生命力的重要体现，也是衡量立法质量的重要标准。[①] 与乡村振兴的中央立法相比，乡村振兴的地方立法在立法技术层面本应具有鲜明的优势。这是因为，地方立法机关更贴近当地的乡村振兴工作，更了解当地群众关于乡村振兴工作的具体需求，基于此，乡村振兴地方立法更能反映当地的特殊问题。但事实上，乡村振兴地方立法的立法技术非常粗糙，立法技术的粗糙化导致乡村振兴地方立法更加注重在形式上与中央立法保持高度一致，但对地方特色经验的梳理总结不足，也缺乏对地方难点痛点问题的有效回应，无法为乡村振兴工作提供有效指引。

3. 立法内容模糊化

法律确定性是法律理性的最重要表征。[②] 围绕法律确定性的内在要求，立法语言和内容应尽可能明确、清晰，为执法、司法和守法提供明确指引。《乡村振兴促进法》和配套的乡村振兴地方立法为政府及其职能部门设置了大量法律义务（职责），但大多是方向性的规范，缺乏具体的操作性指引和外在约束。立法内容模糊化主要表现在三个方面：一是关于法律职责的规定模糊；二是关于法律责任的规定模糊；三是关于法律激励措施的规定模糊。

第一，法律职责规定模糊化。在《乡村振兴促进法》中，各级政府主

---

① 贾西津：《个人权利：公权力的边界和责任》，《法学研究》2009 年第 4 期。
② 陈曦：《法律确定性的统合理性根据与法治实施》，《社会科学》2016 年第 6 期。

导乡村振兴工作，承担着推进各项工作的重要职责。立法大量使用了"国家建立……""国家采取……""国家完善……""国家加强……""各级人民政府应当……"的模糊句式表达。乡村振兴地方立法遵循中央立法的模式，大多只是将"国家"改为"县级以上人民政府"，其实质内容并没有明显变化。实践中存在的突出问题是，具体应满足或达成什么样的标准才算各级政府及其职能部门履行了法定职责、实现了"完善""加强"等地方立法确定的目标，因缺乏具体的量化指标体系，实践中往往难以科学地判断。

第二，法律责任规定模糊化。乡村振兴立法是典型的"促进型立法"，各级政府及其职能部门依法履职推进各项规定落实是乡村振兴战略实施的重要保障。而促使各级政府及其职能部门依法履职的"动力"除了来源于党员领导干部使命伦理的内生动力，也来源于法律责任刚性约束的外在动力。因此，乡村振兴立法关于法律责任的规定应当具体明确、具有可操作性。但是乡村振兴地方立法中部分条例对法律责任的规定过于简单，导致规定的可操作性不强。比如《青海省乡村振兴促进条例》第75条沿袭《乡村振兴促进法》第73条的规定，"各级政府及有关部门不履行或者不正确履行职责的，依照法律法规和国家有关规定追究责任"。但何为"不正确履行"，在具体实践中如何判断并不明确。

第三，法律激励措施模糊化。不论乡村振兴的中央立法还是地方立法，都存在大量激励性条款。比如《乡村振兴促进法》和地方立法中都大量使用了"支持（扶持）""引导""鼓励""奖励""表彰""补偿"等语词表达。中央立法使用上述语词进行宏观表达无可非议，因为各地经济社会发展不平衡，国家层面很难或者说根本无法按照统一标准予以量化，只能进行方向性的指引。地方立法作为中央立法的实施性立法，本应结合地方经济社会发展的实际情况，对中央立法的上述激励条款予以细化，使其更具可操作性。但从立法实际来看，地方立法仍然比较模糊，无法具体操作。

综上，《乡村振兴促进法》出台后，全国各地方密集出台了乡村振兴地方立法，快速形成了乡村振兴战略实施的法律支撑体系。综观已有的乡村振兴地方立法，在形式上各地都与中央立法保持一致，实则存在立法范式机械化、立法技术粗糙化、立法内容模糊化等问题。这无法满足乡村振兴战略实施的法治需求，也并不符合乡村振兴地方立法兼顾"实施性"和"创制性"的功能定位。

三　乡村振兴地方立法的完善路径

乡村振兴地方立法是乡村振兴战略在地方具体实施的重要保障。立足当前乡村振兴地方立法存在的立法范式机械化、立法技术粗糙化、立法内容模糊化等问题，结合乡村振兴法治化的目标，乡村振兴地方立法应在理论、制度和具体措施方面予以更新和调整。

（一）乡村振兴地方立法的应然理论转向

1. 立法范式从机械化迈向实效化

立法范式从机械化迈向实效化，其本质是实现立法从"形式论"到"实质论"的转变。调研发现，立法范式的机械化是地方立法不得已作出的选择，这是因为实践中创制性立法可能存在违背上位法精神或僭越上位法的风险，而简单复制上位法则更加稳妥。由于地方立法机关规避越权风险，在某种程度上采用机械而保守的立法范式就成为地方立法机关的本能选择。[①]作为中央立法的实施性立法和地方问题的回应性立法，乡村振兴地方立法应围绕立法实效进行制度创新。推进乡村振兴地方立法范式从机械化迈向实效化，具体可从两个方面着手：一是转变立法理念，由"形式上贯彻落实上位法"转化为"实质上贯彻落实上位法-解决具体问题"，在此理念下推进相应的制度创新；二是构建乡村振兴地方立法激励机制，鼓励地方立法创新，使地方立法机关不会因创新立法被随意追责。

2. 立法技术从粗糙化迈向精细化

立法技术从粗糙化迈向精细化，其关键是实现立法能力的提升。立法技

---

① 封丽霞：《地方立法的形式主义困境与出路》，《地方立法研究》2021 年第 6 期。

术粗糙化与地方立法机关的立法能力相关。经过长期实践，多数地方立法机关能够按照立法技术规范的要求进行规范立法，保持形式上与上位法的对应。但当前存在地方立法机关不熟悉各个专业领域的知识等问题。具体到乡村振兴立法，从学科划分来讲，乡村振兴地方立法既涉及法学，也涉及农学、管理学、社会学、经济学等学科的专业知识，单凭地方立法机关实际上很难兼顾乡村振兴所涉及的各个学科的知识，也很难充分掌握乡村振兴战略实施过程中的全部问题，特别是具体产业发展的问题。推进乡村振兴地方立法范式从粗糙化迈向精细化，可借助外脑参与乡村振兴地方立法，借助法学、社会学、管理学、农学、经济学等各学科领域专家对相关问题进行研究，之后将相关的研究成果及时纳入立法，由此实现立法技术和立法能力的提升。

3. 立法内容从模糊化迈向精确化

立法内容从模糊化迈向精确化，其重点是聚焦地方实际。作为法律实施的"最后一公里"，乡村振兴地方立法规范及制度内容应同各地方经济发展的水平相适应、同当地文化习俗与风土人情相协调、同当地乡村建设需求相契合。实践是问题解决的源头活水，乡村振兴地方立法内容的模糊化缘于没有充分掌握实践中的痛点难点问题。推进乡村振兴地方立法范式从模糊化迈向精确化，具体可从以下方面着手：一是深入调研乡村振兴的地方实践，总结一线经验和做法，然后进行提炼形成制度；二是完善公众参与制度，广泛听取基层工作者，特别是农民的意见建议；三是横向对比，各地方充分借鉴彼此的经验做法；四是对相关法律条文进行"成本和收益"维度的经济学分析，通过经济学的分析使立法内容更加精确。

（二）乡村振兴地方立法完善的制度支撑

第一，以立法后评估制度为抓手，对乡村振兴地方立法的实施成效进行科学评估。乡村振兴地方立法的实效性是指乡村振兴地方性法规的执行质量以及在实践中产生的实际效果和影响，反映了立法目的与法规的实施情况之间的对比关系。

围绕立法后评估制度，应着重构建乡村振兴地方立法后评估的量化指标体系，具体可包括公众知晓度、利益群体认可度、实现程度等指标。其中，公众知晓度指标旨在检测社会公众或者相关群体是否普遍知晓地方性法规。利益群体认可度指标旨在检测行政管理方或者相关利益群体对法规的认可程度，以及是否能够自觉遵守法规。实现程度指标旨在检测地方性法规在施行后是否达到立法目的以及在何种程度上达到立法目的。以立法后评估制度为抓手，对乡村振兴地方立法的实施成效进行科学评估，可以及时发现乡村振兴地方立法存在的问题和不足，进而适时对立法进行修订完善。

第二，以乡村振兴法治实施监督检查制度为抓手，督促各级政府及职能部门依法履职尽责。乡村振兴立法的促进法性质决定了政府及其职能部门积极作为才能实现其目标，而监督检查制度是乡村振兴立法实施的重要制度保障。[①] 具体来说，乡村振兴法治实施监督检查可从三个方面推进：一是政府系统内的监督检查，由上级政府及其职能部门对下级政府及其职能部门的工作进行监督检查；二是纪检监察系统监督检查，由同级纪委监委对公职人员是否认真履职进行监督检查；三是社会公众及媒体监督，尤其是农民的监督，农民是乡村振兴的最终受益者，乡村振兴的成效如何，农民最有发言权，支持农民群体对乡村振兴工作进行监督意义重大。

（三）乡村振兴地方立法文本完善的具体举措

第一，以可操作性为核心细化规范内容。乡村振兴取得实效是乡村振兴地方立法的最终目标，可操作性是乡村振兴地方立法取得实效的关键。完善乡村振兴地方立法的可操作性具体可从以下方面推进：一是检视乡村振兴地方立法中的宣示性规定、原则性规定，对其进行细化；二是扩大乡村振兴地方立法的宣传，增进广大人民群众对乡村振兴工作的认同感，提升其对乡村振兴工作的参与感和荣誉感；三是注重乡村振兴地方立法的相关条款与其他

---

① 冯兆蕙：《乡村振兴法治化的时代价值、基本框架与实现机制》，《法律科学》2022年第6期。

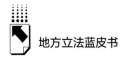

相关立法和政策的有效衔接。

第二，明确乡村振兴各参与主体的法律责任。法律制度是督促各级政府及其职能部门依法履职的外在刚性约束。综观当前乡村振兴地方立法，河北等省份在法律责任方面作出了积极探索，借鉴《河北省乡村振兴促进条例》的做法，乡村振兴的法律责任制度具体可从以下几个方面予以完善。一是层级责任明确。按照省、市、县、乡（镇）四级政府的层级划分，厘清各级政府及有关职能部门在乡村振兴工作方面的具体职责。二是领域责任明确。对乡村振兴的产业、人才、文化、生态等工作进行分工，细化并明确各具体职能部门的职责。三是惩戒措施明确。分级分类详细规定政府及其职能部门履职尽责的标准及相应的惩罚措施。

第三，增加乡村振兴的法律激励措施。乡村振兴的法律激励措施应立足地方实际，围绕乡村振兴工作的具体领域，探索促进乡村振兴的适合当地的有效激励手段。具体可从以下几个方面推进：一是聚焦区域经济社会发展的目标定位，围绕特色产业增加激励措施；二是立足地方财政能力，合理制定激励办法；三是以人才振兴为支撑，采取各种激励措施让乡村振兴的各方面人才愿意来、留得住。

结　语

《乡村振兴促进法》是乡村振兴战略实施的"基本法"[1]，为乡村振兴战略实施提供了宏观层面的规范指引。鉴于当前我国经济社会发展不平衡不充分的现实情况，各地需要立足地方实际，按照乡村振兴战略的部署安排，将《乡村振兴促进法》细化为各地乡村振兴战略实施的法律依据。自 2021年《乡村振兴促进法》颁布后，各地通过行使地方立法权对《乡村振兴促进法》的地方实施进行了积极回应，一些地方立法对地方特色经验进行了法律转化，对地方痛点难点问题规定了相关措施。但综观已经颁布的乡村振

---

① 任大鹏：《〈乡村振兴促进法〉的鲜明特点与现实意义》，《人民论坛》2021 年第 27 期。

兴地方立法，在文本质量特别是可操作性等方面还存在明显不足。立足当前乡村振兴地方立法存在的不足，结合乡村振兴法治化的目标，乡村振兴地方立法应更新立法理念，以立法后评估制度为抓手科学评估乡村振兴地方立法的实施成效，以监督检查制度为抓手督促各级政府及其职能部门依法履职，细化法律责任规定，明确法律激励措施，不断提升乡村振兴地方立法的质量，保障乡村振兴行稳致远。

参考文献

封丽霞：《地方立法的形式主义困境与出路》，《地方立法研究》2021年第6期。

付子堂、张善根：《地方法治建设及其评估机制探析》，《中国社会科学》2014年第11期。

付子堂主编《中国地方立法报告（2023）》，社会科学文献出版社，2023。

孟庆瑜、王耀华：《乡村振兴地方立法的文本检视与进路完善》，《北方法学》2023年第4期。

任大鹏：《〈乡村振兴促进法〉的鲜明特点与现实意义》，《人民论坛》2021年第27期。

孙波：《试论地方立法"抄袭"》，《法商研究》（中南财经政法大学学报）2007年第5期。

张帅梁：《乡村振兴战略中的法治乡村建设》，《毛泽东邓小平理论研究》2018年第5期。

B.15
无障碍环境建设地方立法
发展与完善[*]

彭天翼　何明俊　彭　城^{**}

摘　要:　我国无障碍环境建设地方立法起步于 21 世纪初, 在历经 20 余年的发展后, 于 2023 年迎来了《无障碍环境建设法》的颁布。在发展过程中, 无障碍地方立法呈现以地方政府规章为主要形式、以无障碍理念发展为引领、以地方特色需求为驱动、经济发达省市立法实践丰富、立法更新总体较慢等特点。通过对无障碍环境建设地方性法规的分析发现, 地方立法在无障碍概念内涵、无障碍需求群体、监督管理渠道以及社会主体参与方式上为国家立法积累了经验。在《无障碍环境建设法》时代, 无障碍地方立法可从优化地方立法体系结构、服务地方特色发展任务、强化权益保障规范建构、推动构建地方无障碍环境建设共治格局以及吸收国际经验等方面优化完善。

关键词:　无障碍环境　地方立法　地方性法规

习近平总书记指出, "无障碍设施建设问题, 是一个国家和社会文明的标志, 我们要高度重视"。① 自改革开放以来, 我国持续推进无障碍设施建

---

* 本报告中出现的无障碍环境建设地方立法文本数据均来源于北大法宝数据库。

** 彭天翼, 西南政法大学立法研究院研究人员, 研究方向为立法学、监察法学; 何明俊, 西南政法大学立法研究院研究人员, 研究方向为立法学、行政法学; 彭城, 西南政法大学立法研究院研究人员, 研究方向为立法学、法社会学。

① 张晓松、朱基钗、杜尚泽:《坚守人民情怀, 走好新时代的长征路》,《人民日报》2020 年 9 月 21 日, 第 1 版。

设，并逐步推进信息无障碍、社会服务无障碍建设，持续提升无障碍环境建设水平。无障碍环境建设是残疾人、老年人及其他有无障碍需求群体权益保障的基础性环节，对于提升我国人权保障水平有重要意义。当前，我国有8500多万各类残疾人，60岁及以上老年人超过2.8亿，加上有无障碍需求的孕妇、儿童、伤病人员等，对无障碍环境的需求广泛而迫切。[1] 随着人口老龄化进程加快，全社会的无障碍需求将进一步扩大和多样化。因此，进一步加强和完善无障碍环境建设对于适应社会发展与保障人权具有重要意义。

回顾历史，我国始终注重用法治化方式尤其是立法手段保障无障碍环境建设，从中央到地方积累了多层次、宽领域的立法实践经验和丰富的立法成果。2023年，《中华人民共和国无障碍环境建设法》（以下简称《无障碍环境建设法》）正式颁行，开启了我国无障碍环境建设法治保障新篇章。该法共八章72条，在体例结构、内容上总结、延续并发展了相关立法实践，为我国未来一个时期的无障碍环境建设提供了更完善的法治框架，成为该领域最新的立法成果。长期以来，我国地方立法与国家立法良性互动，既有地方先行先试积累立法经验，或结合地方实际创新性执行国家立法，也有国家立法对地方立法经验的吸收和总结。这一"地方立法发展探索—国家立法确认总结"的基本规律同样鲜明地呈现于我国无障碍环境建设领域立法实践中，并持续塑造着相关立法的发展进程。目前学界有关无障碍环境立法的研究方兴未艾，以中国人民大学黎建飞教授为代表的学者一直呼吁推动无障碍环境建设国家立法并在不同方面提出了具体构想[2]，此外有学者指出无障碍环境立法需要注意的问题[3]，还有学者从社会学视角提出无障碍环境建设

---

① 中国残疾人联合会：《贯彻实施无障碍环境建设法 促进残疾人事业全面发展》，《求是》2023年第18期。

② 参见黎建飞、窦征、施婧葳等《我国无障碍立法与构想》，《残疾人研究》2021年第1期；黎建飞《推进我国无障碍环境建设立法的进程》，《残疾人研究》2022年第S1期。黎建飞《无障碍法治的渊源、位阶与前瞻》，《残疾人研究》2023年第3期。

③ 参见马卉《无障碍环境建设立法中应注意的几个问题》，《残疾人研究》2022年第S1期。

法的构建路径①。新近的研究关注到了《无障碍环境建设法》中的具体条款②。但遗憾的是，除了有部分学者分析了无障碍环境建设地方立法的动因③，鲜有学者关注到地方立法在无障碍环境建设立法发展中的重要作用。随着《无障碍环境建设法》将我国无障碍相关立法带入"专门性法律"时代，有必要系统回顾和梳理以无障碍环境建设地方性法规为代表的地方立法实践，着眼于地方立法与国家立法的互动，总结我国无障碍环境建设地方立法的发展特点，同时分析地方立法在《无障碍环境建设法》颁布以前对无障碍相关立法发展的作用，并进一步展望地方立法在《无障碍环境建设法》时代的未来发展。为实现这一目标，主要需要处理三个方面的问题：第一，无障碍环境建设地方立法的发展特点为何？第二，无障碍环境建设地方立法为《无障碍环境建设法》的颁布提供了哪些经验探索？第三，《无障碍环境建设法》出台后，无障碍环境建设地方立法应如何发展完善？

本报告将首先回顾我国无障碍环境建设地方立法的发展历程，并基于其中的代表性文本总结和提炼其基本情况与主要特点。同时，本报告将以无障碍环境建设地方性法规为主要分析对象，立足整体分析地方立法对我国无障碍环境建设国家立法发展的作用，并以《无障碍环境建设法》的颁布为背景，提出未来无障碍环境建设地方立法的完善方向。简言之，本报告拟以无障碍立法中的央地互动为主要视角，以规范分析为基本路径，总结和提炼无障碍环境建设地方立法发展的历史特点和经验，透视《无障碍环境建设法》颁布前后无障碍地方立法的历史贡献及未来优化。

一 无障碍环境建设地方立法发展历史

我国无障碍相关规范发端于 20 世纪 80 年代建筑工程领域的无障碍设计

---

① 参见吴振东、汪洋、叶静漪《社会融合视角下我国无障碍环境建设立法构建》，《残疾人研究》2022 年第 S1 期。

② 参见吴兵《论互联网平台的信息无障碍环境建设义务》，《北京理工大学学报》（社会科学版）2024 年第 4 期。

③ 参见吕洪良《浅析无障碍环境建设地方立法的动因与思路》，《残疾人研究》2022 年第 S1 期。

标准规范。此后，20世纪90年代的《残疾人保障法》和《老年人权益保障法》规定了无障碍设施建设条款，且前者明确规定"残疾人在政治、经济、文化、社会和家庭生活等方面享有同其他公民同等的权利"，要求对残障人权益进行平等保护。90年代末，原建设部下发《关于做好城市无障碍设施建设的通知》（建规〔1998〕93号），对无障碍设施的建设提出了诸多硬性要求，而后浙江、上海、北京等地率先出台了建设无障碍环境的规范性文件。

我国无障碍环境建设地方立法主要起步于21世纪。新世纪以来，相关地方立法在国家层面规范不断丰富的背景下迅速发展，并很快成为无障碍环境建设法制体系的重要组成部分。2000年，北京市率先以地方政府规章的形式出台了《北京市无障碍设施建设管理规定》，后于2004年以地方性法规的形式制定《北京市无障碍设施建设和管理条例》，开启了以地方性法规进行无障碍环境建设地方立法的新进程。使用"北大法宝"检索以"无障碍环境建设"为立法主题的地方立法文件，得到已发布地方性法规12部、地方政府规章58部，全国范围内有24个地区进行了无障碍环境建设地方立法实践。结合无障碍环境建设地方立法文件发布时间可以看出，截至《无障碍环境建设法》出台前，新世纪无障碍环境建设地方立法大体上经历了两个发展时期。

（一）地方先行探索期

如图1所示，21世纪以来，各省市对无障碍环境建设的地方立法始于2000年，年立法数量于2010年达到峰值。截至2010年12月31日，已发布的无障碍环境建设地方立法文件达26部，其中地方政府规章23部，地方性法规3部。从效力层级上看，这一时期无障碍环境建设地方立法文件以地方政府规章为主体。

值得注意的是，这一时期我国无障碍环境建设地方立法中规定的无障碍环境建设内容总体上不断丰富，但各地立法文件在该内容上的相互吸收、借鉴较为有限，这可能与国家层面暂无专门规定无障碍环境建设内容

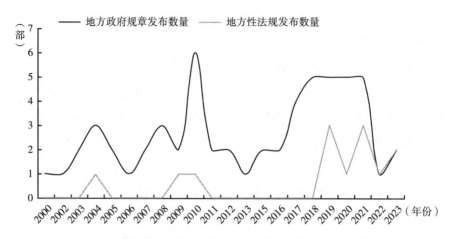

图1 无障碍环境建设地方立法文件发布年份分布情况

的规范性文件有关。同时，此时的无障碍环境建设地方立法主要以"无障碍设施建设管理"为立法主题，即更多关注无障碍硬件设施的建设管理，如我国最早的无障碍地方性法规《北京市无障碍设施建设和管理条例》（2004 年）对无障碍设施建设作了详尽规定①，较为全面地覆盖了无障碍设施建设的内涵，但在无障碍出行方面的规定则较为简略②，而在无障碍信息建设方面几乎无相关内容③。2009 年《深圳市无障碍环境建设条例》（已失效）和 2010 年《甘肃省无障碍建设条例》则以"无障碍环境"或"无障碍"为立法主题。其中，《深圳市无障碍环境建设条例》较为全面地涵盖了《无障碍环境建设法》中规定的无障碍建设内容的三个方面，丰富了无障碍出行规定，增加了信息交流无障碍建设的相关内容④，亦涉及无障碍

---

① 包括无障碍设施建设所依据的设计规范、无障碍设施主要内容及建设的基本要求、无障碍设施改造和维护、公共交通及出行无障碍等，所规定的内容贯穿无障碍设施的选取、设置地点、设计制造、竣工验收、赔偿救济全过程。

② 《北京市无障碍设施建设和管理条例》第 21 条规定："本市公共交通运营企业应当按照本市有关规定和市交通行政主管部门的要求，在运营线路上逐步配置无障碍车辆。"

③ 《北京市无障碍设施建设和管理条例》第 22 条规定："火警、匪警、医疗急救、交通事故等紧急呼叫系统应当具备文字信息报警、呼叫功能，保障听力、言语残疾者报警和急救需要。"

④ 如《深圳市无障碍环境建设条例》第 34 条规定："残疾人享有无障碍地获取政务信息和其他公共信息的权利。"

社会服务的内容①。不仅如此，该法规还首次将虚拟空间纳入无障碍环境建设目标中，要求政府网站设置无障碍阅读方式。这为国务院《无障碍环境建设条例》对无障碍环境的界定提供了先行探索经验，也呼应了中共中央、国务院《关于促进残疾人事业发展的意见》对无障碍环境建设的新要求。

从地域分布上看，这一时期的地方立法主体主要为经济较发达的东部、中部地区，同时也不乏甘肃省及其兰州市、银川市等西部内陆地区，地域分布范围广。这种地域分布规律从侧面反映出我国在经济社会发展、城市现代化升级建设过程中有意识地提升社会包容性水平、改善人居环境，体现了以人民为中心的发展思想。

（二）地方立法成熟期

在 2008 年中共中央、国务院发布《关于促进残疾人事业发展的意见》后，越来越多的地方加入了无障碍环境建设地方立法工作中，国务院亦于 2012 年颁布了《无障碍环境建设条例》，对前一时期各地无障碍环境建设地方立法经验进行了总结和提炼。这一时期无障碍环境建设地方立法的活跃，也呼应了《立法法》有关地方立法权限规定的变动②。在 2012～2023 年，各地或是在立法主题上将原有的无障碍设施建设管理办法更新为无障碍环境建设相关立法，或是直接制定关于无障碍环境建设的地方政府规章，在内容上有较大拓展和完善；更多地区就无障碍环境建设进行了专门立法，立法内容的全面性和质量也得到了显著提升，地域分布也更加均衡。在效力层级上，这一时期有 9 部地方性法规出台，使得无障碍环境建设地方立法更加成

---

① 如《深圳市无障碍环境建设条例》第 41 条规定："市、区政府有关部门、考试组织单位应当为残疾人参加国家、省、市举办的各类升学考试、职业资格考试和任职考试提供便利。有视力残疾人参加的，应当根据需要为其提供盲文试卷、电子试卷或者由专门工作人员予以协助。"

② 《立法法》（2015 年修订）第 82 条中新增规定："设区的市、自治州的人民政府根据本条第一款、第二款制定地方政府规章，限于城乡建设与管理、环境保护、历史文化保护等方面的事项。"

熟和稳定。在立法体例上，该时期无障碍环境建设地方立法大多参考了
《无障碍环境建设条例》的体例结构，并针对自身实际情况，结合立法更新
灵活、地方信息偏在等优势，制定了更具针对性及地方特色的无障碍建设管
理规定，实现了与时俱进的立法效果。

表1　无障碍环境建设地方性法规体例结构及条文数

地区	地方性法规体例结构及条文数
上海市	八章，共80条：总则、无障碍设施建设与维护、无障碍信息交流、无障碍社会服务、社会共治、监督管理、法律责任、附则
深圳市	八章，共73条：总则、规划和标准、出行无障碍、信息无障碍、服务无障碍、保障措施、法律责任、附则
珠海市	七章，共58条：总则、无障碍设施建设与管理、信息无障碍、服务无障碍、保障措施、法律责任、附则
北京市	六章，共43条：总则、无障碍设施建设与管理、无障碍信息交流、无障碍社会服务、法律责任、附则
海南省	不分章节，共36条
张家口市	不分章节，共25条
甘肃省	不分章节，共24条
张家界市	不分章节，共15条

在这一时期的地方立法实践中，北京、上海、深圳等地的无障碍环境建
设地方立法极大地丰富了无障碍环境建设的内涵。这一发展的结果是，《无
障碍环境建设法》的条文数量较《无障碍环境建设条例》的35条增至72
条，在体例和主要内容上也与前述地方性法规相近，可以认为是吸收了各地
区无障碍环境建设地方立法的发展成果。

总的来说，从2000年至今，我国无障碍环境建设地方立法经历了地方
先行探索期和地方立法成熟期两个阶段。在此过程中，各地对无障碍环境建
设的重视程度不断提高，立法质量和全面性也得到了进一步提升。目前，我
国无障碍环境建设已进入国家专门立法时代，未来的无障碍环境建设地方立
法也应基于《无障碍环境建设法》有关无障碍概念、受益对象、社会参与、
监督保障等最新规定，持续全面依法推进我国无障碍环境建设。

二　我国无障碍环境建设地方立法发展特点

结合 2000 年以来我国无障碍环境建设地方立法实践情况，可以总结出我国无障碍环境建设地方立法具有以下特点：（1）以地方政府规章为主要立法形式；（2）以无障碍理念发展为引领；（3）以地方特色需求为重要发展动力；（4）地域分布较为均衡，经济发达地区立法实践丰富；（5）立法更新不一，总体更新较慢。

（一）以地方政府规章为主要立法形式

现行有效的无障碍环境建设地方立法文件包括 8 部地方性法规和 34 部地方政府规章（如图 2、图 3 所示）。结合这一数据和图 2 内容，可以认为无障碍环境建设地方立法以地方政府规章为主要形式，且相关规范性文件的效力层级整体不高。比对无障碍环境建设地方政府规章与地方性法规的内容可以发现，二者在名称、主题和结构上并无太大差别，前者的条文数量在20 条至 50 条，体量较后者更小。内容上，地方政府规章主要对职权性规范和行政处罚（法律责任）进行设定，而地方性法规则在此两类规范之外更多地规定了政府以外其他主体的权利义务（如检察院进行法律监督）以及有关社会参与的条款。无障碍环境建设地方立法在形式上以地方政府规章为主可能是基于如下原因：地方层面推进无障碍环境建设的主体主要仍是政府，其主要通过规划行政、给付行政和秩序行政等方面的措施提升地方无障碍环境建设水平，因而在政府的规章制定权限范围内对此加以规定即可。同时，亦有部分地方选择针对无障碍环境建设制定专门的地方性法规，这或许与推进无障碍环境建设事业的思维转变有关。通过图 1 不难发现，无障碍环境建设地方性法规的出台数量于 2020 年前后出现增长，这在总体上促进了无障碍环境建设地方政府规章的增加。如果说主要通过地方政府规章规制无障碍环境建设的做法体现了较为浓厚的政府管理思维，随着党的十九大提出"共建共治共享"的社会治理理念，无障碍环境建设也引入了更多的社会共

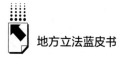

治理念。无障碍环境建设由政府管理到社会共同治理的转变，影响了该领域地方立法在立法形式上的选择。

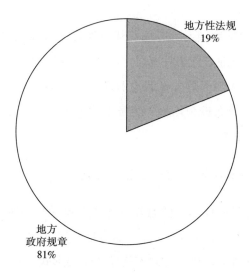

图2 现行有效的无障碍环境建设地方立法文件效力分布

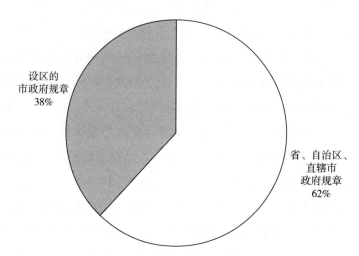

图3 现行有效的无障碍环境建设地方政府规章构成

（二）以无障碍理念发展为引领

无障碍环境建设地方立法除了在形式、空间分布、立法更新、发展动力上具有前述特点，其在内容发展上始终以无障碍理念的发展为引领，在总体上与国内、国际无障碍理念、残障观的演进保持了一致。一般认为，社会对残疾/残障及其克服的认识主要经历了由残障的个人模式到医疗模式，再到社会保障模式的三次范式转变。具体而言，即从认为残疾/残障是个体的不幸而难以克服，到认为残疾/残障作为一种个体病态可以通过后天的医疗加以"矫治"，最后转变为意识到残疾/残障是由于社会有意或无意的不包容、歧视性对待而造成的不便利状态。因此，对残障群体及其他有需要人士无障碍需求的有效回应，在于"提供合理便利"这一底线性要求，且在根本上落脚于全社会协同。残障模式的最新发展强调：个体在生命的不同阶段可能基于不同原因面临无障碍需求，这些原因既可能来自个体生理因素，也可能来自非生理因素；既可能是长期性甚至终身性的，也可能是短期性、暂时性的。易言之，既然每一个社会个体都可能面临无障碍需求，那么社会的无障碍建设就不是特定人群的"福利"或"慈善"，而是为全体社会成员提供的合理便利。而要实现从福利模式到社会保障模式的转向，必然要求包括残障人士在内的社会群体对无障碍环境建设的广泛、深度、动态参与。从无障碍环境建设地方立法文本的发展来看，立法者对残障观、无障碍环境建设理念上述演进的感知和认识渐趋全面、深刻，在立法时则始终以相关理念为引领。例如，相关地方立法普遍规定了政府机关、公共交通运输部门、学校等公共部门在为有无障碍需求者提供公共服务（如考试）时应提供的合理便利；强调残联、妇联等社会组织对无障碍环境建设的参与、建议权，等等。在合理便利基础上，部分晚近的地方立法中出现了对研发和提供更多无障碍产品、服务的强调，尝试在立法中引入有关市场机制、培育相关产业的条款，以更为周延、兼顾效率与成本地回应社会无障碍需求。总的来说，先进的无障碍理念、残障观已成为地方无障碍环境建设立法发展的内在驱动，不断为相关规范的生成提供理念性、方向性指引。

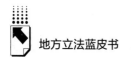

（三）以地方特色需求为重要发展动力

如前所述，新世纪以来，我国无障碍环境建设相关立法的发展经历了两次浪潮：第一次为2000年到2012年，以国务院《无障碍环境建设条例》的出台为该次立法潮的顶点；第二次为2012年到2023年，以《无障碍环境建设法》的出台为顶点。两次浪潮都以国家立法的新发展为顶点，一方面，侧面反映出国家立法对地方立法的制度创新和实践经验进行总结、推广；另一方面，也可以说相关地方性法规对国家立法既有实施细化，也有积极创新，其中地方特色需求是无障碍环境建设地方立法的重要发展动力。

考虑到国家立法需兼顾全国社会经济发展水平，无法对无障碍环境建设作出过于细致的规定，而地方立法更贴近地方治理、地方发展需求，由地方立法在细化上位法规定之余创新性响应地方特色需求，在不抵触上位法规定、不逾越地方立法权限的前提下积极创制立法，当属央地协同推进我国无障碍环境建设水平的题中之义，这在既往的地方立法实践中亦已得到体现，例如：上海市在制定无障碍环境建设地方性法规、政府规章时，在具体条文中强调了上海的"人民城市"理念，即将上海市无障碍环境建设作为人民城市建设的一部分，同时强调无障碍环境建设的社会共治共享；上海还结合其国际大都市和国际金融中心的特点，规定了金融服务无障碍的有关条款；深圳、珠海则在立法中规定在粤港澳大湾区范围内就无障碍环境建设开展交流合作，此外，深圳市还突出了与"智慧城市"相衔接的规定；海南省、海口市和张家口市、张家界市等则就大型活动赛事、旅游开发的无障碍环境建设作了相关规定，分别与国际旅游岛建设（海南）、承办冬奥会（张家口）、张家界景区建设等提出的无障碍环境建设任务、要求相呼应。

（四）地域分布较为均衡，经济发达地区立法实践丰富

结合立法主体所属的省级行政单位地域分布情况（见图4），可以看出目前全国范围内24个省份制定了现行有效的无障碍环境建设地方立法文件，其中既包括广东、浙江、江苏、上海等经济发达地区，也包括甘肃、宁夏、

陕西等中西部内陆地区，整体上空间分布较为均衡。同时，北京、上海和深圳等地自2000年以来就无障碍环境建设已经有过多次立法实践，起步早、经验丰富。需要注意的是，目前仍有广西、云南、贵州、西藏、新疆等省区没有就无障碍环境建设进行专门性地方立法，存在一定的滞后。这些地区的无障碍需求同样广泛、多样、迫切，有必要在《无障碍环境建设法》出台之际尽快结合地方实际制定相应的实施性立法，以法治手段推进本地区无障碍环境建设工作。

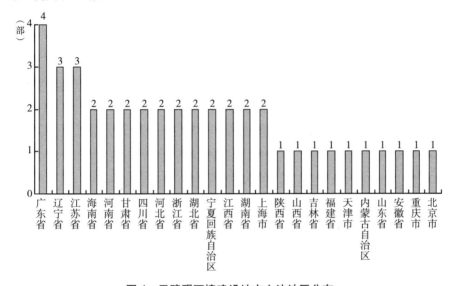

图4 无障碍环境建设地方立法地区分布

（五）立法更新不一，总体更新较慢

无障碍环境建设地方政府规章更新情况具有各地立法更新速度不一、总体上更新较慢的特点。这或许是基于以下三个方面原因：一是地方立法主体对无障碍环境建设重要性的认识程度不高；二是地方立法机制和程序有待完善；三是我国大部分无障碍环境建设社会参与不足，在社会参与上没有充分形成立法更新动力。问题在于，在国家立法推动无障碍环境建设制度创新、丰富无障碍建设内涵的背景下，地方立法更新速度过慢可能使地方立法内容无法与时俱进、不能及时反映地方无障碍环境建设的新要求，不利于上位法的进一步落实。同时，地方立法在灵活性上较国家立法而言更具优势，有充分需要和充足条件进行立法更新与创新。地方立法主体应充分认识无障碍环境建设的重要性，加强与中央立法的协同，及时跟进并吸收国家立法的最新成果。同时，应进一步完善地方立法机制和程序，充分利用地方立法权，扩大社会参与水平，使地方立法内容因地制宜、与时俱进，更好地满足地方无障碍建设需求。

表 2　无障碍环境建设地方性法规更新情况

时间段	未更新	更新 1 次	更新 2 次	更新 3 次
《无障碍环境建设条例》出台前（2012 年 8 月前）	22	2	0	0
《无障碍环境建设条例》出台后至《无障碍环境建设法》颁布前（2012 年 8 月至 2023 年 9 月）	23	13	2	0
《无障碍环境建设法》颁布后	32	1	0	0

注：表中数字为全国无障碍环境建设地方性法规在该时间段内修改的次数，数据统计来源为北大法宝数据库。

三　地方立法为《无障碍环境建设法》提供经验探索

在我国《立法法》第 64 条的制度框架下，地方立法的功能之一在于先在地方试点、试验，国家立法的条件尚不成熟的，可以先行制定地方性法规，待有关的法律、行政法规出台后，再相应地加以修改或者予以废止。本报告通过分析以相关地方性法规为代表的地方立法文本发现，现行无障碍环境建设地方立法在"无障碍环境"概念内涵、无障碍环境建设社会参与、无障碍环境建设受益群体和无障碍环境建设的监督保障四个方面独具特色，其在前述方面的规范供给为《无障碍环境建设法》提供了丰富的立法经验。

（一）丰富"无障碍环境"内涵

"无障碍环境"是引领"无障碍环境建设"的关键概念，后者的主要内容包括为实现无障碍环境而建设或构建的设施及体系。我国无障碍环境建设内涵的发展即主要以"无障碍环境"所覆盖场景的延展、拓宽为引领，在不同场景、空间下提出相应环境中无障碍的具体要求。2001 年，我国于官方层面首次引入无障碍环境的概念①，而后于 2004 年首次引入"信息无障碍"概念②，并将后续建设计划写入党的十七大报告③。总体而言，我国无障碍环境建设逐步由单纯保障有无障碍需求的人群能够"无障碍"出入公共空间、参与基本社会活动，发展为以消除有无障碍需求者参与社会生活的大部分障碍为导向的综合体系。同样，地方立法即在拓宽"无障碍环境"的具体场景及不同场景下的无障碍环境建设要求两大方面丰富、发展了"无障碍环境建设"内涵。

作为无障碍环境建设领域最早出现的地方性专门法规，2004 年的《北京市无障碍设施建设和管理条例》对无障碍环境、场景的覆盖基本限于物理空间无障碍④；该法规具体条文对无障碍设施建设的规定较为详细，而对信息空间无障碍的规定甚少⑤。2009 年颁布的《深圳市无障碍环境建设条例》则

---

① 2001 年 4 月国务院批转的《中国残疾人事业"十五"计划纲要》指出："一、中国残疾人事业"九五"计划纲要执行情况……推行无障碍环境建设，为残疾人参与社会生活提供了便利条件。"

② 第一届中国信息无障碍论坛上提出公共传媒应使听力、言语和视力残疾者能够无障碍地获得信息，进行信息交流以实现信息无障碍。

③ 党的十七大报告强调推进信息无障碍工作，最大限度减少甚至消除残疾人之间、残疾人与健全人之间的信息交流的障碍，使残疾人能够享受信息化所带来的成果。

④ 《北京市无障碍设施建设和管理条例》第 2 条第 2 款规定："本条例所称无障碍设施是指为了保障残疾人、老年人、儿童及其他行动不便者在居住、出行、工作、休闲娱乐和参加其他社会活动时，能够自主、安全、方便地通行和使用所建设的物质环境。"

⑤ 《北京市无障碍设施建设和管理条例》中仅第 22 条对信息无障碍作出了规定："火警、匪警、医疗急救、交通事故等紧急呼叫系统应当具备文字信息报警、呼叫功能，保障听力、言语残疾者报警和急救需要。"

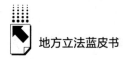

极大地拓宽了"无障碍环境"的内涵，将无障碍环境建设延展至信息空间层面①；该法规中，关于信息无障碍的条文数量达到 14 条。作为对前一阶段地方立法成果的总结和发展，国务院于 2012 年颁布的《无障碍环境建设条例》进一步扩大了"无障碍环境"的概念，通过定义和变更体例结构的方式②，将社区服务无障碍纳入"无障碍环境"的概念之中③，更多关注到社区建设、社会交往层面的"无障碍环境"建设，基本形成了包含无障碍设施、信息无障碍、社会服务无障碍的"无障碍环境"内涵。《无障碍环境建设条例》颁布后，各地无障碍地方立法继续发挥地方立法创制性功能，关注教育、服务业、城市生活等实际作用场域，与时俱进地丰富了无障碍环境的外围空间，增加了有关无障碍教育建设、"无障碍城市"与"智慧城市"相衔接④、金融服务无障碍等具体场景下的无障碍环境建设内容。

现行有效的以"无障碍环境建设"为主题的地方性法规和地方政府规章，基本已实现对物理空间意义上的无障碍设施建造、管理的全覆盖。在信息、服务无障碍方面，各地则根据自身经济条件而有所取舍（见表3）。当然，国家立法体现了对全国范围内无障碍环境建设的一般性要求，其对地方立法在无障碍环境内涵方面的探索并非全盘吸收，如北京的"通用无障碍"概念，上海、深圳的无障碍社会服务的部分内容等就未完全被后续国家立法所吸纳。但这并不妨碍地方立法基于地方实际大胆探索、先行先试。从地域上看，经济发达地区立法对无障碍环境建设范围的规定通常更为全面丰富，其也有更多经济、社会和技术条件承担相应的无障碍环境建设任务及成本，

---

① 《深圳市无障碍环境建设条例》第 2 条第 2 款规定："本条例所称无障碍环境，是指保障残疾人及其他有需要者独立、安全、便利地参与社会生活的物质环境和信息交流环境。"

② 《无障碍环境建设条例》第四章章名为"无障碍社区服务"。

③ 《无障碍环境建设条例》第 2 条规定："本条例所称无障碍环境建设，是指为便于残疾人等社会成员自主安全地通行道路、出入相关建筑物、搭乘公共交通工具、交流信息、获得社区服务所进行的建设活动。"

④ 《深圳经济特区无障碍城市建设条例》第 7 条规定："市人民政府应当做好无障碍城市建设与智慧城市建设的有效衔接，建立本市无障碍城市数据信息平台，推进无障碍城市建设数据互联互通和智慧化应用。"

而其他地区则可能因社会经济发展水平限制或"小切口"立法的原因[①]，对无障碍环境建设范围的延展、扩大持保守态度。

总体来看，各地方因地制宜、与时俱进，在"无障碍环境"的内涵和范围上的发展体现了地方特色和先进理念，其中部分地方立法在物理空间层面无障碍环境建设的规定较《无障碍环境建设条例》而言有长足进步。同时，各地在信息、网络数字空间无障碍和社会参与无障碍等层面则根据各地经济发展情况等多方面原因有所取舍。最终，《无障碍环境建设法》结合各地已有的地方立法实践，对地方立法有关无障碍设施建设的规定基本吸收，而对信息无障碍、社会服务无障碍的有关内容则部分吸收、部分保留，形成了具有综合性、体系性的无障碍环境概念。

表3   有关界定无障碍环境概念的规范对比

法规名称	具体条款	"无障碍环境"涉及范围	施行时间
《无障碍环境建设法》	第2条	设施、信息、服务无障碍	2023.09.01
《无障碍环境建设条例》	第2条	设施、信息、服务无障碍	2012.08.01
《深圳经济特区无障碍城市建设条例》	第2条	设施、信息、服务无障碍	2021.09.01
《上海市无障碍环境建设条例》	第2条	设施、信息、服务无障碍	2023.03.01
《北京市无障碍环境建设条例》	第2条	设施、信息、服务无障碍	2021.11.01
《海南省无障碍环境建设管理条例》	第2条	设施、信息无障碍	2020.05.01
《甘肃省无障碍建设条例》	第2条	设施无障碍	2011.01.01
《珠海经济特区无障碍城市建设条例》	第2条	设施、信息、服务无障碍	2022.12.03
《张家口市无障碍设施建设管理条例》	第2条	设施无障碍	2019.10.01
《张家界市景区无障碍环境建设规定》	第2条	设施无障碍	2024.01.01

（二）扩大无障碍环境建设受众范围

无障碍环境建设彰显了以人民为中心的发展思想，服务于全体社会成员的无障碍需求。"无障碍需求者"既是无障碍环境建设的参与主体，也是受众与服务对象，构成相关立法中另一个关键概念。因此，立法文本对"无障碍需求者"的理解与界定将显著体现和影响无障碍环境建设立法的水平。本报

---

① 如《张家界市景区无障碍环境建设规定》主要针对"景区无障碍"进行"小切口"立法。

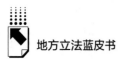

告选取现行有效的相关地方性法规对无障碍环境建设受众范围的界定条款为代表性文本（详见表4），分析发现地方立法实践逐步扩大了这一受众范围，使得无障碍环境建设成果更为全面、普遍地惠及全体社会成员。

表4　地方立法对无障碍环境建设受众范围的理解

模式	法规名称	相关条文具体内容
模式一："有无障碍需求的社会成员"统摄下的定义加列举	《上海市无障碍环境建设条例》	第2条第3款："本条例所称有无障碍需求的社会成员，是指因残疾、年老、年幼、生育、疾病、意外伤害、负重等原因，致使身体功能永久或者短暂地丧失或者缺乏，面临行动、感知或者表达障碍的人员及其同行的陪护人员。"
	《张家界市景区无障碍环境建设规定》	第2条："景区无障碍环境，是指为满足残疾人、老年人能够自主、安全、便利地出入景区，获得社会服务的环境。残疾人、老年人之外有无障碍需求的社会成员，可以享受景区无障碍环境便利。"
模式二："有需要者"统摄下的不完全列举	《深圳经济特区无障碍城市建设条例》	第2条："本条例所称无障碍城市建设，是指按照通用设计理念，制定制度规则，规划、设计、改造和管理城市，为残疾人和老年人、伤病患者、孕妇、儿童以及其他有需要者（以下统称有需要者）出行、交流信息、享受服务和居家生活提供便利。"
	《珠海经济特区无障碍城市建设条例》	第2条："本条例所称无障碍城市建设，是指依照通用设计理念，制定制度规则，规划、设计、改造和管理城市，为残疾人和老年人、伤病患者、孕妇、儿童以及其他有需求者（以下统称有需求者）出行、交流信息、获得服务和居家生活提供便利。"
	《甘肃省无障碍建设条例》	第1条："为加强无障碍建设，保障残疾人、老年人、儿童及其他有需要者平等参与社会生活的权利，促进社会文明进步，根据《中华人民共和国残疾人保障法》《中华人民共和国老年人权益保障法》等法律法规，结合本省实际，制定本条例。"
模式三："特定社会成员"统摄下的不完全列举	《海南省无障碍环境建设管理条例》	第2条："本条例所称无障碍环境建设管理，是指为便于残疾人、老年人等社会成员自主安全地通行道路、出入相关建筑物、搭乘公共交通工具、交流信息、获得社区服务、居家生活等所进行的建设管理活动。"
	《北京市无障碍环境建设条例》	第2条："本条例所称无障碍环境建设，是指为便于残疾人、老年人等社会成员自主安全地通行道路、出入相关建筑物、搭乘公共交通工具、交流信息、获得社会服务所进行的建设活动。"
	《张家口市无障碍设施建设管理条例》	第2条第2款："本条例所称无障碍设施是指保障残疾人、老年人、孕妇、儿童等社会成员通行安全和使用便利，在建设工程中配套建设的服务设施。"

地方立法对无障碍环境建设受众范围界定的发展首先体现在对"无障碍需求者"的界定模式发展上。尽管不同地方性法规都对无障碍环境需求者在物理设施无障碍、信息交流无障碍和无障碍社会服务等方面的需求进行了回应，但对"无障碍需求者"的界定则存在差异。如前所述，在我国无障碍相关立法中，无障碍建设条款首先规定于《残疾人保障法》和《老年人权益保障法》。事实上，无障碍需求在立法中首先也被确认为是一部分"特殊群体"的需求，在社会观念中也与"残疾"或"残障"深刻绑定。在对"无障碍需求者"的界定和理解上，各地方性法规先后发展出了三种模式：（1）"有无障碍需求的社会成员"统摄下的定义加列举，即明确指出相关建设、服务提供活动的受益对象是"有无障碍需求的社会成员"；（2）"有需要者"统摄下的不完全列举，即指出相关活动的受益对象是以特定人群如残疾人、老年人、妇女儿童等为代表的"有需要者"；（3）"特定社会成员"统摄下的不完全列举，即简单指出相关活动的受益对象是以特定人群为代表的"社会成员"。

从立法文件对无障碍需求群体的界定不难窥见，无障碍需求群体范围呈现扩张趋势，将受益人群从以残疾人为主扩大为全体社会成员，其所呈现的背后内驱源自残障观的进步，各地回应无障碍需求群体扩张的界定方式亦体现出地方立法模式多样性的特征。

需要指出的是，各地方性法规在界定无障碍环境建设受益主体时所采用的"特定社会成员"统摄下的不完全列举模式，应是与《无障碍环境建设条例》保持一致的结果①，而"有无障碍需求的社会人员"统摄下的不完全列举，则被吸收进《无障碍环境建设法》②。《无障碍环境建设法》将残疾

---

① 《无障碍环境建设条例》第 1 条规定："为了创造无障碍环境，保障残疾人等社会成员平等参与社会生活，制定本条例。"第 2 条规定："本条例所称无障碍环境建设，是指为便于残疾人等社会成员自主安全地通行道路、出入相关建筑物、搭乘公共交通工具、交流信息、获得社区服务所进行的建设活动。"

② 《无障碍环境建设法》第 2 条规定："国家采取措施推进无障碍环境建设，为残疾人、老年人自主安全地通行道路、出入建筑物以及使用其附属设施、搭乘公共交通运输工具，获取、使用和交流信息，获得社会服务等提供便利。残疾人、老年人之外的其他人有无障碍需求的，可以享受无障碍环境便利。"

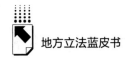

人和老年人界定为"无障碍需求者",虽并未明确列举孕妇、婴幼儿等其他有无障碍需求的群体,但规定了"其他人有无障碍需求的,可以享受无障碍环境便利"。故可以认为,该种规定方式并非意在限缩无障碍环境建设受益主体,而是呼应了《无障碍环境建设法》第5条关于"无障碍环境建设应当与经济社会发展水平相适应"的要求,为后续地方立法采取更适配本地区经济社会实际的受益群体界定方式留足文义解释空间。

值得注意的是,在各地方性法规中,《上海市无障碍环境建设条例》对"无障碍需求者"的界定和理解最为明确、周延,既对相关人群进行了不完全列举,也对"无障碍需求者"作了一般性定义,指出其系因特定原因使身体功能永久或暂时丧失或缺乏,而面临行动、感知或表达障碍的人员及其同行陪护人员。同时,对具体的无障碍需求类型也作了详细展开。这一"无障碍需求者"概念统摄下的定义加列举模式,使相关活动的受益人群在覆盖了传统语义下的"残障人群"的同时,将外延明确扩展至诸如负重者、同行陪护人员等其他无障碍需求人群,更有利于理念倡导和相关保障措施、机制的完整有效落实,值得后续相关立法借鉴。

(三)拓宽无障碍环境建设监督管理渠道

无障碍环境建设监督管理是指为无障碍环境建设提供救济和纠偏功能的监督,具有监督相关主体落实具体规定的重要功能。立法对监督管理措施的规定,将直接影响立法的可执行性和实效性。广义的监督管理措施还包括政府监督,但政府本身担负无障碍环境建设的主责主业,政府监督是无障碍环境建设的应有之义,故此处所指的监督管理措施不包括政府监督。《无障碍环境建设法》第六章对监督管理予以专章规定,主要包括个体监督(第62条第1款)、社会监督(第62条第2款)、舆论监督(第62条第3款)以及法律监督(第63条),这较《无障碍环境建设条例》已呈现较大的发展。通过比较发现,《无障碍环境建设法》中的监督措施在其颁行之前的地方立法中已多有出现,地方立法为《无障碍环境建设法》中的监督管理措施的形成提供了较为成熟的立法经验。

总体而言，在《无障碍环境建设条例》颁布以前，国家层面尚无专门、系统的无障碍建设立法可供依据，仅有个别地区的地方立法注意到了无障碍环境建设的监督管理问题，并发挥地方立法的创制作用对此加以规定，如《上海市无障碍设施建设和使用管理办法》（2003年，已失效）第15条规定了社会监督，《天津市无障碍设施建设和管理办法》（2004年，已失效）第13条规定了个体监督等。而或许基于社会条件不成熟与行政法规效力范围的局限性，《无障碍环境建设条例》并未规定任何的监督管理措施。因此在该条例颁布后，地方立法继续发挥先行先试功能，开始探索系统性的监督管理措施。在2020年前后，无障碍环境建设地方性法规频繁出台，并尝试创制较为系统的监督管理措施，其中上海、深圳等地的地方性法规中的监督管理措施已较为成熟。《无障碍环境建设法》对舆论监督、法律监督的规定与地方立法已有规定较为相似，或可认为地方在监督手段上的立法创新很大程度上为国家立法的出台提供了经验资源（参见表5）。

具体来看，就个体监督而言，2003年的《天津市无障碍设施建设和管理办法》最早进行了规定，但在此后的一段时间内，个体监督并未受到相关立法的重视。直至2020年前后，北京、深圳、上海等地的无障碍环境建设地方性法规均规定了个体对无障碍环境建设的监督。最终《无障碍环境建设法》吸收地方立法对个体监督的规定，并将其明确为提出建议、意见和投诉举报两部分。就社会监督而言，2010年颁布的《甘肃省无障碍建设条例》率先对残疾人联合会的监督权进行了规定，此后，北京、海南等多地地方性法规对社会监督进行不断完善，部分地方立法将社会监督的主体由残联扩充为其他群团组织，而上海则引入了第三方评估机制，珠海还通过聘请社会监督员以保障社会监督的专门性与广泛性。就法律监督而言，2017年《中华人民共和国民事诉讼法》引入了检察公益诉讼制度，将检察机关明确为公益起诉人，并将公益诉讼的事项明确为"损害社会公共利益的行为"。而无障碍环境建设显然与社会公共利益息息相关，因此在2020年之后，无障碍环境相关公益诉讼逐渐受到地方立法关注，其中北京、深圳、上海等地的地方性法规规定了检察机关提起公益诉讼与支持起诉的职权，上海

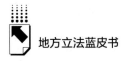

还规定了检察机关的检察建议权。针对无障碍环境公益诉讼，《无障碍环境建设法》在相关条款中延续了地方立法文本的现有内容，并基本与上海有关法律监督的规定一致，后者包括公益诉讼、支持起诉以及检察建议。就舆论监督而言，目前的地方立法中仅有上海的地方性法规作了相应规定，而《无障碍环境建设法》也基本吸收了此种规定。

表 5　涉及无障碍环境建设监督渠道的条款对比

法规名称	具体条款	监督类型	内容
《无障碍环境建设法》(2023 年)	第 60 条	社会监督	第三方机构开展无障碍环境建设评估
	第 61 条	社会监督	政府定期公开无障碍环境建设情况
	第 62 条第 1 款	个体监督	个人与单位投诉、举报
	第 62 条第 2 款	社会监督	社会团体邀请社会监督员开展监督
	第 62 条第 3 款	舆论监督	新闻媒体开展舆论监督
	第 62 条	法律监督	人民检察院提出检察建议或公益诉讼
《无障碍环境建设条例》(2012 年)	无		
《北京市无障碍环境建设条例》(2021 年)	第 6 条第 2 款	个体监督	个人与单位投诉、举报
	第 6 条第 3 款	社会监督	社会团体邀请社会监督员开展监督
《甘肃省无障碍建设条例》(2011 年)	第 7 条	社会监督	残联有权对无障碍环境建设进行监督
《海南省无障碍环境建设管理条例》(2020 年)	第 4 条	社会监督	残联负责组织无障碍环境建设社会监督
《上海市无障碍环境建设条例》(2023 年)	第 68 条	社会监督	委托第三方机构进行定期评估
	第 69 条第 1 款	个体监督	个人与单位投诉、举报
	第 69 条第 2 款	社会监督	社会团体邀请社会监督员开展监督
	第 69 条第 3 款	舆论监督	新闻组织开展舆论监督
	第 70 条	人大监督	人大以开展执法检查等方式进行监督
	第 71 条	法律监督	检察院提起公益诉讼、检察建议或支持起诉
《深圳经济特区无障碍城市建设条例》(2021 年)	第 58 条	社会监督	群团组织开展无障碍城市建设调查评估
	第 59 条	社会监督	社会团体邀请社会监督员开展监督
	第 60 条	个体监督	个人与单位投诉、举报
	第 61 条	法律监督	人民检察院提起公益诉讼和支持起诉

法规名称	具体条款	监督类型	内容
《珠海经济特区无障碍城市建设条例》(2022年)	第45条	社会监督	社会团体邀请社会监督员开展监督
	第46条	个体监督	个人与单位通过投诉、举报开展监督
	第47条	法律监督	人民检察院提起检察建议或公益诉讼

（四）由政府主导到全社会共同参与

如前所述，地方立法在无障碍环境建设内涵、受众群体、监督管理措施等方面有较大发展。这主要表现为，从一开始对物理设施无障碍的关注拓展为强调无障碍需求者在同其他社会成员沟通交往的全过程、全场景的无障碍，并在注重无障碍需求者主体性的同时，引入其他社会主体对无障碍环境建设事业的参与。简言之，地方立法中无障碍立法的前述发展本身即自然而然导向一个全社会共同参与的共建共治共享的无障碍环境建设格局，这一格局也为部分地方立法文本所直接规定和落实，进而被《无障碍环境建设法》吸收，具体而言则体现为扩大社会参与主体以及丰富社会参与方式。

本报告整理了《无障碍环境建设法》、《无障碍环境建设条例》以及8部现行有效的地方性法规中政府以外的主体参与无障碍环境建设的条款，并归纳成如表6所示。在众多地方性法规中，上海、深圳的地方性法规对社会参与的规定较为系统完备，上海以"社会共治"为题专章规定了社会参与的规范群。通过分析不同地方立法有关"社会参与"条款中的代表性条款可以窥见，地方性法规在无障碍环境建设中的社会参与主体、方式等方面作出了许多创制性规定，从而为《无障碍环境建设法》中有关社会共治的内容作了探索与铺垫。

1.扩大无障碍环境建设社会参与主体范围

从表6可以看出，《无障碍环境建设条例》仅认可社会团体通过提出意见参与无障碍环境建设，而无障碍环境地方性法规对此的发展主要体现在：

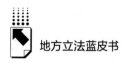

个人在无障碍环境建设的过程中逐渐享有独立的建议权，同时有需求群体也可以通过试用体验无障碍设施这一方式参与到无障碍环境建设过程中。此外，参与无障碍环境建设的社会团体范围进一步扩大，除残联以外，老年人组织、共青团、妇联等也加入无障碍环境建设队伍中，这也与前述对无障碍环境建设受益群体的扩大理解相呼应。最后，还有部分地方性法规如《上海市无障碍环境建设条例》（2023 年）、《深圳经济特区无障碍城市建设条例》（2021 年）规定了志愿者、高校、科研工作者等群体在无障碍环境建设中的作用，更加丰富了无障碍环境建设的社会参与维度。

2. 丰富无障碍环境建设的社会参与方式

与强调全社会参与无障碍环境建设的价值相应，各地方性法规细化规定了无障碍环境建设中不同主体的权能及参与方式，如《北京市无障碍环境建设条例》（2021 年）第 6 条规定"无障碍环境建设是全社会的共同责任，政府、市场、社会和个人共同推动无障碍环境建设"，同时规定了残疾人联合会、老年人组织、妇女联合会等社会团体的提出意见和建议权。此外，地方性法规在无障碍环境建设社会参与的方式、手段上提供的经验探索可归纳为提出意见建议、支持无障碍环境建设、宣传无障碍环境建设三个方面，部分地区还具体规定了参与"制定无障碍建设标准""培养无障碍人才""提供志愿服务""公益赞助及慈善捐赠"等，为相关社会主体参与无障碍环境建设提供了丰富且具体的指引，亦为下位政策的制定提供了更多"头绪"。

表 6　无障碍环境建设社会参与相关规范

法规名称	具体条款	参与主体	参与方式
《无障碍环境建设法》（2023 年）	第 3 条	推动无障碍环境全社会共建共治共享	
	第 8 条	社会组织	协助政府做好无障碍工作
	第 9 条	社会组织	提出修改法律法规、政策的意见
	第 10 条第 1 款	企业事业单位、社会组织、个人	通过捐赠、志愿服务等方式参与无障碍环境建设

法规名称	具体条款	参与主体	参与方式
《无障碍环境建设条例》(2012年)	第4条第2款	社会团体	提出无障碍规划意见
	第7条	公民、法人和其他组织	提供捐助和志愿服务
《北京市无障碍环境建设条例》(2021年)	第4条	社会团体	提出无障碍环境建设意见建议
	第6条	无障碍环境建设是全社会的共同责任	
	第10条第2款	有需要的人（残疾人、老年人）	无障碍工程验收体验,提出意见建议
	第15条第4款	社会力量	参与无障碍设施改造
	第27条第2款	社会团体	参与编制无障碍指南
《甘肃省无障碍建设条例》(2011年)	第7条	社会团体	提出无障碍环境建设意见、配合行政机关无障碍工作
《海南省无障碍环境建设管理条例》(2020年)	第3条第6款	村委会、居委会	协助政府做好无障碍建设管理工作
	第4条	社会团体	提出无障碍环境建设建议、组织开展宣传、配合做好规划的制定和实施
《上海市无障碍环境建设条例》(2023年)	第3条	无障碍环境由全社会共建共治共享	
	第6条	社会团体、行业组织	协助政府开展工作;发挥行业自律作用
	第8条	社会团体、群众	提出无障碍环境建设的意见、建议
	第58条	社会公众	知情权、参与权、表达权和监督权
	第60条第1款	志愿者、志愿组织	提供无障碍志愿服务
	第60条第2款	企事业单位、社会组织、个人	公益赞助、慈善捐赠
	第61条	学校	无障碍环境建设人才培养
	第62条	企业、社会团体	从业人员技能培训
	第64条	金融机构	无障碍金融扶持
	第65条	社会团体、成员代表	体验意见征询
	第66条	社会团体	评估无障碍环境建设情况
《深圳经济特区无障碍城市建设条例》(2021年)	第6条	建设无障碍城市是全社会的共同责任	
	第11条	社会团体	制定无障碍标准
	第13条	特定人群	无障碍城市规划意见征询
	第17条	社会团体	无障碍工程试用意见
	第54条	社会团体	无障碍技能培训
	第55条	社会团体	编制无障碍读物

法规名称	具体条款	参与主体	参与方式
《深圳经济特区无障碍城市建设条例》(2021年)	第56条	志愿者、志愿组织	提供无障碍志愿服务
	第58条	群团组织	无障碍城市建设调查评估与意见建议
《珠海经济特区无障碍城市建设条例》(2022年)	第5条第3款	社会团体	无障碍设施试用体验
	第5条第4款	社会团体	各自职责范围内的无障碍工作
	第6条	建设无障碍城市是全社会的共同责任	
	第9条第1款	社会团体	提出无障碍规划的意见和建议
	第10条第4款	企事业单位、行业组织	鼓励制定无障碍建设标准
	第14条第2款	社会团体	无障碍设施验收试用
	第41条第3款	社会团体	组织无障碍人员培训
	第42条第2款	社会团体	无障碍城市建设宣传
《张家口市无障碍设施建设管理条例》(2019年)	第6条	社会团体、单位和个人	提出无障碍环境建设的意见和建议
	第7条	社会力量	鼓励支持无障碍环境建设
《张家界市景区无障碍环境建设规定》(2024年)	第4条第1款	党委领导、政府主导、部门协同、社会参与工作机制	
	第5条	社会团体	无障碍建设宣传
	第6条	社会团体	景区线路规划无障碍环境建设建议
	第11条	志愿者	提供志愿服务
	第12条	社会团体	无障碍设施体验与完善建议

注：此处所摘录的"社会参与"条款仅包括直接参与事项（如提出意见、建议，提供志愿服务），不包括间接参与事项（如研发推广无障碍环境应用与技术等）。

四 《无障碍环境建设法》时代地方立法的优化完善

在我国新世纪无障碍环境建设立法 20 余年发展历程中，下位法"自下而上"对相关规范的发展，以及"自上而下"对上位法规范的落实，共同推动了无障碍环境建设央地立法的丰富与发展：以地方性法规为代表形式的地方立法不断为国家立法提供规范、规则供给和经验探索；国家立法则在吸收地方立法经验的同时，不断提升全国范围内无障碍环境建设水平，也对地方无障碍环境建设提出新要求。因此，在完善我国无障碍环境建设立法的过程中，应继续坚持和强调央地立法的有机互动与协调。当前，《无障碍环境建设法》的出台更新了立法理念、扩大了内容覆盖面、更加明确了对相关主体的权责要求，故可预见，为落实该法带来的新发展、保障法制统一，地方立法也将迎来新一波立法、修法潮。基于我国无障碍环境建设立法业已形成的"双向互动"格局以及《无障碍环境建设法》提出的新要求，以下拟从立法体系结构优化和具体立法内容完善两大方面，展望无障碍环境建设地方立法的未来发展，并针对现有地方立法提出完善建议。

（一）优化无障碍环境建设地方立法体系结构

当前，我国无障碍环境建设地方立法已积累了较为丰富的立法实践成果，但仍未形成结构合理的规范供给格局，规范间的体系化程度尚待提升。未来，可从规范的效力结构与形式结构两方面继续优化我国无障碍环境建设地方立法体系。

1.优化无障碍环境建设地方立法效力结构

如前所述，我国无障碍环境建设立法同时存在位阶分布丰富与效力层级不高的特点。本报告检索"北大法宝"法律数据库中标题或全文有关"无障碍建设"的地方立法文件，发现就无障碍环境建设专门立法而言，地方偏好以地方政府规章而非地方性法规为专门立法形式；就分散立法而言，无障碍环境建设相关条款散见于有关市容市貌管理、建筑规范、公共服务管理的地方性法规和行政规范性文件中。总体而言，以"无障碍环境建设"为立法主题的专门性地方性法规较少，而规范性文件在相关立法文件中占比畸重。

针对上述问题，有必要推动无障碍环境建设地方立法形成类似"金字塔"形的效力结构，即以《无障碍环境建设法》为统领，侧重通过专门性地方性法规、地方政府规章整合清理分散在不同立法文件中的无障碍环境建设相关规范，发挥法规和规章承上启下的作用，提升不同类型、不同效力层级的规范性文件之间的配合融贯程度，进而提高我国无障碍环境建设规范的

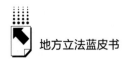

体系化水平。同时，基于地方性法规的以下优势，有地方性法规制定权的地方人大应适时将相关地方立法文件整理、上升为地方性法规。

第一，地方性法规较地方政府规章、规范性文件能调动更多社会资源。无障碍环境建设是一个社会系统工程，仅通过政府管理的方式推进地方层面的无障碍建设并不具备可持续性，也与无障碍环境建设立法的最新理念不符，未来应更多引入公民、法人和其他组织不同形式的监督和参与。而这在规范层面可能涉及权利义务关系的创设和各级政府、检察院职权，从而超出地方政府规章的权限。因此，地方性法规能够更好协调不同主体在无障碍环境建设中的权责关系，为政府以外的其他社会主体参与无障碍环境建设提供更具体明确的指引，在更大范围内调动社会资源以确保各项措施系统、有效实施。

第二，地方性法规具有更高的法律效力，能够为无障碍环境建设提供更加稳定成熟的立法保障和制度刚性。在制定程序上，地方性法规的制定过程更具民主性和公开性，有利于促进公民、法人和其他组织的更广泛参与，更利于调动各利益相关方积极性，助力形成共建共治共享的无障碍建设治理格局。在规范效果上，地方性法规的相对刚性将保障相关政策的稳定性与长期性，为无障碍环境建设提供良好的法治环境。

2. 优化无障碍环境建设地方规范形式结构

无障碍环境建设相关规范除了分布于法律、法规、规章和其他规范性文件中，还广泛地以技术标准的形式存在，后者在实践中对无障碍设施建造与管理、产品和服务生产的规范作用往往相较法规范更为具体、直接。结合我国无障碍事业的发展历史，不难发现，无障碍环境建设规范的生成和发展恰恰始于技术规范。在现有的无障碍环境建设法律、法规中，亦有对无障碍标准、无障碍规划、无障碍指南等文件编制的规定；法律法规为无障碍标准的制定提供了基础和框架，技术规范则为法规范实施提供了具体指南。未来，应以《无障碍环境建设法》的颁行为契机，优化无障碍环境建设地方规范的形式结构，强化法规范与技术标准规范的良性互动。

根据"全国标准信息公共服务平台"的查询结果，我国目前即将实施和现行有效的无障碍相关国家标准共 70 个；地方层面标准数量则较少，全国范围内目前有 18 个地方标准，且已有的地方标准主要针对无障碍设施，关于无障碍产品、无障碍环境评价的标准规范较少，覆盖场景也较为单一。考虑到数字时代信息无障碍供给增加与需求扩张，地方立法将更有条件探索无障碍方案的信息化、智能化，相关立法规范与技术规范的完善和互动应更为突出。因此，在未来的无障碍环境建设地方立法工作中，应有意识强调技术标准、技术规范在具体落实相关法规范方面的重要意义，扩大技术标准在无障碍环境建设中的应用场景，考虑适当以强制性规定条款保障重要无障碍标准的实施，并将技术标准的制定和使用作为社会主体参与无障碍环境建设的一种方式。这可以使无障碍意识和理念不停留于法规范和政策层面的宣示，而是落地至社会生活、经济生产的全过程，提升无障碍环境建设的规范化、科学化水平。

（二）与地方特色发展任务相结合

经过数十余年发展，无障碍环境建设已经成为我国社会建设的组成部分。《无障碍环境建设法》第 5 条规定"无障碍环境建设应当与经济社会发展水平相适应"；第 6 条规定"县级以上人民政府应当将无障碍环境建设纳入国民经济和社会发展规划，将所需经费纳入本级预算，建立稳定的经费保障机制"；而第 7 条则规定了"县级以上人民政府应当统筹协调和督促指导有关部门在各自职责范围内做好无障碍环境建设工作"。该法第 5~7 条的规定要求无障碍环境建设与社会经济发展同步，并强调了政府在推动经济和社会发展过程中建设无障碍环境的主体责任。从上述规定不难看出其传达了这样的价值理念：社会不应仅把无障碍环境建设看作一项专项工作，而应将无障碍意识贯彻到经济社会建设的全过程。此外，如前文所述，地方一段时间内的经济社会发展任务构成地方无障碍事业发展的重要动力，甚至成为地方无障碍环境建设与域外进行经验交流的契机。

细化落实上位法及在"不抵触"原则的前提下创新性落实上位法是地方立法的两大任务，而不管是在本地区内落实上位法还是结合本地区实践进行立法创新，都需要与地方特色发展任务、发展需求相结合。考虑到我国"集中力量办大事"的体制优势，地方在通过地方立法统筹本地区无障碍环境建设的过程中，应注意将其与未来阶段地方工作的中心、重点任务相联系。

第一，在后续立法中完善有关无障碍发展规划、协调机制的内容。通过分析地方无障碍立法文本发现，部分地方立法文件对前述内容并未规定或规定不全、权责不清。无障碍环境建设在事前、事中、事后全过程都需要与不同利益相关方进行统筹协调，若对其仅以事后专项补救或完善的方式进行设定则效果不彰。将无障碍环境建设融入地方主要工作，既需要将其编列入财政预算、予以专门财政保障，也需要明确各政府部门具体职权要求，并将落实情况作为政府信息公开、政府工作报告的一部分。通过建立健全统筹协调机制、完善有关计划和规划的编列工作，能够使无障碍环境建设更加紧密地与地方经济社会发展相结合，增强地方无障碍建设工作的协同性和计划性。

第二，吸收和反映地方特色发展任务和需要。无障碍环境建设工作需要在具体实际的经济社会条件中推进，而不同地方的社情民情、发展水平和任务均有所不同。地方立法较国家立法更加贴近基层社会发展，应当吸收也更有条件吸收和反映地方特色发展要求。例如，粤港澳大湾区建设使得深圳、珠海、广州等地在粤港澳三地无障碍建设交流合作上更具便利，同时也可能面临三地无障碍标准协调以及多方言多语种信息无障碍等问题；在上海建设国际金融中心的背景下，其地方立法专门对金融服务涉及的无障碍服务、信息无障碍作出规定，提升和彰显了经济发展的包容性；重庆在建设"数字重庆"的过程中，适时规定统筹推进无障碍信息建设的要求、重点领域和方向，同时结合重庆多山地的地形特色提出了"无障碍山城"理念。因此，未来在进行无障碍环境建设地方立法时，立法主体应避免片面追求法治绩效、机械照搬上位法规定或"抄袭"其他地方立法规定，而应基于本地区无障碍环境建设的经济社会背景及发展任务，通过创新性细化和创制性立法的方式落实上位法规定，在吸收地方特色发展成果、反映地方特色发展需要的同时，为上位法发展提供规范供给和经验探索。

（三）以人为本注重权益保障规范的建构

习近平总书记强调，推进全面依法治国，根本目的是依法保障人民权益。[①] 无障碍环境建设与人权保障息息相关。《无障碍环境建设法》第1条以立法目的的形式对无障碍环境建设的目标进行了概括[②]，强调保障人民权益是开展无障碍环境建设的题中之义。在《无障碍环境建设法》出台以前，我国无障碍环境建设地方立法的"管理法"色彩较浓，多部无障碍地方性法规以"建设管理"冠名、以行政管理为主要实施渠道、以义务性规范为主要约束方式，宣示性条款比重较大，可落实性不高。总体而言，我国现行无障碍地方立法对权益保障关注不足，并未完全契合《无障碍环境建设法》规定的立法精神。因此，无障碍环境建设地方立法需要更加重视权益保障规范的建构，具体而言则体现为需要增加授权性规范占比以及增强具体条文的可落实性。

一是建构权益保障规范需要提高授权性规范占比。一个时期以来，我国无障碍环境建设处在政府绝对主导的管理模式中，无障碍环境建设主要依赖无障碍地方立法通过设定各个社会主体义务的方式进行。本报告统计了《无障碍环境建设法》与现行无障碍地方性法规中"应当""可以""鼓励"的词频，以期管窥国家立法与地方立法对义务性规范及授权性规范的关注程度：在现行无障碍地方性法规中，地方立法中"可以""鼓励"等授权性色彩词语出现频率整体偏低，大部分占比20%以下，少部分在10%以下。但随着国家立法权益保障意识的觉醒，原有"义务治理型"管理模式已然不符合无障碍环境建设的价值旨归。且部分地方性法规的义务性规范不尽合理，如《甘肃省无障碍建设条例》第7条第1款规定：残疾人联合会应当

---

① 《习近平在中央全面依法治国工作会议上强调 坚定不移走中国特色社会主义法治道路 为全面建设社会主义现代化国家提供有力法治保障》，《人民日报》2020年11月18日，第1版。

② 《无障碍环境建设法》第1条："为了加强无障碍环境建设，保障残疾人、老年人平等、充分、便捷地参与和融入社会生活，促进社会全体人员共享经济社会发展成果，弘扬社会主义核心价值观，根据宪法和有关法律，制定本法。"

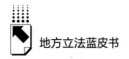

对无障碍建设规划提出建议。为地方立法建言献策本身是一个民主参与政府决策的权利，在此却成为义务性规范，在实践中可能倒逼残疾人联合会提出"没事找事"的工作建议，显然不符合民主参与的应然法理。因此在未来的一个时期内，无障碍环境建设地方立法应当合理分配相关主体的权利义务，扩大权益保障范围。《无障碍环境建设法》则吸收了上海、深圳等城市的权益保障理念，增加了授权性规范的比重。据统计，《无障碍环境建设法》中的"应当"出现了66次，"鼓励""可以"共出现了25次，授权性规范占比24.47%，远超大部分现行无障碍地方立法。这体现出《无障碍环境建设法》关于权益保障的立法精神。因此，无障碍环境建设地方立法需要进一步关注现有规范之性质，提升授权性规范占比，进一步实现权益保障立法精神之续造。

二是在增加授权性规范比重的同时，还需要增强授权性规范的可落实性。我国现行的无障碍环境建设法规还存在较多的宣示性条款，一些授权性规范的权益保障效用还停留在纸面上。而我国未来的无障碍环境建设地方立法不应仅满足于权利保障条款的宣示性规定，而应更多承接上位法规范，细化规定具体的权利保障方式，例如规定修建或改建无障碍设施的场所、空间范围，应当进行无障碍设施建设、提供无障碍服务的主体或场所，以及建筑、构筑物建造过程中应遵循的规划、设计、建设流程和建设规范、标准等。

（四）推动构建地方无障碍建设共治格局

《无障碍环境建设法》第3条规定，"引导社会组织和公众广泛参与，推动全社会共建共治共享"；第10条第1款则规定，"国家鼓励和支持企业事业单位、社会组织、个人等社会力量，通过捐赠、志愿服务等方式参与无障碍环境建设"。前述规定着重强调了社会多方主体参与的要求，引入了"企业事业单位、社会组织、个人"参与无障碍建设。多社会主体参与是无障碍环境建设发展的必然趋势。一方面，公共服务、公共产品的提供是建设无障碍环境的重要维度，无障碍环境建设立法相应具有社会保障法的性质，相关条款大量涉及无障碍公共服务的供给和统筹保障。在市场经济背景下，公共服务供给主体已不限于政府，还包括众多非公主体。另一方面，残障者权益保障模式发展要求构建地方无障碍建设共治格局。目前我国的残障者权益保障已接近社会保障模式，该种模式既强调无障碍需求的社会性，也强调无障碍需求者在无障碍环境建设中的主体性。因此，提升无障碍环境建设的社会参与水平，能够更好满足不同群体的无障碍需求，同时分担建设成本、加强社会对无障碍理念的认同，从而从整体上提升残障者权益保障水平。

在国家立法规定多主体参与无障碍环境建设的背景下，后续相关地方立法应推动地方无障碍环境建设形成共建共治共享格局。具体而言，地方立法未来应在法规范制定与修改、法规范实施与监督两个环节强化不同社会主体的参与。

在无障碍环境建设的法规范制定和修改环节，应当广泛征求社会意见。一是充分发挥社会团体、组织等的作用。社会团体、组织是连接特定群体与立法者、政策制定者的桥梁，兼具专业性与利益统合功能，能够集中反映不同无障碍需求群体的共同利益诉求，提升与立法者、政策制定者的沟通效率。二是要充分发挥高校、科研机构的作用。部分地方立法已经注意到了高校、科研机构在无障碍环境建设中的作用，如《深圳经济特区无障碍城市建设条例》第57条规定："鼓励高等院校、科研单位和社会组织等开展无障碍城市理论、标准与应用研究，通过各种形式参与无障碍城市建设。"未来应更多通过立法评估、听证会、研究课题等多种形式吸收高校、科研机构等参与到无障碍环境地方立法过程中来。

在法规范实施与监督环节，应当广泛动员社会力量参与。如前所述，无障碍环境建设非政府一家之事。考虑到我国政府角色已逐步从管理型政府转型为服务型政府，且无障碍环境建设难以仅通过行政管制的方式进行，未来的地方立法应避免曾经存在的工具主义思维，不应过多从便利公权力机关行使职权的角度考虑制度和规则的构建，而应通过拓宽社会力量参与渠道，动员高校、社会团体、第三方机构等参与无障碍环境建设，构建党委领导、政府主导、部门协同、社会参与的无障碍环境治理新格局，强化无障碍环境建

设立法的"社会共治法"色彩。在无障碍环境建设的监督管理上，应当更多吸收社会力量参与监督。党的十八届四中全会深刻指出，中国特色社会主义法治体系包括严密的法治监督体系，故通过立法完善社会监督也是无障碍环境建设地方立法的应有之义。目前，对无障碍环境建设进行社会监督的组织化水平不高，且囿于无障碍环境建设的专业性，普通群众很难直接参与到无障碍环境的建设中。为构建行之有效的社会监督体系，在立法中一要加强专业监督，强化专业性社会团体、组织、研究机构的监督作用，鼓励相关团体和组织设立社会监督员或联络员，并鼓励以无障碍体验、评估等方式参与监督；二要提升公民个人参与监督的组织化水平，鼓励个人通过志愿组织、群团组织等参与监督，并鼓励公共部门、企事业单位与社会团体、组织就无障碍建设展开交流；三要畅通、丰富诉求表达渠道，鼓励单位及个人对违反无障碍环境建设有关规范的行为进行投诉或举报，并完善相关政府信息公开，对外明确无障碍环境建设相关投诉举报、意见建议的受理和接办机关。

（五）吸收国际经验，发挥地方先行先试优势

《无障碍环境建设法》第 10 条第 2 款规定"国家支持无障碍环境建设工作的国际交流与合作"，体现了国家鼓励吸收、借鉴国际无障碍建设经验的立法导向。我国的无障碍环境建设进程始终伴随着国内实践与国际经验的互动，并在与后者的对接和借鉴过程中探索出了具有中国特色的无障碍建设价值体系和运作模式。目前，我国相关立法的具体规定和无障碍建设水平在无障碍环境覆盖范围和具体要求等方面较国际先进水平仍有一定差距。由于国家立法对体系性、科学性和稳定性要求更高，故由国家立法直接借鉴域外立法经验可能存在难度大、成本高、实效低的问题。因此，在吸收域外立法经验时，宜发挥地方立法灵活性与创新性，结合地方实际情况吸收国际有益经验，以使国家立法能够在地方立法实践检验的基础上对接国际实践，构建开放包容先进的无障碍环境法治保障体系。

一方面，地方立法可在总体设计上呼应《无障碍环境建设法》第 10 条。经济发展水平较高的地区可考虑在地方立法中规定"无障碍环境建设

国际交流"相关条款，细化规定相关主体（如城市建设管理部门、地方政府外事部门、企事业单位、社会团体/组织等）就无障碍环境建设与域外交流的方式。例如粤港澳大湾区对外经济活动频繁，无障碍环境建设对接国际需求大，因此该地区可以在地方立法的总则部分规定开展无障碍环境建设国际交流条款，以从总体上为开展无障碍环境建设国际交流提供更明确的立法指引。

另一方面，地方立法可参考、借鉴域外无障碍环境建设先进理念，并注重提炼和宣传本土无障碍环境建设价值理念。如前所述，无障碍理念是推动相关规范生成和更新的观念引领，亦是制度、规则整合的价值内核。域外部分国家、地区的无障碍环境建设实践起步较早，理念更新较为前沿，通常体现了国际无障碍环境建设的最新发展，值得无障碍建设后发地区关注。例如，日本近年在无障碍建设领域提出"心灵无障碍"理念①，强调"具有不同身心特征和思维方式的人相互交流、增进彼此了解，达到相互支持"②，并在此理念引领下整合相关立法、技术标准，发展通用无障碍设计，通过无障碍建设强化社会融合等。对此，我国未来的相关地方立法可以参考域外相关理念及其实践动向，在立法中注重话语建设和传播，基于本地区无障碍环境建设实际加强价值提炼及理念宣导，提升我国无障碍环境建设经验的国际影响力。

结　语

作为新兴领域立法，无障碍环境建设地方立法肇端于 21 世纪初，在历经 20 余年的发展后，于 2023 年迎来了《无障碍环境建设法》的颁布。在发展过程中，无障碍环境建设地方立法呈现以地方政府规章为主要形式、经

---

① 参见日本国首相官邸网站，https：//www.kantei.go.jp/cn/index.html，最后访问日期：2024年 2 月 14 日。

② 《东京：无障碍细节，城市的"隐形翅膀" | 国际知名城市软实力调查报告》，新民网，https：//new.qq.com/rain/a/20211123A014BN00，最后访问日期：2024 年 6 月 5 日。

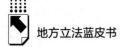
济发达地区立法实践丰富、立法更新总体较慢、以地方特色需求为重要发展动力以及与国家立法互促发展等特点。本报告对相关立法中的代表性文本进行选取和分析发现，地方立法在无障碍概念内涵、治理模式、无障碍需求群体以及监督管理措施上为国家立法的出台积累了立法经验。进入《无障碍环境建设法》时代，相关地方立法正面临理念落后、制度供给不足、地方特色不彰、立法可操作性不强等一系列问题。因此，未来的无障碍环境建设地方立法应以《无障碍环境建设法》为统领，推动形成完善的法规范体系结构，服务地方特色发展任务，强化权益保障规范建构，助力构建地方无障碍环境建设共治格局；同时，应充分发挥地方先行先试功能，调动地方立法的主动性和灵活性，积极吸收国际无障碍环境建设成熟经验，以持续提升我国无障碍事业发展水平。

参考文献

韩大元：《中国残障人权益保障：理念、体系与挑战》，《人权》2018 年第 2 期。

胡仕勇、罗雪平：《国外残障者社会保障模式分型研究》，《残疾人研究》2018 年第 1 期。

刘彬、杨翠霞、田涛：《适老化无障碍环境建设政策法规及完善对策》，《中国老年学杂志》2022 年第 9 期。

庞文：《残障模式的代际演替与整合——兼论迈向人类发展模型的残障观》，《残疾人研究》2021 年第 3 期。

邱景辉：《检察公益诉讼监督保障无障碍环境建设法律法规统一正确实施》，《残疾人研究》2022 年第 1 期。

邵磊：《通用无障碍发展的理念与挑战——〈通用无障碍发展北京宣言〉侧记》，《残疾人研究》2018 年第 4 期。

习近平：《论坚持全面依法治国》，中央文献出版社，2020。

杨飞：《论残疾人的信息无障碍权》，《河南财经政法大学学报》2013 年第 2 期。

杨景宇：《关于立法和监督法的几个问题》，《北京人大》2013 年第 6 期。

杨锃：《残障者的制度与生活：从"个人模式"到"普同模式"》，《社会》2015 年第 6 期。

张晓松、朱基钗、杜尚泽：《坚守人民情怀，走好新时代的长征路》，《人民日报》

2020 年 9 月 21 日,第 1 版。

夏建中:《中国城市社区治理结构研究》,中国人民大学出版社,2012。

周沛:《基于"共建共治共享"的残疾人基本公共服务探析》,《江淮论坛》2019 年第 2 期。

卓轶群:《地方立法权扩容的困局与优化》,《江西社会科学》2020 年第 9 期。

B.16
虐待动物行为治理的地方立法证成

——以文明行为促进条例为切入

徐佳良*

摘　要： 虐待动物行为的社会影响恶劣，容易对人心性和社会风气带来不良影响。现有的道德制约机制难以对虐待动物的行为进行有效追究。新近，各地通过的文明行为促进条例的适时入场，为立法约束虐待动物提供了可能。但当前的立法仍然存在对虐待动物现象的关注度不足、规范措施缺乏针对性的问题，不能有效实现对虐待动物行为的规制。而限于当前经济社会发展不平衡的现实，目前进行反虐待动物专门立法的条件尚不成熟。所以根据"教育引导原则"对"文明行为促进条例"中关涉虐待动物的条款进行改良并以此构建包括公开通报批评、强制参与社会公益活动以及罚款在内的规范制度，是约束虐待动物行为的有效路径。在地方立法的经验基础上，未来条件成熟后可以审慎地推进"反虐待动物法"专项立法。

关键词： 虐待动物　地方立法　文明行为促进条例　教育引导原则

虐待动物行为会冲击人们的心理，造成一定的社会创伤。在各种虐待动物事件的背后，是动物保护法律的缺失，肇事者难以被法律直接追究责任。现有的责任追究机制往往是道德谴责和舆论追责，这类"惩罚"无法平息人们要求严惩虐待动物者的强烈呼声，并且会释放出施虐成本不高的信号，难以对虐待动物的行为进行有效的预防和约束。面对这种情况，社会对动物

---

* 徐佳良，中国政法大学习近平法治思想研究院研究人员，研究方向为法哲学。

保护立法的呼声也越来越高，公众希望通过法律的形式对虐待动物的行为进行有效的法律追责，以期减少虐待动物行为的发生。同时，社会中存有对通过立法保护动物的质疑。目前，很多地方尝试通过各种立法途径对此类会造成社会不良影响的暴力行为进行法律规范，其中，文明行为促进条例可以作为防止虐待动物有效的法律手段。

一　反虐待动物行为的立法必要

根据目前国际主流观点，虐待动物是指以残酷的手段，例如殴打、折磨、惊吓等，以作为或者不作为的形式对待动物的行为①。而受到法律规制的虐待行为则需要满足一定的结果条件，如英国法律规定的造成动物"不必要痛苦"，新西兰法律规定的造成动物"永久性残疾或死亡的结果"等。目前，中国暂未以法律的形式规制虐待动物的行为，因此没有实在法来界定何为虐待动物的行为。而在 2010 年的《反虐待动物法》（专家建议稿）中，以常纪文教授为首的法学家们，大体上采用了国际通行的观点并进行了适当的改进②。笔者认为上述国际通行的观点基本符合本报告所要探讨的虐待动物行为的一般定义，遂将其作为下文探讨虐待动物的定义范式。

尽管禁止虐待动物并非所有时代、所有人的共识，但对虐待动物行为的禁止也并非人类的主观建构，这背后蕴含着对人与动物关系的哲理思考、文明社会发展内生出的道德感召以及虐待动物的巨大危害等方面的影响因素。所有立法无不反映现实需求，虐待动物的现实危害已经与我国社会主义生态文明和社会文明建设形成冲突，这是立法得以推进的根本动因，下文将对此展开论述。

---

① 参见 2006 年《英国动物福利法案》、1999 年《新西兰动物福利法案》、1978 年《匈牙利刑法典》。

② 该建议稿所称的虐待，是指故意以残酷手段或者方式给动物带来饥渴、疾病、伤害、折磨等不必要的痛苦或者伤害，或者以残酷的手段或者方式杀害动物。该建议稿所称的遗弃，是指故意丢弃不应当或者不适合弃置于自然的动物的行为。参见常纪文《〈反虐待动物法〉（专家建议稿）及其说明》，《中国政法大学学报》2011 年第 5 期，第 35 页。

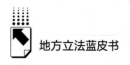
（一）虐待动物会助长人的邪恶心理

关于虐待动物会助长人的邪恶心理的论述，最早可见于英国哲学家洛克的著作《关于教育的几点思考》（1693 年）。洛克指出，许多儿童"折磨并粗暴地对待那些落入他们手中的小鸟、蝴蝶或其他这类可怜动物"，而这种行为应当被制止。因为它"将逐渐地使他们的心甚至在对人时也变得狠起来"。洛克接着说道："那些在低等动物的痛苦和毁灭中寻求乐趣的人，将会对他们自己的同胞也缺乏怜悯心或仁爱心。"① 这一论断被后来的社会调研所证实。国际爱护动物基金会曾对美国 57 个虐待儿童的家庭做过调查，其中有 88% 的家庭有虐待动物的行为。调查还显示，在美国有家庭暴力现象的家庭中，有 70% 会虐待宠物；而几乎所有的连环杀人案凶手在青少年时期都有过虐待动物的行为②。

（二）虐待动物会败坏社会和谐良善的风气

虐待动物的行为通过上文所论述的对个人的影响逐步渗透到对整个社会风气的影响，尤其是当虐待动物的行为得不到及时纠正的时候。文明和谐的社会要求人与自然和谐相处，其中当然包括了对人和动物和谐相处的要求，同时也包括人与人之间的和谐相处，两者交织在一起，相互影响。恰如圣雄甘地所言，"一个国家的伟大可视其如何对待动物加以衡量"③。虽然国家的伟大和对待动物的态度并没有如此强的关联性，但这句话还是揭示了一个道理，即伟大的国家不容忍暴虐，无论对动物还是对人。如果一个国家的公民连有生命的动物都不能善待，又谈何善待整个大自然，谈何善待同类以及过和谐的生活。一个社会一旦对虐待动物的行为置若罔闻，那么社会的风气和人性的善良将被败坏和消磨，和谐与文明社会的目标就难以实现。

---

① 转引自〔美〕罗德里克·弗雷泽·纳什《大自然的权利》，杨通进译，青岛出版社，1999。
② 参见杨源《论虐待动物罪的犯罪构成》，《中国政法大学学报》2011 年第 6 期。
③ 〔英〕考林·斯伯丁：《动物福利》，崔卫国译，中国政法大学出版社，2005。

二 对虐待动物行为的规范现状

以目前的社会现实而言，只依靠道德舆论的力量来制约虐待动物的行为不仅难以有效打击施虐者，而且也无法安抚社会大众受损的情感，因此，法律的适当入场是恰切的。尽管规制虐待动物的立法已经小有规模，但仍然存在立法供给不足的困境。

（一）当前虐待动物者的"责任"现状

我国目前有关动物的成文法律规定，主要由以下几部分构成。第一，我国《物权法》规定了动物所有人对动物享有所有权，明确了动物的物权客体性质。第二，我国《侵权责任法》规定，饲养的动物造成他人损害的，动物饲养人或者管理人应当承担无过错责任。第三，《野生动物保护法》主要规定了对野生动物的保护，且重点保护珍贵、濒危的野生动物。另外，我国《刑法》第341条也规定了主要针对破坏野生动物资源犯罪行为的危害珍贵、濒危野生动物罪等罪名。总体来说，现行法律是将一般动物作为物权的客体来看待，并突出对珍稀野生动物的保护，缺乏规制虐待动物的相关法律法规，因此虐待动物者的责任承担出现了法律规定阙如的状态。一些引发社会争议的热点事件，例如，"保安开水烫怀孕母猫致4只幼猫胎死腹中事件"① 以保安被所在单位解除劳动关系收尾；"玻璃门夹猫事件"② 以当事人之间达成和解和财产赔偿协议收尾；"物业工作人员将猫吊尸示众事件"③ 则以物业公司的赔礼道歉和经济补偿收尾。以上虐待动

---

① 《太原男子开水浇怀孕母猫：腹中4只小猫全部死亡，警方已介入》，澎湃新闻，https：//m. thepaper. cn/baijiahao_9635502，最后访问日期：2024年7月22日。

② 《广东一女孩在宠物店用玻璃门夹死小猫，店主：已报警》，百家号，https：//baijiahao. baidu. com/s？id=1707858648274120094&wfr=spider&for=pc，最后访问日期：2024年7月22日。

③ 《保安杀猫"吊尸示众"？物业道歉！》，光明网，https：//m. gmw. cn/baijia/2021-09/14/1302577901. html，最后访问日期：2024年7月22日。

物的行为，都以或公司道歉或当事人协议赔偿等形式草草收尾，不利于施虐者深刻认识虐待动物行为的残酷无道。在仅能够以道德舆论追责的情况下，虐待动物者所谓的责任承担形式主要包括赔礼道歉以及承担一些经济利益上的不利后果。这些责任承担的形式在短期内或许有立竿见影的效果，毕竟施虐者受到了一定的惩戒，但这种惩罚缺乏足够的教育性和严厉性，使施虐者难以正确认识虐待行为的恶劣本质，并向社会大众释放出施虐成本不高的信号，这不利于抚平社会大众的心理创伤和稳定社会良善的风气，凸显出道德舆论对虐待动物行为的约束规制之无力。

（二）当前立法对虐待动物行为的回应

法律需要及时回应社会关切，对一些道德和舆论不能解决的社会问题，法律不应当作壁上观。单凭道德和舆论，虐待动物的行为无法得到有效的约束和遏止，这使以法律的形式来规范虐待动物行为的呼声越来越高。尽管因为虐待动物行为本身的复杂性，国家立法没有作出正面的回应，但近年来地方立法积极入局，部分回应了社会关切，取得了一些进步。

自常纪文教授等学者提出《反虐待动物法》（专家建议稿）之后，《鄂州市文明行为促进条例》第一次以明确的法规形式对"遗弃宠物"的行为进行了法律确认。其后，《西安市文明行为促进条例》第一次明文规定"不得虐待、遗弃宠物"，在用词上更为明确。

截至目前，共有40部地方性法规明确将"不得遗弃宠物"写入规范性文件中[①]，有30部地方性法规明确规定"不得虐待、遗弃宠物"[②]。而对于

[①] 其中省级地方性法规1部，设区的市地方性法规39部。均为"文明行为促进条例"。此外还有2部地方政府规章，均为"文明行为促进办法"，1份地方规范性文件，14份地方工作文件。数据来源：在北大法宝以"遗弃宠物"为关键词检索得到，https：//www.pkulaw. com/law，最后访问日期：2024年6月30日。

[②] 其中，包括《潮州市文明行为促进条例》在内的6部地方性法规规定内容的语言次序为"不遗弃、虐待宠物"，由于内容实质相同，仅语序不同，因而归为同一类。数据来源：在北大法宝以"虐待遗弃宠物""遗弃虐待宠物"为关键词检索得到，https：//www.pkulaw. com/law，最后访问日期：2024年6月30日。

和人类关系最为亲密的犬只，有多达 222 部地方立法文件对遗弃虐待犬只作出相关规定①。由于数据内容较为繁杂，为了尽可能系统、全面地展示地方立法对虐待动物行为的规范，下文将以三个表格（表 1 为主要规范文件的类型及条款出现频次，表 2 为地方立法层级与主要内容，表 3 为规范的主要手段）来说明地方立法的层级与规范虐待动物行为的主要模式。

表 1 反虐待动物相关规范文件的类型及条款出现频次

单位：次

规范类型	文明行为促进条例	养犬管理条例	文化类管理办法	实验动物、园区和野生动物管理办法
条款出现频次	65	97	17	11

表 2 反虐待动物相关地方立法层级与主要内容

单位：部

内容	省级地方性法规	设区市地方性法规	地方政府规章	其他规范性文件
不得遗弃、虐待宠物	0	30	0	1
不得遗弃宠物	1	39	2	15
不得遗弃、虐待犬只	4	120	21	77
不得虐待动物	0	0	0	41

由表 1 可知，与规范虐待动物最相关的地方法律文件主要涉及四个类型：文明行为促进条例，养犬管理条例，文化类管理办法以及实验动物、园区和野生动物管理办法。由于不同法律文件表述不尽一致，且将各种规范手段一一详尽列举于本报告的要旨无益，因此，在表 3 中，将以四种主要的规范文件为依托，类型化处理法律责任的主要规定，意在展示当前地方立法中

---

① 数据来源：在北大法宝以"虐待犬只""遗弃犬只"为关键词检索，只要涉及其中一个就算作具有相关性的规范，https://www.pkulaw.com/law，最后访问日期：2024 年 6 月 30 日。

是否有针对虐待动物行为的专门性法律责任的设置，对无特别规定的规范手段在表3中表述为"统一规定"。

表3　反虐待动物相关规范中的主要手段

规范类型	行政处罚	志愿活动	责令整改	刑事责任
文明行为促进条例	统一规定	统一规定	统一规定	统一规定
养犬管理条例	具体规定	具体规定	具体规定	统一规定
文化类管理办法	统一规定	统一规定	统一规定	统一规定
实验动物、园区和野生动物管理办法	具体规定	统一规定	具体规定	统一规定

由上可以看出：第一，在规范文件类型上，主要是以文明行为促进条例和养犬管理条例为代表，绝对数量不多；第二，在立法层级上，主要集中在设区的市的立法以及各种工作文件，立法层级不高；第三，在规范手段上，主要是以统一规定的法律责任形式出现，针对性不强。

（三）立法对虐待动物规范回应的不足

1.关注度不足

尽管各地方开始涉足"动物主题"的立法，但对虐待动物本身的关注不成系统。一方面，对虐待动物的关注仅限于地方立法，且只规定于新近确立的、带有柔法性质的文明行为促进条例①，立法的关注度、层级和规范措施无法实现真正意义上的对虐待动物行为的有效规制。另一方面，从当前地方立法的文本不难看出，所有法规的用词均是落脚于"宠物"这一客体，不管是犬只或者其他动物，都仅限于所谓的有主动物，尚不涉及其他流浪动物等无明确主人的动物。这使得当前法律体系对虐待动物的认定极为严苛和有限，不能真正意义上涵盖虐待动物的普遍情况。

---

① 根据"北大法宝"法律数据库中的检索结果，当前虐待动物行为相关的正式法律文件，全部来源于各地方制定通过的文明行为促进法（条例），并无其他法律法规对虐待动物的行为进行规定。

具体而言，新近各地文明行为促进条例只是概括地将类似于"不得虐待宠物"或"不得遗弃宠物"放入诸如"公民应当维护社区公共文明"①的章节之下，并无独立的章节对虐待动物予以系统的界定、规制。虽然文明行为促进条例的主题是"文明行为"，其具体的内涵和外延非常丰富，虐待动物仅是其中一个子内容。但"虐待动物"的相关内容在促进条例的条文中处于绝对边缘化的地位，无论是所占篇幅还是出现的位置，都显示了当前立法对虐待动物行为的关注度很低。纵观当前所有的立法，均没有对虐待动物（宠物）进行一个体系化的界定，无论是虐待动物的行为认定标准还是法律责任承担都处于模糊之中。这事实上导致对虐待动物行为的认定往往只能回归传统的社会舆论道德场域的约束框架，依靠社会人的道德感知去评判一个行为是否构成虐待动物（宠物），并通过道德层面的武器对施虐者予以处置。

2. 措施缺乏针对性

一方面，与前述问题对应且承接而来的是法律规制措施的无力。虐待动物被归入文明行为促进条例之中，就主题而言是切合的，但由于虐待动物在法律条文中被置于边缘化的地位，立法直接忽视了规制虐待动物所需的特殊安排和措施。以《北京市文明行为促进条例》为例，由于主要关注点在家养宠物，"虐待动物"相关的条文被归入和谐社区的建设之下，成为文明养宠的一部分，即"不得遗弃宠物"。同时，和谐社区的建设在文明行为规范的大章节下，由于缺乏对法律责任的规定，仅有倡导性的条文，不具备真正的实施力。因此，在此条文之下，即便出现了遗弃宠物的情况，最终追溯的责任依然归属于道德舆论谴责的范畴，甚至连罚款都因为没有明确法律规定而无法适用。这就导致立法最终诉诸道德的审判，尽管立法的昭示是一种进步，但并未改变法律实质上没有参与的事实。

另一方面，即便将虐待动物和其他不文明行为一道规范并设置诸如行政

---

① 例如《北京市文明行为促进条例》和《西安市文明行为促进条例》等都作了类似的处理和安排。

处罚的措施，仍然难以有效应对虐待动物所带来的特殊危害。本质上，虐待动物体现的是人对生命的残酷、漠视，是一种以玩弄生命为乐的病态行为，单靠以罚款为主的行政处罚实难以有效遏止和约束虐待动物的行径，法律实效堪忧。例如，尽管像北京市和南京市的文明行为促进条例均规定了非强制性的志愿活动作为"可以依法从轻、减轻或者不予行政处罚"的依据①，但对于虐待动物行为而言，强制性的志愿活动，尤其是与动物保护直接相关的志愿活动是必要的，甚至是最主要的规范手段，而不是简单的行政处罚。

三 地方立法治理路径的价值与完善

诚如上文所述，遏止虐待动物的行为需要法律的参与，并且当前的法律参与度不足。同时，由于当前我国社会经济的区域发展不平衡，不同地区对动物保护的态度存在差异，反虐待动物立法将不可避免地呈现地区差异性和分阶段性的特征。全国统一适用的反虐待动物专项立法显然并不适合当前的现状，因此我们需要在明确地区差异和现阶段社会环境的情况下，合理规划反虐待动物立法的进程，充分发挥当前阶段文明行为促进条例的作用，以柔法先行过渡，而后探索专项立法的可能性。

（一）出台专项的"反虐待动物法"条件尚不成熟

自 2011 年以常纪文教授为首的一众法学专家推出《反虐待动物法》（专家建议稿）以来，每年都会有关于反虐待动物专项立法的呼声。虽然反虐待动物专项立法的表面成果十分诱人——这将是中国反虐待动物事业的一大步，但是显然当前不具备这样的立法条件。

第一，当前区域经济发展不平衡。东部沿海地区经济发展较快，该地区居民的收入水平和生活水平相较中西部地区的要高，他们可以相对容易地满足较高层级的生活需求，拥有更充裕的物质基础去关注动物福利。而对于欠

---

① 参照《北京市文明行为促进条例》第 61 条、《南京市文明行为促进条例》第 48 条的规定。

发达地区的人们来说，满足基本的生活需要是最重要的事情。这就导致发达地区和欠发达地区的居民对动物福利的关注和认识程度完全不同，收入相对较低的居民对虐待动物的行为、动物福利的问题关注较少。另外，在部分地区，尤其是在以动物养殖为主要创收来源的地区，制定专项立法将直接提高养殖成本，这不利于当地的经济发展和人民生活水平的提高，例如养殖户需要降低单位面积牲畜的养殖数量以确保动物拥有适宜的生存空间等，这会直接减少产业收益。当人的利益尚未得到充分保障的时候，盲目跟从潮流将贬损人的利益和生活状态。由于当前我国的地区间经济发展水平差异较大，一刀切地制定在全国范围内统一适用的"反虐待动物法"不符合当前我国的经济发展规律，难以取得良好的经济社会效果。

第二，全社会尚未形成以法律约束虐待动物行为的共识。尽管大多数人对虐待动物的行为十分反感，但若要动用法律来规制虐待动物的行为，反对的声音也不少。法律毕竟是国之重器，法律规定的事项应当是关涉国家和社会重大利益的事项，一些人认为对虐待动物这类行为进行法律规制不免显得大材小用，而且也会受到来自自由主义者的质疑——法律的规制范围太过宽泛以至于挤压了私人的自由空间。专项立法势必在社会中引发争议，甚至会损害"反虐待动物法"的权威性。因此，进行专项立法的思想条件尚不充分和成熟。

第三，相应的法律配套措施尚不完备，专项立法的实效有限。立法不是"拍脑袋"，它需要综合考量多种因素，其中立法预期产生的实际效果无疑是重要的影响因素。由于我国动物保护和动物福利的相关理念尚不成熟，承担动物保护工作的主要是社会力量（各种社会组织），在国家制度政策层面尚无顶层设计，执法、司法亦无配套设施落实专项立法的具体规定。例如，对虐待动物行为的认定尚无各方权利义务、程序标准等成系统的明确规定。目前的情况将导致"反虐待动物法"悬在半空，无法落地。虽然进行专项立法的立法技术已经成熟，可以制定出比较系统完备的反虐待动物专门法，但是，由于缺乏相关的意识理念和配套制度，专门法恐难以取得实效。在无法落实的情况下，专门立法非但没有正面效果，甚至会起到削弱法律权威的

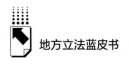

负面效果，因此在目前的社会文化和制度环境下，不宜采取专门立法的形式来规制虐待动物的行为。

（二）以"文明促进型法规"作为反虐待动物立法的阶段性过渡

促进型法是一种新型的立法模式，是现有法律体系的重要补充。虽然学界在理论上对促进型法的地位和法律属性界定莫衷一是①，但越来越多的促进型法落地生根表明促进型法在整个社会治理过程中发挥着越来越重要的作用。目前，我国的促进型法主要集中在地方性法规层级，这是由促进型法本身的促进、引导功能决定的。我国幅员辽阔，各地方的发展水平差异较大，不同地方需要促进、引导和鼓励的事项也各有侧重，国家层面只能就关键领域和关键事项进行促进型立法，无法兼顾各地的不同特点。并且随着设区的市一级人大获得有限立法权，各设区的市根据本市的情况进行促进型立法，一时间地方促进型立法呈爆发式增长。促进型法的地方性特色，使其特别适合作为反虐待动物立法的先行向导和过渡性法律规制手段。

作为促进型法的一种类型，文明行为促进条例是时下"最热门"的促进型法规。同时，文明行为促进条例是目前规制虐待动物行为最合适的法律形式，这种法律形式既保证了"一地一策"，即针对虐待动物的行为分地区、分阶段进行法律规制，同时也降低了立法的试错成本，并为进一步改进和完善规范虐待动物的立法积累经验。但正如上文所言，当前各地文明行为促进条例的规定只涉及宠物而不涉及其他动物，并且规制措施主要是出于城市管理的需要，并没有系统、全面地界定和规制虐待动物的行为。文明行为促进条例不应该忽视对虐待动物这类残暴行为的规制，未对虐待动物进行规范的文明行为促进条例是不完整的。

---

① 由于促进型法的学理问题过于复杂，限于篇幅和主题，本报告不对促进型法的地位和属性作学理界定和分析，本报告侧重促进型法的实际应用和改进。

（三）地方立法操作设想

既然文明行为促进条例是当前最为合适的立法形式，且应当关注虐待动物的行为并将其纳入规制范围，建议以促进型法的形式规制动物虐待行为，具体操作包括如下方面。

（1）专设条文。文明行为促进条例应当以单独条文的形式或者以并入对待动物条文项下的形式将虐待动物的行为涵盖在该法的规制范围内。

（2）增设导言。文明行为促进条例应在虐待动物和关涉动物的条款前增加宣示性的"导言"，其主要目的在于表明反对虐待动物、善待动物的原因。应当明确宣示虐待动物对人身心的危害，并号召公众善待动物。

（3）限制范围。文明行为促进条例对动物保护的范围应当加以限定，不应当不加区分地对所有动物予以同等程度的保护。如果像《新西兰动物福利法案》和我国香港《防止残酷对待动物条例》一样将所有动物——甚至是蟑螂——都纳入保护范围内，会使社会公众无所适从，反对虐待动物的文明行为促进条例将难以获得真正的效果。

（4）明确责任。目前我国学界对促进型法的诟病之一就在于其缺乏法的强制性特征，难以对行为进行有效的约束，这会减损法的权威性。事实上，促进型法也会直接或间接规定法律责任条款。直接规定法律责任的条款，如《北京市文明行为促进条例》第58条①对相关违法主体采取约谈、整顿直至罚款的规制措施。间接规定法律责任的条款，如《浙江省乡村振兴促进条例》第58条②并不直接规定违法责任，而是规定依照有关的法律、

---

① 《北京市文明行为促进条例》第8条规定："互联网租赁自行车经营企业及物流配送等企业违反本条例规定，未落实道路交通安全防范责任制度，采取措施促进本企业相关人员遵守交通秩序、文明出行，造成严重不良影响的，公安机关交通管理部门可以约谈企业负责人，责令限期改正；逾期不改正的，可以处一万元以上五万元以下罚款，并将其纳入公共信用信息平台。"

② 《浙江省乡村振兴促进条例》第58条规定："各级人民政府及其有关部门有下列情形之一的，依照法律、法规和国家有关规定追究责任，对直接负责的主管人员和其他直接责任人员依法给予处分。"包括未按规定保障农村无房户、住房困难户住宅建设用地规划空间和指标落实在内的四项情形。

法规对相关责任人员进行追责。影响法律的权威性、实效性的是后一种模式，即间接规定法律责任的条款。这些促进型法的问题不在于没有规定责任条款，而在于责任条款太过模糊，责任划分不明确，难以具体落实和操作。因此笔者认为，无论这个责任是针对公权力机关还是一般公众，促进型法应当在法律位阶允许的范围内将责任条款明确化。所以，规范虐待动物的文明行为促进条例需要将虐待动物的法律责任明确化，以便将责任落到实处。建议可以根据实际情况采取下述责任承担形式。

第一，明确主管单位。主管单位应以地方政府精神文明办公室（委员会）或与之承担相同职能的政府工作部门为主导。

第二，采用合适的具体责任承担方式。由于文明行为促进条例的柔法性质，它规定的责任不宜过重，并且责任承担的立足点应当是教育公众、引导公众践行文明行为。所以，文明行为促进条例应当结合虐待动物行为的具体特质，有针对性地采取制约方式。

首先，对虐待动物的行为人给予公开通报批评[①]，具体的公开可以在政府的官方网站和地方电视新闻上进行。这样的公开通报可以有效地激起违法者的羞耻心，并在违法者生活的圈子内形成强大的舆论压力，其效果相当于对违法者施予"不名誉"的惩罚，这会使违法者的社会声誉一落千丈。同时，这种公开的方式会倒逼潜在的行为人在实施违法行为前仔细考量违法的成本和后果，客观上也起到了震慑潜在违法者的作用。

其次，应当强制虐待动物者参与有关动物保护的社会公益活动。关于文明行为促进条例（地方性法规）设定强制违法者参与社会公益服务的条款，是否属于法律绝对保留的设定限制公民人身自由的行政处罚的问题，笔者认为，强制其参与短时间的社会公益服务并非属于行政处罚意义上的限制公民

[①] 例如《攀枝花市文明行为促进条例》第 38 条的规定："对社会反响强烈、群众反映集中的不文明行为，精神文明建设工作机构和有关部门可以在报纸、电视、网站等媒体、媒介上依法曝光。"又如《广州市文明行为促进条例》第 36 条的规定："本市建立文明行为记录平台，对获得文明单位、道德模范、身边好人、优秀志愿者等荣誉称号的单位和个人予以公布，并适时对影响恶劣的不文明现象予以曝光。公布荣誉称号，应当征得相关单位、个人的同意。"

人身自由，其实质在于教育引导违法者，并且也有规定类似惩罚措施的地方性法规作为参照，如《深圳经济特区道路交通安全违法行为处罚条例》①。而文明行为促进条例大多设定了参与社会服务减轻违法处罚的条款，例如上文提到的《北京市文明行为促进条例》第 61 条关于参与社会服务减轻法律责任的规定。但鉴于虐待动物的特殊性质和参与社会服务的教育导向，这种相对柔性的社会服务条款并不完全适配虐待动物的担责要求，需要对其进行一定的刚性调整。强制虐待动物者参与动物保护社会公益服务，能最大程度起到教育违法者的作用，并且也有利于社会力量——主要是动物保护组织——参与社会治理，和公权力机关形成良性互动。在具体操作上，一方面，文明委员会（或其他相当的职能部门）需要和动物保护社会组织进行定向合作，确保承接志愿服务教育的社会组织的稳定性和权威性；另一方面，强制参与的志愿服务时间不宜过长，最多不超过 8 个小时，且应当限定在较短时间内——一周或者两周内——完成。对于不按期完成志愿服务的违法者，经主管部门核查，应当给予其罚款并将其纳入公共信用信息平台负面名单的处罚。具体的处罚幅度应当在法律、法规规定的行政处罚幅度范围内从重处罚，如不按时缴纳罚款，则相应地加大处罚力度，实行责任的累进制。同时，为避免弄虚作假，防止违法者谎报志愿时长，对谎报的违法者施予前述罚款和征信处罚的倍数处罚，具体处罚幅度应当结合当地的经济发展水平和其他法律法规的规定。除此之外，对帮助实施谎报行为的公职人员进行相应的政纪处分，对实施帮助行为的社会组织工作人员施予同前述违法者相当的处罚。

最后，以罚款作为处罚的兜底。罚款作为一种常见的行政处罚措施，其适用的广泛性和惩戒效果的显著性是毋庸置疑的，对虐待动物行为进行法律规制自然少不了罚款的参与，同时这也使虐待动物的法律责任更加整全化、

① 详见《深圳经济特区道路交通安全违法行为处罚条例》第三章为"安全教育、社会服务和征信"，其中第 47 条明确规定："机动车驾驶人违反道路交通安全法律、法规被处暂扣三个月以上机动车驾驶证处罚的，除依法处罚外，应当到公安机关交通管理部门指定的地点接受六小时的道路交通安全教育。"

体系化。需要注意，一方面，罚款仅仅作为兜底性惩罚措施来使用，对虐待动物情节轻微者，可以在适用前述公开通报批评措施的情况下同时对其予以罚款。另一方面，罚款这一规制措施仅仅是附带性措施。鉴于虐待动物的性质，对其的惩罚方式应当以前述通报批评和参加动物保护社会公益为主，在未适用前述两项惩罚措施的情况下，不应当以单独适用罚款为虐待动物法律责任的终结形式。罚款可以适用，但不能单独适用，其一定是与前述两项处罚措施相配合进行的，如果滥用罚款这一最简便却最无针对性的处罚方式，造成本末倒置，势必影响虐待动物行为的法律规制效果。所以，设定罚款的初衷在于确保行政处罚措施的完整性，而不是让执法机关在具体操作中简便化地、一刀切式地适用罚款。至于罚款的具体数额，则需要参照当地的经济发展水平、比照其他行政处罚的标准确定一个浮动范围，尽可能使罚款数额明确的同时也增加一些法律适用的灵活性。

按照如上所述建构起来的条款，可以作为暂时性的法律约束条款来规制虐待动物的行为，同时地方性法规的形式也保证了不同地区可以因地制宜、因时制宜地选择适合本地区特色的条文形式来规制虐待动物的行为。正如上文所言，文明行为促进条例以其十足的灵活性和柔和性，可以临时充当过渡性法律，但仅仅止步于文明行为促进条例显然并不能满足动物保护的要求，需要逐步稳健地推进"反虐待动物法"的立法进程。

（四）专项立法——"反虐待动物法"的可能性

对于以法律规制虐待动物行为而言，文明行为促进条例对动物的概念和法律地位、虐待动物行为的定性、虐待动物的法律后果并没有详细界定。这就使得用文明行为促进条例的方式约束虐待动物的行为虽然有成效，却总给人隔靴搔痒的感觉。也因此，学界和实务界早有呼吁进行反虐待动物专项立法的声音存在。

作为专门性法律规范，"反虐待动物法"的颁布施行是以前述文明行为促进条例的长期施行积累的经验，以及其引导的社会文化氛围为前提和基础。它的出台必须有深厚的经济基础和社会文化基础，这也是前文论及的为什么现在不适合制定一部专门的反虐待动物法。那么，如果有可能，反虐待动物专项立法有哪些需要注意的点位？

第一，绝对审慎的态度。无论地方立法在反虐待动物这一主题上走得多远，对虐待动物进行专门立法依然不能轻率。其不但需要相对成熟的制度配套，更关键的是，其必须以社会整体的思想理念共识为坚实基础。在社会经济、文化条件确实充分，先前的地方立法已经积累了足够的经验的情况下，可以适时推出有关反对虐待动物的专项立法。

第二，重视法律说理部分的建构。"法律的方法，部分地是说服，部分地（当它必须处理拒绝说服的那些人时）是强制和惩罚。"① 柏拉图在《法律篇》中系统地阐述了法律的构成以及法律序言的重要地位和作用，他以奴隶医生和自由民医生的看病方式②作比喻，指出法律之所以需要序言，是因为立法者需要使他为之公布法律的人接受他的命令（法律）时怀着更为合作的心绪和相应地有较多的学习准备③。在我国的法律传统中只有宪法才有法律序言，而其他法律的精神、原则是通过法律的总则来予以展示，因此为避免产生误会，下文均使用法律总则代替法律序言的表达，但两者在实际意义和功能上是等同的。法律总则以理性的感召，凝聚最大多数人的共识并催生出社会上下一心的合作。

人和动物的伙伴关系以及文明社会的内在要求是"反虐待动物法"合适的精神依据，该法的建构需要对此一精神进行法律化改造，使其具备法律的表达特性。"反虐待动物法"是以人和动物的和谐共生为基本立场，宣扬人道精神，反对暴虐无道，弘扬社会正气，共筑和谐社会。反对虐待动物是对暴虐风气的反对、对和谐风气的坚定支持。反对虐待动物，不是

---

① 〔古希腊〕柏拉图：《法律篇》，张智仁、何勤华译，商务印书馆，2016，第 126 页。
② 奴隶医生"简单地根据经验开出他认为最好的药方，仿佛他有了确切的了解，并有着一个僭主的自信"。而自由民医生"向病人及其朋友询问来写出病例……同时他给这个病人一切他所能给的指示。在他以某种方法得到了病人的同意以前，他是不开处方的，然后他哄病人与他继续合作，他尝试着重新恢复病人的健康"。详情见〔古希腊〕柏拉图《法律篇》，张智仁、何勤华译，商务印书馆，2016，第 129～130 页。
③ 〔古希腊〕柏拉图：《法律篇》，张智仁、何勤华译，商务印书馆，2016，第 133 页。

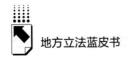

为了反对而反对，不是为了追赶潮流，而是为了整个人类社会的良善发展。

第三，需要界定虐待动物的法律属性。作为一部专门法，"反虐待动物法"最基本的任务便是完成对"虐待动物"全面系统的法律界定，包括主客体、权利义务、法律责任和相关程序性措施的规定等一整套法律体系的建构。

一方面，明确虐待动物的法律定义，也即需要确定虐待的标准以及受保护的动物范围。就虐待而言，一种行为构成虐待需要符合何种标准，同时是否应当区别主动作为与消极不作为？受保护的动物主要包括哪些，依据是什么？是否要排除软体动物、昆虫、腔肠动物、微生物等。同时，为了便于动物的分类管理，是否有必要将动物进行类型划分，并针对不同类型的动物制定不同的违法认定标准以及不同的保护措施①。这些问题都有待未来进一步明确。从法律的实效出发，分类管理可以照顾到不同类型的动物与人类不同的情感关系，因而在规制虐待动物行为时可以基于动物与人的关系不同做类型化处理。以俄罗斯对动物的六类划定为例，不同种类的动物可以确定层次不同的虐待标准和处罚，并且达到法律规定的虐待认定标准越高，对虐待行为的处罚越轻。最高档的处罚和最低档的违法标准应当归属于与人类关系最为亲近的宠物动物和工作动物以及生态价值最大的野生动物。其次是竞技娱乐动物，由于其担负了部分观赏和竞技职能，对虐待这类动物的违法认定标准应相应降低。而最低档的处罚和最高档的违法标准则是经济动物和实验动物，这是因为经济动物承担着食用、药用的价值，养殖其的目的本身就是人类的利益。它们的实用价值决定了它们最终的命运就是为人类所用。实验动物更是如此，尤其很多对动物的实验还涉及解剖，很难用对其他动物的虐待认定标准来对待实验动物。因此，虐待这两类动物的违法认定标准相较前述动物的标准要更为严格，不宜将

_____

① 1998 年《俄罗斯联邦防止残酷对待动物法》第 3 条通过列举的方式将动物进行分类，根据动物的特性功能以及同人类的关系，将动物划分为野生动物、经济动物、宠物（伴侣）动物、实验动物、工作动物、竞技娱乐动物和其他动物。

违法门槛规定得过低，相应的法律后果应当较前述动物更轻。如果一个动物同时扮演多个"角色"，例如导盲犬，既属于工作犬，同时在很多情况下还会充当宠物，这时关于动物的法律类型认定，笔者认为可以就高不就低，以所属的多种动物类型当中法律规定的处罚最重的那一类型为准，进行虐待的认定和相应的处罚。这实质上和刑法的包容原则相似，既防止了虐待动物一事多罚的不合理状况，也最大限度地实现对相关动物的有效保护。

另一方面，对虐待动物的规制需突出法律的教育作用，责任不宜过重。具体来讲，法律应当以教育虐待者为目的。为达到教育目的，立法可以考虑保留上文所述强制虐待动物者参与动物保护社会公益服务这一举措，同时避免引入较为严苛的诸如限制人身自由的行政处罚，当然更不用说引入刑事处罚。

结　语

以立法规制虐待动物要走很长的路，就像学者在 10 多年前便已推出"专家建议稿"，但直到现在我国的反虐待动物立法仍然处于稚嫩状态。本报告限于篇幅，有关具体的立法制度建构十分粗糙，但笔者认为，其中有些建议可以在未来推进立法的过程中予以考量。其一，立法分阶段、分地区进行，制定全国统一适用的专项立法的条件尚不成熟，但发达地区可以先行试点，为后续专门立法的出台积累经验。其二，重视法律的引导教育作用。反虐待动物立法需要精神性宣言的配合才能出实效，如果生硬地规定法律制约措施并强制推行，势必引起社会公众的不理解，从而难以形成社会合力，将造成有关立法的效果大打折扣。其三，人类利益优先的立场需要明确。无论动物保护和动物福利的思想发展到什么程度，人类都应坦率地承认"人类的利益优先于动物的利益"，不要虚伪地构建绝大多数人类都无法企及的"动物保护神话"。

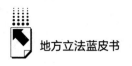

参考文献

蔡金荣：《文明行为立法的可能与限度——以六部地方性法规文本为中心》，《北方法学》2018 年第 3 期。

曹刚：《立法促德如何可能——关于文明行为促进条例的伦理学思考》，《湖北大学学报》（哲学社会科学版）2021 年第 2 期。

陈灿平、吴迪：《论道德与法律的契合与转换——以文明行为促进条例地方立法比较为例》，《道德与文明》2020 年第 4 期。

梁治平：《法治意识形态反思　基于人与动物关系的视角》，《中外法学》2020 年第 6 期。

刘风景：《文明行为促进立法的目标与路径》，《北京联合大学学报》（人文社会科学版）2020 年第 4 期。

史玉成：《论动物的法律地位及其实定法保护进路》，《中国政法大学学报》2020 年第 3 期。

王晓：《国家治理视域下的文明行为地方立法现代化研究——以 39 个设区的市文明行为促进型立法为样本》，《北京联合大学学报》（人文社会科学版）2019 年第 4 期。

张敏：《动物福利的国际贸易保障制度与我的立法对策》，《国际商务研究》2013 年第 2 期。

张敏、严火其：《北美反虐待动物思想的早期实践——〈自由之体〉法典反虐待动物条款研究》，《自然辩证法研究》2016 年第 10 期。

张敏、严火其：《从动物福利、动物权利到动物关怀——美国动物福利观念的演变研究》，《自然辩证法研究》2018 年第 9 期。

Abstract

ANNUAL REPORT ON CHINA'S LOCAL LEGISLATION (2023)
This year's "Local Legislation Blue Book" consists of a general report, sub-reports and thematic reports, aiming at identifying, analyzing and responding to specific problems in the practice of local legislation on the basis of the overall pattern of local legislation in China in 2023. By statistically analyzing the data on local legislative achievements in 2023, this book's general report finds that the frequency of local legislative activities is still in a declining trend, though generally remains at a high level. Among them, the quality of local legislation at the provincial level has steadily improved, and efforts have continued to be made in emerging areas of legislation and regional collaborative legislation, while the relevance and applicability of legislation continues to increase. In prefectual-level cities, the number of new pieces of legislation has risen sharply, the total frequency of legislative activity has exceeded that at the provincial level, and the proactiveness of local legislation at the municipal level has increased significantly over the previous year. In the area of social governance, the relevant local legislation focuses on highlighting local characteristics and innovative approaches to social governance, actively feeding back on people's needs, and steadily improving the quality and effectiveness of legislation.

The topic of Digital Local Legislation closely follows the cutting-edge practice of digital local rule of law, and provides in-depth explorations and reflections on emerging issues such as the legislative features of local digital economy promotion norms, the current status of provincial local legislation on cross-border data, the practice of Chongqing's digital bill of lading system, the governance structure of the authorized operation of public data in megacities, and the digitalization reform

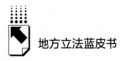

program of local people's congresses.

The topic of Community-level Governance Local Legislation focuses on the issues of legislative quality and efficiency and institutional innovation. At the level of legislative quality and efficiency, through the analysis of legal regulations, this topic introduces the local legislative status of the regulations on peace construction and property management, and points out the difficult concepts and implementation problems in the relevant regulations. At the level of institutional innovation, this topic applies the method of empirical research, theoretically summarizes the contact point system of community-level legislation and the mode of creative legislation, and puts forward the effective paths of strengthening and improving the work of local legislation.

The topic of Rights and Interests Protection Local Legislation focuses on the hot topic of rights protection, examining the mechanization phenomenon of local legislation on rural revitalization, the development history of local legislation on barrier-free environment construction, and the necessity of regulating animal cruelty. This topic has made useful theoretical explorations in protecting the rights and interests of disadvantaged groups, optimizing the rights protection system, and the regulating infringement of rights and interests.

Keywords: Local Legislation; Digital Legislation; Community-Level Governance; Rights and Interests Protection

Contents

I General Report

Abstract: The frequency of local legislative activities in 2023 continued the downward trend of the previous year, but still remained at a high level overall. Among them, the frequency of new legislation, amendment and repeal of legislations have all decreased, and the decline of the three has increased in turn. Among all legislative activities, new legislation accounted for the largest proportion, and the frequency lead was further expanded. The number of new legislations at the municipal level has increased significantly, and the proportion of the overall frequency of legislative activities at the municipal level has exceeded that at the provincial level. The regional differences in legislative activities have dropped slightly, and legislative hotspots and hot issues have continued to change. People's Congress of the People's Republic of China, environmental protection are still the areas of greatest concern for local legislative activities.

Keywords: Local Legislation; Trends of Legislation; Hot Issues of Legislation

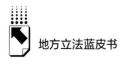
地方立法蓝皮书

II　Topical Reports

B.2　Provincial Legislative Statistical Analysis Report in 2023

Xie Linshan / 025

Abstract: Provincial legislation is an important activity for implementing national legislation and guiding legislation at the city level. Analyzing the 2023 provincial legislative data reveals that legislative activities this year were mainly focused on amending regulations, followed by new legislation, and finally, the repeal of regulations. The frequency and quantity of all types of legislative activities have decreased compared to the previous year. Financial and economic matters, state organs, and social affairs remain the most focused areas of provincial legislation this year. This year, provincial legislation showed a decrease in legislative activity but a continuous improvement in legislative quality. It also highlights the coordinated promotion of local legislative work, the improvement and perfection of the local legislative system and mechanisms, the emphasis on emerging fields, the legislative role in guiding science and technology, and the exploration of promoting collaborative legislation.

Keywords: Provincial Legislation; Rule of Law Guarantee; Collaborative Legislation

B.3　Report on Local Legislation of Districts Cities in 2023

Cai Min / 048

Abstract: By organizing and analyzing the local legislative data of cities with districts in 2023, comprehensively displaying and analyzing the six major types of municipal local legislation, hot issues as well as the development trend. It can be seen that this year, prefecture-level cities have made full use of local legislative authority and actively carried out legislative activities, which has opened a new voyage of local legislation. As a whole, the total frequency of municipal local legislative activities has increased, the number of new legislations has increased, and the revision and abolition of regulations have decreased compared with the previous year. This year, the fundamental approach to municipal-level legislative activities continues to be an equal emphasis on both establishing and amending laws, and the advantage of adding new legislation is further expanded. Legislation in key areas and emerging areas has been accelerating, and attention has been paid to "small incision" and "small quick spirit" legislation, and the exploration of regional collaborative legislation has also become more abundant.

Keywords: Districted Cities; Local Legislation; Legislative Types; Collaborative Legislation

B.4　Report on Local Legislation on Social Governance in 2023

Yu Haiyang / 071

Abstract: In recent years, the rule of law in social governance has entered a new phase. In 2023, local legislation on social governance concentrated on three key areas: administrative reform, the rule of law towards livelihood, and governance system, and further standardized three governance mechanisms: regional coordination, government services, and comprehensive administrative enforcement. Furthermore, local legislation on social governance emphasized the improvement of four legislative matters: community-level governance, social security, protection of rights and interests, and social perceptions. Concurrently, local legislation on social governance systematically harmonized the relationship between social governance and other governance systems such as economic development, urban governance, ecological governance and the dissemination of the rule of law. These efforts have been marked by numerous legislative innovations, prominently demonstrating the effectiveness of local legislation in facilitating governance and providing safeguards. In the future, further efforts

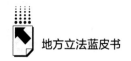

should be made to improve the cooperative mechanism of social governance, guide the participation of diversified social subjects in governance, enhance the digital governance capacity, and facilitate the further improvement of local legislation on social governance.

Keywords: Local Legislation; Social Governance; Community-level Governance; Public Services

Ⅲ The topic of Digital Local Legislation

B.5 Characteristics and Problems of Local Legislation
on Digital Economy
—*Analysis of Fourteen "Digital Economy Promotion*
Norms" as a Sample   *Kuang Mei* / 091

Abstract: The digital economy has become an important engine for China's economic and social development, and against the backdrop of a temporary vacancy in national legislation on the digital economy, localities have actively explored the formulation of local legislation in line with local characteristics. China's local legislation on digital economy mainly adopts the form of local regulations, in which the majority of promotional legislation, showing a distribution trend of "more in the east and less in the west", and has such distinctive features as inclusive and prudent regulation, development and security. Due to the insufficient supporting provisions under the facilitating legislation model and the lack of top-level legislation on the data factor market, China's local legislation on digital economy has problems such as poor operability and serious local division in practice. In this regard, local legislatures can improve the enforceable supporting measures for local legislation on digital economy in terms of specific measures, quantitative indicators, and responsibility provisions, etc. The national level should focus on unifying the data governance system, strengthening the protection of personal data rights and interests, and sounding the regulation of the power of data platforms, etc., so as to expeditiously promulgate a unified "Digital Economy Promotion Law".

Keywords: Digital Economy; Local Legislation; Promotional Legislation; Legislative Features

B.6 Problems and Improvement of Local Legislation on Data Cross-Border

Zhao Mengfan / 114

Abstract: The local legislation of data cross-border is one of the indispensable contents in the system of data cross-border rules in China. At present, the supervision of cross-border data activities in China focuses on the discussion of central legislative practice, and pays insufficient attention to local legislation. The overall layout and pilot practice of China's current data cross-border local legislation are sorted out and analyzed, and the problems of China's data cross-border local legislation have not yet formed clear results, lack of clear direction, legislative enforceability needs to be improved, and insufficient data governance innovation are summarized. In view of the above problems, it is necessary to encourage free trade zones to boldly combine local characteristics and actual conditions to clarify their legislative goals and directions, transform some principled provisions into specific rights and obligations norms to improve the enforceability of legislation, and give play to the subjective initiative of enterprises in data governance and data supervision to realize the joint participation of multiple subjects in data governance. We will give full play to the important role of local legislation on cross-border data in ensuring the safe and orderly flow of data.

Keywords: Data Cross-Border; Local Legislation; Pilot Legislation; Data Flow

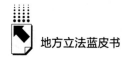
B.7 Study on Creative Legislation of Digital Bill of Lading under

"One Single System" for Multimodal Transportation

　　—*Taking the New Western Land and Sea Corridor as an Example*

Tan Bin / 129

Abstract: Driven by the international and domestic situation and market demand, it has become urgent to construct a legal system for the digital bill of lading for multimodal transportation under the "one single system". The existing legal system, including the Maritime Law and the Civil Code, fails to clearly cover the legal status and function of the digital bill of lading, which leads to the challenges of legality, negotiability and property right attributes in its practical application. Specifically, the deficiencies in the legal regulation of digital bills of lading include the lack of specialized regulations, the limited scope of application of the Maritime Law, the weak practicality of the Civil Code, and the conflict with the principle of legal rights in rem. In order to solve these problems, it is necessary to deeply explore the unique path of local creative legislation, utilize blockchain and other technologies, and combine with the practice of Chongqing's new land and sea corridor in the western part of the country, to build a digital bill of lading operation mode with a perfect legal system, clear rights and responsibilities, data security, and market acceptance, so as to promote the legal clarity and application promotion of digital bill of lading.

Keywords: Multimodal Transportation; One Single System; Digital Bill of Lading; Electronic Transferable Records

B.8 Research on local governance practice of mega city public

data authorization operation　　*Yang Huiqi*, *Hu Yutong* / 159

Abstract: Promoting urban digital transformation is the only way to enhance the governance efficiency of megacities in the era of big data. The public data authorization operation mechanism has far-reaching significance for strengthening the construction of digital government, achieving high-quality development of digital economy, and empowering the governance of digital society. At present, megacities are actively exploring local governance paths for public data authorization operations, and have formulated governance norms at different levels and with different focuses around the scope of authorized data, the mode of authorization operation, the revenue distribution mechanism, and the security supervision system. In the process of preliminary exploration of the construction of digital legal government in megacities, with the advancement of local practice, problems such as the lack of unified definition of public data concept, insufficient system design of authorized operation process, lack of reasonable income distribution mechanism, and imperfect supervision system have gradually exposed. In order to fully release the potential of public data and realize the value of the public data authorization operation system, it is necessary to improve the top-level design of the public data concept from the perspectives of subject and behavioral elements, clarify the functional allocation of all parties around the organizational structure, authorization policy, and technical infrastructure, improve the income distribution mechanism according to the path of data value generation, and build an inclusive, prudent and collaborative diversified regulatory system.

Keywords: Public Data; Authorized Operation; Data Openness; Local Governance

B.9 Transformation and Reshaping: An Analysis of the Pathways for Digital Reform of Local People's Congress
　　—A Case Study of the Digital People's Congress Construction
　　by the Chongqing Municipal People's Congress Standing Committee

Abstract: The digital reform of local People's Congress is an essential step for

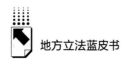
developing whole-process people's democracy, accelerating the construction of a digital China, and strengthening and improving the work of local People's Congress in the new era. However, the reform process still faces challenges in areas such as the understanding of reform concepts, co-construction and sharing mechanisms, application scenario planning, and data security risks. This paper, based on the digital People's Congress construction practice of the Chongqing Municipal People's Congress Standing Committee, clarifies the relationships between business and digital, top-level and grassroots, stock and increment, sharing and security, and theory and system, aiming to provide an optimized pathway for the digital reform of local People's Congress.

Keywords: Digital People's Congress Construction; Digital Reform; Local People's Congress

Ⅳ   The topic of Community-level Governance Local Legislation

B . 10   Local Practice of Legislation on Safe Construction in China

Niu Tianbao / 195

Abstract: Local legislation is an important component of China's legal norms. Some provinces and cities have summarized the experience and practices of safe construction and creatively constructed institutional norms for safe construction with local characteristics. This report takes 16 comprehensive local legislations on safe construction as analysis samples, systematically reviews the local legislation process of safe construction, and finds that local legislation on safe construction is still in the initial exploration stage. The total amount of local legislation on safe construction across the country is still relatively small. There are still areas that need further improvement in legislation, such as insufficient operability, insufficient distinct local characteristics, insufficient effective supervision and guarantee, and insufficient detailed responsibility implementation. Next, to promote local legislation on safe construction, the legislative concept should be further clarified, work tasks should be detailed, the responsibilities of all parties should be clarified, local characteristics should be highlighted, and a systematic and coordinated legal system for safe construction should be constructed to promote a higher level of safe construction on the track of the rule of law.

Keywords: Safe Construction; Local Legislation; Legislation Practice; Local Characteristics

B.11　The Difficult Problems and Solutions in Local Legislation
on Property Management
　　—*Taking the Revision of Chengdu Property Management*
　　Regulations as a Sample

Meng Tiantian, Zhang Rui / 215

Abstract: Property management legislation is a major problem in local legislation, as it involves both the basic civil system and administrative means, and there is the phenomenon of the intersection of civil and administrative affairs. Among them, major issues such as the definition of the basic concept of Property management, the definition of the scope of owners, the system of Property management committees, the installation of additional lifts in existing residential buildings, and the owners' shared funds, were subject to considerable controversy in the legislative process. Therefore, it is necessary to argue and analyse these issues and clarify the scope of the relevant concepts under the framework of the Civil Code and other superior laws, so as to safeguard the basic rights and interests of owners and, at the same time, promote the implementation of administrative means in order to facilitate the realization of high-quality owners' self-governance.

Keywords: Property Management; Owners; Additional Lifts; Shared Funds

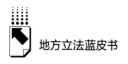
B . 12   Operational Mechanism and Improvement Path of Grass-Roots

Legislative Contact Point System   *Yang Bing* / 229

Abstract: The grass-roots legislative contact point system is an important measure to further promote scientific and democratic legislation, and the realization of its function depends on a reasonable operating mechanism. By examining the operating mechanism of the grass-roots legislative contact point system, it pays attention to diversity and representativeness in the layout of the selection points, establishes a legislative information collection network in the organizational structure, stipulates the guarantee mechanism and evaluation mechanism in the management system, and focuses on soliciting opinions on the draft and participating in legislative research in the work situation. However, at the same time, there are also problems such as the layout of the selection site needs to be optimized, the information feedback mechanism is relatively general, the corresponding incentive mechanism is lacking, and the participation in the legislative stage is relatively narrow. In order to improve the grass-roots legislative contact point system, it is necessary to improve its operation mechanism in four aspects: focusing on the integration of resources in the layout of the selection point, refining the feedback mechanism in the collection link, adding incentive content to the management mechanism, and expanding the participation stage to the front and back of legislation.

Keywords: Grass-Roots Legislative Contact Point; Scientific Legislation; Democratic Legislation; Public Participation

B . 13   Research on the Path of Exploring Creative Legislation

in the New Era   *Zou Yi* / 255

Abstract: Creative legislation is a clear embodiment of high-quality legislation, and it is an important path and key measure to solve the current repetitive legislation, blind legislation and low quality legislation. This paper systematically summarizes the exploration and practice of creative legislation in various places, scientifically defines the connotation of creative legislation, deeply analyzes the issues that need to be paid attention to, and puts forward countermeasures and suggestions on the exploration andpromotion of creative legislation in the following five aspects: optimizing the evaluation mechanism, strengthening the investigation and research, sounding the argumentation of project establishment, improving the legislative technology, and paying attention to the construction of talent team.

Keywords: Creation; Creative Legislation; Quality of Legislation

V   The topic of Rights and Interests Protection
Local Legislation

B.14   Examination of the Current Situation and Improvement Path
of Local Legislation on Rural Revitalization
—*Based on the empirical analysis of 26 local regulations*
Wang Qiangqiang / 275

Abstract: The quality of local legislation on rural revitalization is directly related to the effectiveness of the implementation of the rural revitalization strategy. Local legislation on rural revitalization is not only the medium of local implementation of central legislation in form, but also the legal transformation of local characteristic experience of rural revitalization, and the legal response to local difficult and painful problems of rural revitalization. An empirical study of 26 local regulations on rural revitalization found that, on the surface, the local legislation on rural revitalization has effectively implemented the central legislation and positively responded to the actual local problems, but in fact, there are problems such as mechanization of the legislative paradigm, roughness of the legislative technology, and ambiguity of the legislative content. Based on this status quo of

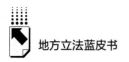
local legislation for rural revitalization, the concept of local legislation for rural revitalization should be updated to promote the legislative paradigm from mechanization to effectiveness, legislative technology from roughness to refinement, and legislative content from ambiguity to precision. Specifically, the post-legislative assessment system can be used as a hand to make timely amendments to the laws, the supervision and inspection system can be used to supervise all levels of governments and functional departments to perform their duties and responsibilities in accordance with the law, and the innovation and reward system can be used to encourage the localities to refine the content of the norms and summarize the experiences of the local characteristics, so as to systematically enhance the operability of the local legislations.

Keywords: Rural Revitalization; Local Legislation; Operability Assessment; Promotion Law

B.15 Study on the Development and Improvement of Local

Legislation on Barrier-Free Environment Construction

Peng Tianyi, He Mingjun and Peng Cheng / 292

Abstract: China's Local legislation on the construction of barrier-free environment started at the beginning of this century. After more than 20 years of development, the Law on the Construction of Barrier-free Environment was promulgated in 2023. In the process of development, barrier-free local legislation presents the following characteristics: local government regulations as the main form, Guided by the development of the concept of accessibility, driven by the demand of local characteristics, economically developed provinces and cities have rich legislative practice and cities, and local legislative updates are generally slow. Based on the analysis of local laws and regulations on the construction of barrier-free environment, we find that local legislation has accumulated legislative experience for the central legislation in the concept connotation of barrier-free, demand groups, supervision and management channels and the participation mode of social subjects. In the era of the Law on the Construction of Barrier-free Environment, barrier-free local legislation can be improved from the aspects of optimizing the structure of local legislation system, serving the development task with local characteristics, enhancing the construction of equity protection norms, promoting the construction of the co-governance pattern of local barrier-free environment, and absorbing international experience.

Keywords: Barrier-Free Environment; Local Legislation; Local Regulations

B.16　Local Legislative Evidence of Animal Cruelty Governance

　　—*Taking Civilized Behavior Promotion Ordinance as an Entry Point*

Xu Jialiang / 328

Abstract: There has been a continuous increase in acts of animal cruelty, which have resulted in detrimental social impact. It is necessary to draw a clear boundary between such behavior and humane treatment of animals due to its negative effects on human nature and social norms. However, the existing moral constraints are insufficient in effectively addressing acts of animal cruelty. Recently, the introduction of 'civilized behavior promotion regulations' in various regions has provided potential legislative means to restrict animal cruelty. However, the current legislation still lacks sufficient attention to animal welfare issues and lacks targeted measures to effectively regulate acts of animal cruelty. Moreover, due to the reality of imbalanced economic and social development, the conditions for enacting specialized legislation against animal cruelty are not yet mature. Therefore, 'educational guidance principles' can be implemented to improve the clauses related to animal cruelty in the 'civilized behavior promotion regulations' and establish a regulatory system that includes public exposure and criticism, mandatory participation in social welfare activities, and fines. This serves as an effective path to restrain acts of animal cruelty. Based

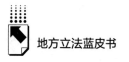

on the accumulated experience in local legislation, the specialized legislation for the 'Anti-Animal cruelty Law' can be cautiously progressed when the conditions are ripe in the future.

Keywords: Animal Cruelty; Local Legislation; Civilized Behavior Promotion Regulations; Educational Guidance Principles

社会科学文献出版社

皮 书

智库成果出版与传播平台

❖ 皮书定义 ❖

皮书是对中国与世界发展状况和热点问题进行年度监测，以专业的角度、专家的视野和实证研究方法，针对某一领域或区域现状与发展态势展开分析和预测，具备前沿性、原创性、实证性、连续性、时效性等特点的公开出版物，由一系列权威研究报告组成。

❖ 皮书作者 ❖

皮书系列报告作者以国内外一流研究机构、知名高校等重点智库的研究人员为主，多为相关领域一流专家学者，他们的观点代表了当下学界对中国与世界的现实和未来最高水平的解读与分析。

❖ 皮书荣誉 ❖

皮书作为中国社会科学院基础理论研究与应用对策研究融合发展的代表性成果，不仅是哲学社会科学工作者服务中国特色社会主义现代化建设的重要成果，更是助力中国特色新型智库建设、构建中国特色哲学社会科学"三大体系"的重要平台。皮书系列先后被列入"十二五""十三五""十四五"时期国家重点出版物出版专项规划项目；自2013年起，重点皮书被列入中国社会科学院国家哲学社会科学创新工程项目。

皮书网

（网址：www.pishu.cn）

发布皮书研创资讯，传播皮书精彩内容
引领皮书出版潮流，打造皮书服务平台

栏目设置

◆ **关于皮书**

何谓皮书、皮书分类、皮书大事记、
皮书荣誉、皮书出版第一人、皮书编辑部

◆ **最新资讯**

通知公告、新闻动态、媒体聚焦、
网站专题、视频直播、下载专区

◆ **皮书研创**

皮书规范、皮书出版、
皮书研究、研创团队

◆ **皮书评奖评价**

指标体系、皮书评价、皮书评奖

所获荣誉

◆ 2008 年、2011 年、2014 年，皮书网均
在全国新闻出版业网站荣誉评选中获得
"最具商业价值网站"称号；

◆ 2012 年，获得"出版业网站百强"称号。

网库合一

2014年，皮书网与皮书数据库端口合
一，实现资源共享，搭建智库成果融合创
新平台。

皮书网

"皮书说"
微信公众号

权威报告·连续出版·独家资源

皮书数据库
ANNUAL REPORT(YEARBOOK)
DATABASE

分析解读当下中国发展变迁的高端智库平台

所获荣誉

● 2022年，入选技术赋能"新闻+"推荐案例
● 2020年，入选全国新闻出版深度融合发展创新案例
● 2019年，入选国家新闻出版署数字出版精品遴选推荐计划
● 2016年，入选"十三五"国家重点电子出版物出版规划骨干工程
● 2013年，荣获"中国出版政府奖·网络出版物奖"提名奖

皮书数据库

"社科数托邦"
微信公众号

成为用户

登录网址www.pishu.com.cn访问皮书数据库网站或下载皮书数据库APP，通过手机号码验证或邮箱验证即可成为皮书数据库用户。

用户福利

● 已注册用户购书后可免费获赠100元皮书数据库充值卡。刮开充值卡涂层获取充值密码，登录并进入"会员中心"—"在线充值"—"充值卡充值"，充值成功即可购买和查看数据库内容。
● 用户福利最终解释权归社会科学文献出版社所有。

数据库服务热线：010-59367265
数据库服务QQ：2475522410
数据库服务邮箱：database@ssap.cn
图书销售热线：010-59367070/7028
图书服务QQ：1265056568
图书服务邮箱：duzhe@ssap.cn

社会科学文献出版社 皮书系列
SOCIAL SCIENCES ACADEMIC PRESS (CHINA)
卡号：454962817448
密码：

S 基本子库
UB DATABASE

中国社会发展数据库（下设 12 个专题子库）

紧扣人口、政治、外交、法律、教育、医疗卫生、资源环境等 12 个社会发展领域的前沿和热点，全面整合专业著作、智库报告、学术资讯、调研数据等类型资源，帮助用户追踪中国社会发展动态、研究社会发展战略与政策、了解社会热点问题、分析社会发展趋势。

中国经济发展数据库（下设 12 专题子库）

内容涵盖宏观经济、产业经济、工业经济、农业经济、财政金融、房地产经济、城市经济、商业贸易等 12 个重点经济领域，为把握经济运行态势、洞察经济发展规律、研判经济发展趋势、进行经济调控决策提供参考和依据。

中国行业发展数据库（下设 17 个专题子库）

以中国国民经济行业分类为依据，覆盖金融业、旅游业、交通运输业、能源矿产业、制造业等 100 多个行业，跟踪分析国民经济相关行业市场运行状况和政策导向，汇集行业发展前沿资讯，为投资、从业及各种经济决策提供理论支撑和实践指导。

中国区域发展数据库（下设 4 个专题子库）

对中国特定区域内的经济、社会、文化等领域现状与发展情况进行深度分析和预测，涉及省级行政区、城市群、城市、农村等不同维度，研究层级至县及县以下行政区，为学者研究地方经济社会宏观态势、经验模式、发展案例提供支撑，为地方政府决策提供参考。

中国文化传媒数据库（下设 18 个专题子库）

内容覆盖文化产业、新闻传播、电影娱乐、文学艺术、群众文化、图书情报等 18 个重点研究领域，聚焦文化传媒领域发展前沿、热点话题、行业实践，服务用户的教学科研、文化投资、企业规划等需要。

世界经济与国际关系数据库（下设 6 个专题子库）

整合世界经济、国际政治、世界文化与科技、全球性问题、国际组织与国际法、区域研究 6 大领域研究成果，对世界经济形势、国际形势进行连续性深度分析，对年度热点问题进行专题解读，为研判全球发展趋势提供事实和数据支持。

法律声明

"皮书系列"（含蓝皮书、绿皮书、黄皮书）之品牌由社会科学文献出版社最早使用并持续至今，现已被中国图书行业所熟知。"皮书系列"的相关商标已在国家商标管理部门商标局注册，包括但不限于LOGO（▧）、皮书、Pishu、经济蓝皮书、社会蓝皮书等。"皮书系列"图书的注册商标专用权及封面设计、版式设计的著作权均为社会科学文献出版社所有。未经社会科学文献出版社书面授权许可，任何使用与"皮书系列"图书注册商标、封面设计、版式设计相同或者近似的文字、图形或其组合的行为均系侵权行为。

经作者授权，本书的专有出版权及信息网络传播权等为社会科学文献出版社享有。未经社会科学文献出版社书面授权许可，任何就本书内容的复制、发行或以数字形式进行网络传播的行为均系侵权行为。

社会科学文献出版社将通过法律途径追究上述侵权行为的法律责任，维护自身合法权益。

欢迎社会各界人士对侵犯社会科学文献出版社上述权利的侵权行为进行举报。电话：010-59367121，电子邮箱：fawubu@ssap.cn。

社会科学文献出版社